远观译丛

陈夏红·主编

中国刑事司法

刑事司法生态与犯罪治理：理念、视角与方法

分卷主编·裴炜　译者·王倩云　孙杨 等

中国大百科全书出版社

图书在版编目（CIP 数据）

中国刑事司法/陈夏红主编；裴炜等编 . -- 北京：中国大百科全书出版社，2018.8

（远观译丛）

ISBN 978 - 7 - 5202 - 0080 - 6

Ⅰ . ①中… Ⅱ . ①陈… ②裴… Ⅲ . ①刑事诉讼法 - 中国 - 文集 Ⅳ . ①D925. 204 - 53

中国版本图书馆 CIP 数据核字（2017）第 095447 号

策 划 人	郭银星
责任编辑	李海艳
责任印制	魏 婷
封面设计	乔智炜
出版发行	中国大百科全书出版社
地 址	北京阜成门北大街 17 号　　　　邮政编码　100037
电 话	010 - 88390093
网 址	http：//www. ecph. com. cn
印 刷	北京君升印刷有限公司
开 本	787 毫米 ×1092 毫米　　1/16
印 张	14.75
字 数	179 千字
印 次	2018 年 8 月第 1 版　　2018 年 8 月第 1 次印刷
书 号	ISBN 978 - 7 - 5202 - 0080 - 6
定 价	56.00 元

本书如有印装质量问题，可与出版社联系调换。

总　序

大洋彼岸的回声

　　想编这样一套丛书的想法由来已久。自多年前到荷兰游学，出于研究需要，查阅了大量英文写成的有关中国法律的文献。阅读的过程，失望与希望并存。说失望，是发现，由于语言、文化等因素，有一些用英文写成的有关中国法律的文献，或流于浅层次的泛泛介绍，或充满西方式的傲慢与偏见，并不尽如我们在惯性思维里对西方学者的预期与推崇。而说希望，是发现，亦有为数不少的文献，选题新颖，论证严密，评析问题入木三分，既顾及中国的传统与现实，亦能够用最现代化的法治标准，去衡量中国法治发展的成败得失；既有理性的批评与建议，亦有客观的褒扬与赞许。尽管现在国人的英文水平较之以往有提高，文献检索能力也随之进步，数据库技术的发展消除了获取这些原文的障碍，但从传播效果最优化的角度，我觉得这些佳作，依然有翻译成中文并在国内出版的必要。

　　这个想法，首先得到中国大百科全书出版社社科学术分社社长郭银星女士的鼎力支持。2013年初，我回国探亲，忙里偷闲与郭银星聚餐，聊及这个选题，双方一拍即合，并在各自的领域内，做了最大的努力。

　　我与郭银星相识已有十多年，在出版领域算是挚友，此前我们已有一些合作。比如在我的建议下，中国大百科全书出版社重版曹汝霖的回忆录《曹汝霖一生之回忆》；《高宗武回忆录》出版过程中，我亦参与校阅；我们更大规模的合作，便是辛亥革命 100 周年之际，由我与杨天石教授编辑的《辛亥革命实绩史料汇编》四卷本。这套丛书出版过程延宕甚久；出版之际，辛亥革命百年纪念已经落幕。但这套书出版后，依然获得一些好评，尤其是很荣幸地获得"2011 凤凰网年度十大好书"的称号。而这套远观译丛，则是我们最新的合作成果。

选择与中国大百科全书出版社合作，完全是基于该社在法学学术出版领域卓越的声誉和口碑。据我所知，中国大百科全书出版社在法学领域最早期的成果，是 20 世纪 80 年代初期的《中国大百科全书·法学》。百科全书作为国家学术思想的门户，其重要性毋庸赘言，尤其是中国经过多年"文革"浩劫，亟待重建知识体系的情况下。中国大百科全书出版社由此创建，而亦以此成名。《中国大百科全书·法学》编撰过程中，当时国内老中青三代法学家尽数参与其中，济济一堂；这本书出版后，一时洛阳纸贵，也成为当时法学院师生不可或缺的参考书。而 90 年代中后期，中国大百科全书出版社与福特基金会合作，由江平先生出任主编，隆重推出"外国法律文库"，将德沃金的《法律帝国》《认真对待权利》、伯尔曼的《法律与革命》、哈耶克的《法律、立法与自由》、贝卡利亚的《论犯罪与刑罚》、哈特的《法律的概念》、戴西与莫里斯的《论冲突法》、奥本海的《奥本海国际法》、凯尔森的《论法律与国家的一般理论》、拉德布鲁赫的《法学导论》等西方学界脍炙人口的法学名著，悉数译介到国内。这些书籍的出版，对于当时的法学界来说，其意义自不待言。如今随着法学出版格局的进化，译介甚至原版影印的作品越来越多，但中国大百科全书出版社在法学领域的这些贡献和创举，至今散发着绵延不绝的影响力。

远观译丛想法的产生，不能不提及一些同类作品。最为著名的当然是刘东主持编辑的海外汉学丛书。这套书从文史的角度，将海外学人研究中国的佳作"一网打尽"。而在法律领域，除了早年王健编辑的《西法东渐：外国人与中国法的近代变革》，尚有高道蕴、高鸿钧以及贺卫方等编辑的《美国学者论中国法律传统》。除了译作，后来也出现一些研究外国学者论中国法的作品，这里面最重要的一本当属徐爱国教授的《无害的偏见——西方学者论中国法律传统》。我之所以有想法编译这套远观译丛，无疑是受到以上作品的启迪，理当在这里表达敬意与谢意。

　　但是，上述译作大都局限在比较法或中国法律传统的框架内，重理论而轻实务，重理念而轻实践，文史气息浓郁，对具体的部门法则涉及不多。这或许是远观译丛与前述作品的最大区别。在我看来，中国法律传统固然值得盘点，但在中国大转型的节骨眼上，更为重要的则是对我们现行法制建设的成败得失作出理性的分析评判。正应了那句老话："兼听则明。"我们有必要将域外学者对中国法律制度的具体评述译介到国内，为法治的现代化更上一层楼，增加必要的参考资料。这些中国法治事业在大洋彼岸的回声，势必会给读者带来耳目一新的感觉。这么说，并不是说前述对中国法律传统的盘点不重要，而是希冀在这些工作的基础上更进一步。

　　说到中国法治的现代化，这无疑是一个更长久的历史过程。清末开启中国法治现代化进程，绵延至今已有一个多世纪。大约 115 年前，即 1902 年，刚从义和团运动及八国联军侵华之后回过神来的晚清政府，在与西方列强修订商约过程中，被迫启动修律新政，为挽救这个摇摇欲坠的王朝，不得不服下一剂废弃祖宗成法的猛药。此举一下子将畅行中华帝国千余年的传统律法体系几乎连根拔起，亦将中国带上了法律现代化的不归路。正所谓"开弓没有回头箭"，中国在法律现代化的道路上，因应国际政治形势的演变，先学欧美，再学苏联，复归欧美，一波三折，大方向却始终如一。在这个过程中，中国的法律体系可以说是一个"全盘西化"的过程。这个"西"既包括日本、德国、法国，也包括英国、美国，当然更不能漏掉苏联。周大伟先生尝言，中国现代化的过程便是三院诞生的过程。这里的三院便是医院、法院、法学院，此言颇得我心。现在是对持续近百年的法治"全盘西化"作一盘点的时候。在盘点之前，我们有必要听听域外学者对我们现有的法律成果作何评说。师夷长技以自强也好，师夷长技以制夷也罢，中国法治现代化的伟业，我们只能一步一个脚印，筚路蓝缕，群策群力，以愚公移山的精神艰苦奋斗下去。

在我心目中，这套书预期的读者，将不仅仅是法科学生，而更多的是各个部门法领域的专家、学者及研究人员，还有实务部门的实践者和决策者。我之所以这么说，完全是由这套丛书的格局与气象决定的。在阅读译稿的过程中，我常常惊讶于原文作者直面中国法律实践的学术敏感，以及他们发现问题、归纳问题、提出问题以及解决问题的能力。这里面给我冲击最大的，既有《中国知识产权法》中，从中国传统文化角度解读"山寨"现象的新观点，亦有《中国破产法》中，对1906年《大清破产律》的比较研究。我不敢说每部入选图书都是佳作，但这样的列举势必挂一漏万，因为这样的闪光点实在是比比皆是。

这套丛书能够以现在这个样子呈现在读者面前，不能不归功于一个优秀的翻译团队。这个团队年轻而富有朝气，大部分成员为"八〇后"，基本都在中国、日本、德国、荷兰、奥地利等国内外法学院，受过完备的法律教育及扎实的学术训练。这也是为什么我们首辑包括《中国民法》《中国刑法》《中国刑事司法》《中国公司法》《中国知识产权法》以及《中国破产法》中，能够收录包括日语、德语、英语在内的重要文献。这既保证我们能有国际化的视野，也保证我们可以尽最大的能力，使得这些优秀的作品能够以尽可能完美的方式，呈现在读者面前。

毫无疑问，对于我们这个年轻而朝气蓬勃的翻译团队来说，无论是在专业素养上，还是在人格养成方面，翻译并出版这套丛书，都是一个极为宝贵的锻炼机会。在这个协作的过程中，我们逐渐学会有效沟通、制定规则、执行规则、维护权利、履行义务、践行诺言、承受压力等。在这个组稿、翻译、定稿的过程中，我们既完整地展示出各自的能力，亦发现自身颇多值得完善的地方。对于每个参与者来说，这套丛书出版的意义，绝不仅是署有自己名字的译作出版，而更多的意义在出版物之外。我希望这套丛书的出版，对于所有参与者来说，不是我们这些参与者学术人格训练和养成的终结，而只是开始。

坦率地说，翻译本身不仅仅挑战译者的外语能力，更考验译者的中文水平。就翻译三目标"信、达、雅"而论，能够"信"而"达"已属不易，"雅"更是一个值得恒久努力的目标。什么是美好的汉语？这个问题仁者见仁、智者见智，但能够做到清楚、通顺已经很不容易。只有在翻译的过程中，我们才能真切地看到自身的汉语水平。这套丛书译稿不断更新的过程，也是我们对自己的母语水平不断审视并提高的过程。但即便如此，用一句俗套但绝非客套的话来说，恐怕翻译的讹误之处在所难免，还请读者们不吝赐教。

第一辑七本分册的出版，只是远观译丛的起步。这套丛书将保持开放性、持续性，会通过各种方式继续进行下去。下一步，我们除了继续围绕不同学科或者特定主题选译优秀论文外，亦将会引进合适的专著，目前这方面的工作已经起步。此外，我们诚挚地期待并邀请更多的同行加入这个团队，将更多的佳作介绍给国内的读者。

作为这套丛书的主编，在这里，请允许我诚挚地感谢中国大百科全书出版社尤其是社科学术分社社长郭银星女士；感谢本丛书所收论文的作者或原出版机构等版权持有方的慷慨授权；感谢本丛书各位分卷主编耐心细致的组织工作；感谢各位译者认真负责地翻译；当然，最后更要感谢并期待来自各位读者的意见和建议。

是为序。

陈夏红

2015 年于荷兰马斯特里赫特大学

2017 年定稿于京郊昌平慕风斋

序　言

随着中国国际影响力的提高，对外开放政策的不断深化，中国与世界各国在法律领域的交流与合作日益深入，以中国法为对象的外国研究成果不断涌现。然而在刑事司法领域，受制于基础材料的可获得性及语言文字方面的障碍，能够以西方视角全面、翔实、深入地论述这一领域重大命题的佳作并不多见，实为憾事。

在过去十年时间里，中国在刑事政策、诉讼制度、证据规则、律师制度、量刑规范等领域均发生重大变革，研究素材空前丰富，公开性与透明度不断提升，激发了外国学者对于中国刑事司法制度、司法实践、法治成效等方面的研究热情，并为中外学者就中国刑事司法进行深层次交流创造了契机。

此次中国大百科全书出版社出版远观译丛，可谓恰逢其时。过去刑事司法领域的译著更多关注国外具体制度，以期中体西用，其重心在于研究对象。此次译著则关注国外学者的视角和理念，以期规避惯性思维和视觉盲点，其重心在于研究方法。当前中国刑事司法改革任务迫切，其所面临之选项又纷繁复杂，转换思维方式往往有助于对制度本身进行多维度反思，从而在改革进程中尽量少走弯路。从另一个角度讲，刑事司法制度作为中国软实力的重要组成部分，是其融入国际社会、参与国际事务的关键支点。由于过去这一领域相对封闭，中外双方难免互有误解，学术辩论亦容易失焦。通过向国内学者准确呈现国外研究成果，有助于增强双方互通有无时的针对性。

以此作为出发点，刑事司法卷选取了六篇具有代表性的文章，分别从宏观理念和研究方法两个层面，对中国近年来的刑事司法体系进行全面深入剖析。

在宏观理念部分，本卷选取了裴文睿（Randall Peeren-boom）与白恩（Borge Bakken）的三篇文章。裴氏为澳大利亚拉筹伯大学法学教授，多年来他从事中国法学研究，其《中国迈向法治的长征》一书（*China's Long March toward Rule of Law*）为当代国外学者研究中国法制进程最具影响力的著作之一。本卷选译了裴氏的《关于法律与发展我们能够学到什么?》一文。在本文中，裴氏通过批判并改良跨文化法律制度的现有分析方法，对中国近 20 年来一系列法制改革措施，特别是刑事司法领域的改革措施进行了描述、评估和预测。

白氏为香港大学犯罪学教授，他于 2005 年出版的《中国的犯罪、刑罚与警务》（*Crime, Punishment and Policing in China*）是国际上以犯罪学视角审视中国社会的代表作之一。在本卷中，译者选取了白氏在思想上一脉相承的两篇文章：《中国的道德恐慌、犯罪率和严刑制度》以及《中国，严刑峻法的社会?》。在这两篇文章中，作者深入历史，通过探索中国文化与思想，寻找当前刑事政策与司法制度的理念根源，并为中国今后的改革献言献策。

本卷的第二部分关注的是方法论革新。在这一部分译者选取了三篇代表性文章，分别例证实证研究、比较法以及跨领域研究方法在刑事司法领域的应用。实证研究方面，译者选取曹立群（Liqun Cao）和卡伦（Francis T. Cullen）的《犯罪与控制之冥思：中美理念比较》。曹氏为加拿大安大略理工大学刑事司法学教授，卡氏为美国辛辛那提大学刑事司法学教授。在本文中，两位作者以中美两国大学生为样本，通过采用多项目的定量分析方法，对两国民众有关犯罪及犯罪控制的观念进行了比较。

本部分选取的第二篇文章为所罗门（Peter H. Solomon Jr.）的《威权主义的合法性与非正规做法》。所氏为加拿大多伦多大学政治学、犯罪学和法学教授。本文通过将中国和俄罗斯这两个具有相似法律传统、政治经济背景和现代化路径的国家进行比较，来探索一国政府与法官及辩护律师的相互关系，以及这种关系对司法体系改革的影响。

第三篇文章为麦金泰尔（Stephen Mcintyre）的《中国特色的庭审剧》。麦氏为美国美迈斯律师事务所（O' Melveny & Myers）洛杉矶分所律师，专业领域为反垄断法与竞争法，同时也是该所中国法律与政治方面的专家。在本卷选译的《中国特色的庭审剧》一文中，麦氏通过比较中美两国刑事庭审剧，以独特视角分析了两国司法程序中的差异，并由此折射出两国对司法体制的不同理念。

尽管刑事司法卷力求在保证文章质量的同时做到选题多样，但不可否认的是所涉内容仅能触及中国刑事司法制度之一二。水本无华，相荡乃生涟漪；石本无火，相击而发灵光。译者愿以此书，为中外学术交流和中国刑事司法改革略尽绵力。

裴炜　王倩云　孙杨

目　录

宏观理念

关于法律与发展我们能够学到什么?

——对中国法制改革的描述、预测以及评估[*]

裴文睿[**]　文

王倩云　裴炜　孙杨[***]　译

简目

一、描述、预测与评估

(一)介绍改革:横向表述

(二)描述改革:纵向表述

(三)预测

---

[*]　Randall Peerenboom, "What Have We Learned About Law and Development? Describing, Predicting, and Assessing Legal Reforms in China", *Michigan Journal International Law*, 27 (2005): 823–871. 本文的翻译与出版已获得作者及出版社授权。

作者曾在墨尔本大学、格里菲斯大学、牛津大学、乔治城大学以及华盛顿大学法学院就本文做过多次演讲,再次感谢参与研讨会并对本文作出评论的各位同仁。

[**]　裴文睿,澳大利亚拉筹伯大学法学教授,牛津大学基金会中国法治的法律、司法及社会项目主任。著名的中国问题研究专家,长期关注中国的民主和法治研究。著有 *China Modernizes—Threat to the West or Model for the Rest*、*China's Long March toward Rule of Law*,主编 *Asian Discourses of Rule of Law: Theories and Implementation of Rule of Law in Twelve Asian Countries*, *France and the U. S.* 和 *Judicial Independence in China*。

[***]　王倩云,荷兰伊拉斯姆斯大学刑事司法专业博士研究生,研究方向为刑法、网络犯罪法、比较刑事司法等。

裴炜,北京航空航天大学法学院副教授,荷兰伊拉斯姆斯大学法学博士,研究方向为刑事司法、电子证据、网络犯罪等。

孙杨,英国赫尔大学刑事司法专业博士生,研究方向为恢复性司法、比较刑事司法、犯罪学等。

（四）考核与评价：规范性维度

二、法制改革分析

（一）法治

（二）刑事司法：通往对抗制诉讼的曲折道路

（三）新的简易程序和普通程序简易审：兼顾效率与公平

（四）行政羁押：中国社会的第二道防线

（五）司法独立：审判委员会

（六）个案监督：司法独立与司法问责的制衡

三、结论

在过去 20 年中，作为新一轮法制与发展运动的一部分，法制改革与法治理念的建立再一次成为众人关注的焦点。[1] 然而批评性意见指出，新运动的结果仍然与过去大同小异：并不令人满意。[2] 由致力于改革的比较法学学者、国际非政府组织、

---

[1] See David M. Trubek, "Law and Development: Then and Now", *American Society of International Law*, 90 (1996): 223 – 226; Julio Faundez, "Legal Technical Assistance", in Julio Faundez, ed., *Good Government and Law: Legal and Institutional Reform in the Third World*, New York: St. Martin's Press Company, 1997; Erik G. Jensen, "The Rule of Law and Judicial Reform: The Political Economy of Diverse Institutional Patterns and Reformers' Response", in Erik G. Jensen and Thomas C. Heller, eds., *Beyond Common Knowledge: Empirical Approaches to the Rule of Law*, California: Stanford University Press, 2003, pp. 244 – 248, p. 336.

[2] See e. g., Thomas Carothers, "Promoting the Rule of Law Abroad: The Problem of Knowledge", Carnegie Endowment for International Peace, *Rule of Law Series*, Carnegie Paper No. 34, 2003（该文讨论了在推动域外法治方面所做的努力，对其设想、实现方式与评估进行了探讨，并认为在法律和发展方面的先前经验和教训的意义和作用有限）; Rosa Ehrenreich Brooks, "The New Imperialism: Violence, Norms, and the 'Rule of Law'", *Michigan Law Review* 101, no. 7 (2003): 2275 – 2340（"尽管有数十亿美元的援助，推动法治建设的计划仍然令人失望"）; Tim Lindsey, Preface to *Law Reforms in Developing and Transitional States*, London and New York: Routledge, 2007（该文认为很多甚至多数发展中国家的法律改革已宣告失败）; Yves Dezalay and Bryant G. Garth, *The Internationalization of Palace Wars: Lawyers, Economists, and the Contest to Transform Latin American States*, Chicago and London: The University of Chicago Press, 2002, pp. 3 – 4（该文提及许多改革项目并未达到预期效果）。

多边以及双边发展机构组成的认知共同体是否注定了会重蹈覆辙？我们对于法律与发展的相互关系的理解是否已经有所提升？

本文将采用已有的概念工具，描述、预测和评估中国为了构建法治理念而努力进行的法制改革，并力求在阐明改革多种途径和方法的过程中，对改革的竞争策略作出评估。尽管本文主要关注中国这一具体案例，但其所涉议题普遍适用于比较法研究以及新的法与发展运动。因此，本文论证的范围将延伸至我们关于法制改革已知与未知的领域。

在描述层面上，学者通常在横向与纵向两个维度观测中国和其他发展中国家的法律改革。横向上，这些改革被冠以"法律移植"或其他类似比喻，以此强调改革的国外或国内渊源；纵向上，这些改革被描述为一个自上而下或自下而上的过程，抑或一个归纳或演绎的过程。

从预测的层面来看，本文要研究的是：哪些因素决定了改革过程中采用本国模式还是外国模式；换言之，如果采用外国模式，该模式如何能够被当地环境接纳，为什么会被接纳，以及接纳到何种程度。同时本文也旨在对纵向维度的问题作出回答，即为何选择自上而下的演绎法，而并非自下而上的归纳法。

本文的第三个层面涉及标准：我们如何评估这些改革？一项成功的改革具备哪些特征？仅仅达到符合规则被视为改革成功的充分条件还是必要条件？我们是否应当从其他角度来评估改革，比如效力、效率、公正或对人权的保护？

在对上述三个层面进行简要探讨后，本文将通过它们来分析中国的一系列法制改革措施。普遍来说，这些改革都是由毛泽东时代的社会管理模式转型为社会主义法治模式。在此之后，对于用以区分法治不同概念的刑事司法与司法独立方面的具体改革措施，笔者将进行深入探讨。在此过程中，笔者将揭示出中国法律制度也面临着挑战，而这些挑战是西方社会经常面对的，即在效率与公正、形式正义与实质正义，以及司法独立与问责制这些通常相互冲突的标准之间寻求平衡。在刑事司法领域，本文将对以下事项进行分析：纠问制诉讼制度向对抗制诉讼制度的转变，引入类似于其他国家辩诉交易制度的简易程序和普通程序简易审，以及行政拘留制度的演进。就司法独立方面，文章将着重分析审判委员会的独特作用和中国独创的个案监督制度。

本文的第三部分将对在案例研究过程中揭示出的以现有概念工具描述、预测和评估司法改革所获得的启示加以评析和总结。同时，笔者也将对如何扩展这一研究方向提出建议，并主张中国今后的法制改革应以实用主义为指导。

一、描述、预测与评估

（一）介绍改革：横向表述

法律和发展的语境中的主导概念是"法律移植"。① 由于对移植这一概念的部分内涵难以达成一致，外国学者们提出了许多替代的比喻或新鲜用语。例如，法律刺激（legal irritant）②，法律翻译（legal translation）③，法律转化（legal transformation）④，

---

① Alan Watson, *Legal Transplants: An Approach to Comparative Law*, 2nd edition, Athens and London: The University of Georgia Press, 1993. 中国社会科学研究院近期重新对法律移植进行了讨论。See Shigong Jiang and Haoli Wang, *Special Issue: Legal Transplantation in Contemporary China*, Beijing: Social Science in China Press, 2004, p. 108.

② Gunther Teubner, "Legal Irritants: Good Faith in British Law or How Unifying Law Ends Up in New Divergences", *The Modern Law Review* 61, no. 1 (1998): 11 - 32.

③ Md. ximo Langer, "From Legal Transplants to Legal Translations: The Globalization of Plea Bargaining and the Americanization Thesis in Criminal Procedure", *Harvard International Law Journal*, 45 (2004): 1.

④ Zhangrun Xu, "Western Law in China: Transplantation or Transformation – Four Cases and Liang Shuming's Responses", in Shigong Jiang and Haoli Wang, *Special Issue: Legal Transplantation in Contemporary China*, Beijing: Social Science in China Press, 2004, p. 134.

法律置换（legal transposition）①，融合、分化和异化（convergence/divergence/differentiation）②，选择性适应（selective adaptation）③ 以及制度单一化（institutional monocropping）④。中国学者也不甘示弱地创造了丰富的修辞：本土资源（native resources）⑤，以及广为流行的具有中国特色的 X（在这里 X 可以指代法治、人权、刑法、司法独立、证据开示规则等）。这些表达与新旧世纪交替时所提出的中体西用（Chinese substance/essence, Western means）的理念不谋而合，而这一理念本身又折射出儒家和而不同（harmony but not identity）的思想。⑥

　　上述几种表述均各有利弊。从总体上看，这些表述的区别主要体现在目标国家法制改革的程度、改革涉及的机构数量以及改革是否预先设有特定目标。

　　"移植"一词源于生物学概念。从这一本源出发，法律移植指向一种向着特定目标发展的路径，它意味着法律制度亦如亚里士多德口中的橡树果一般，终将成长为自由民主法治的坚

---

① Esin Orticii, "Law as Transposition", *International & Comparative Law Quality*, 51 (2002): 205–223.

② Katharina Pistor et al. *The Role of Law and Legal Institutions in Asian Economic Development: 1960–1995*, Oxford: Oxford University Press, 1999.

③ Pitman B. Potter, *Legal Reform in China: Institutions, Culture, and Selective Adaptation*, Law & Social Inquiry 29, no. 2 (2004): 465–495.

④ Peter Evans, "Development as Institutional Change: The Pitfalls of Monocropping and the Potentials of Deliberation", *Studies in Comparative International Development* 38, no. 4 (2004): 30–52. 该文认为英美国家的制度被作为理想化的模式强加给了发展中国家，这一模式被视为可以适应不同国家的国情、发展阶段、在国际贸易中所处的地位以及文化，并认为这一（制度融合的）过程已经产生了"长久的不利影响"。

⑤ 苏力：《变法、法治建设及其本土资源》，载《中外法学》1995 年第 5 期。

⑥ 《论语》，第 244 页。"和而不同"常被用于文化融合以及中国和外国的关系方面。在涉及西方某些法律元素的司法改革方面，这一词语同样适用。（作者这里采用的是蔡希勒与赖波的 1994 年英文译本。——译者注）

固橡树。当然，鉴于土壤和天气环境的不同，一些植物在移植过程中可能无法存活。与之相类似，一些法律制度可能最终不能发展为完全意义上的自由、民主的法治体系。如果从医学角度来看待法律移植，就能更加清晰地了解到这种无法相容的风险。正如器官移植过程中受体会出现排斥反应一样，一些法律制度可能无法接受自由民主的法治理念，或者更具体来讲无法接受某些制度改革或实践。

这种医学角度的解释表明法律移植可能会导致排斥反应，即只对单个器官进行替换，却并未作出系统性改变。在这种情况下，器官移植的受体还是原来的那个人。从植物学角度来解读，虽然可能仍将导致不良后果，但法律移植可能意味着对原有系统的根本性替换。例如，根据普通法系的经验对抵押法律作出修改，并不意味着需要完全抛弃民法法系的传统，更不用对法治概念作出根本性修改。与此概念相反，法律刺激意味着某种新的规则或实践可能打破现有法律文化和法律实践，从而会对该法律制度产生不可预估的长远影响。

法律翻译这一表述强调了制度供给者和接受者在理解和解释法律规则上的区别。不同法律制度对于"无罪推定""程序正义"等被广泛运用的原则的解读相去甚远，甚至可能随着时间的推移，同一法律制度内部对其的解读也发生了改变。即便是更加具体的陈述或术语，在某些重点条目上含义亦可模糊不定，而这一情况导致在法律解释和适用上的差异，批判法学家与后现代理论者已经在这一问题上费尽心力。仅仅复制法律条文，而不关注随后的解释可能扭曲条文本意而使其无法得到普通民众的认可。这就意味着除非翻译者对制度来源国的具体法律实践十分熟悉，否则其翻译将遗漏原制度的众多内容。反过来讲，对接受者一方来说，其根深蒂固的理念可能导致误解或错读，这就如同当佛教传入中国时主要概念被融入了道家色彩一样。[①]

法律移植和法律翻译基本上是单向的进程，相对于此，融合、分化和异化这组概念则表明所有法律制度都有可能发生改变，并且这种改变是多向的。例如，全球化已经使许多国家的法律制度发生了变化，既包括欧美传统的法律输出国，也包括通常作为法律输入国的发展中国家。此外，这种改变的过程是交互性的。这就如同"逆向竞争"（race to the bottom），当各国为了吸引并保留外资而对其税法、劳工制度及社会保障政策等方面作出相应修改时，这种现象就会产生。

法律转化、法律置换和选择性适应同样强调在接受他国法律制度的过程中，被接受的体制、规则和实践措施均可能会发生改变。然而选择性适应更加注重接受国一方。相对于仅仅被动地接受，接受国的法律工作者积极主动地在各种要素之间取其精华、弃其糟粕，根据当地观念和认知来诠释外来的法律制度，并在适应该国国情的基础上对引入的体制、规则或实践进行修改、修订。

具有中国特色的 X 也含有选择性适应的思想。而中学为体、西学为用（Chinese as substance，Western as means）的思想意味着西方制度被本土化的程度较高，法制改革首要考量的是国内因素。[②]"西学为用"也暗示了（笔者并不认同此观点）

---

① "法律翻译"一词在描述法制改革时表意模糊，因为它一方面混入了后现代主义色彩，另一方面则掺杂了语言的分析哲学，从而产生有关可比性和语境的争论。

② 世纪之交的法治和政治改革通常被描述为"冲击—反应"模式，这与强调西方渊源和单向性的法律移植异曲同工。认为当代中国的法制改革制度仅仅是对外国法的引进的观点，无法适应动态的改革进程中的复杂性。如果仅仅将中国20世纪之初的改革归因于中国突然意识到自己在技术、军事和政治法律方面落后于西方国家，这种观点同样有失偏颇。关于对"冲击—反应"模式的评论。See Paul A. Cohen, "Changing China: Confrontation with the West, 1850 - 1900", in James B. Crowley and Frederic E. Wakeman, *Modern East Asia: Essays in Interpretation*, New York: Harcout, Brace & World, 1970, p. 29.

中国仅将法制改革作为解决技术性问题的工具，他们并未认识到向法治的过渡将会从根本上改变政治秩序。①

虽然这些概念各有所长，但它们有三个共同的缺点。第一，过度简化了改革的进程，下文将会就此观点进行论证。第二，所有的概念都表明在改革过程中会出现不同程度的变化，然而它们都未能说明量变引起质变的关键点何在。以融合、分化和异化这组概念为例，它们之间的差异主要是程度上的，特别是在像中国这样一个幅员辽阔的国家。根据其侧重点不同，无论是中国法制改革的总体路径还是个别机制、规则或实践方面的变革均可以用这三个概念加以描述。中国在法治建设上已经取得了一定发展，甚至体现在自由主义民主法治方面，② 但与此同时仍然存在分化和异化的因素。与此相类似的例子是，原则上我们似乎无法将选择性适应的法律移植与制度混合加以区分，或者将对规则进行的诠释与一个全新的规则区分开来。就某些具体层面而言，每个制度都是独特的：如果无法将 X 与其他国家的相对概念真正区分开来，那么中国特色的 X 这一说法毫无意义。③ 然而，X 与其他国家的相对概念是否有实质性的区别取决于比较者的目的。由于对不同法律制度进行比较的原因多种多样，用以衡量这种区别的单一标准是不存在的。

---

① 有些人认为，西方改革家诱使中国相信一些具有潜在破坏性的政治与法治改革仅仅是技术层面的变化。一个更为普遍且被广为接受的观点认为，中国已经意识到法治可能会带来政治格局的根本性变化，他们完全清楚这种体制性改革可能会产生国家无法掌控的危险。但基于很多原因，中国还是决定进行改革，这些原因也包含执政党自身目的的实现。Randall Peerenboom, *China's Long March toward Rule of Law*, Cambridge：Cambridge University Press, 2002.

② See Randall Peerenboom, *China's Long March toward Rule of Law*, *NYU Journal of International Law & Policy*, 35 (2002)：1.

③ 这一评价主要适用于混合型法系。在比较法学领域，混合型法系逐渐被广泛使用，see Kenneth G. C. Reid, "The Idea of Mixed Legal Systems", *Tulane Law Review*, 78 (2003)：5.

第三点，也可能是最重要的一点，这些表述在描述法制改革时有一定作用，但在预测或解释以下事项时却毫无用途：选择何种外国法律体系及其原因；哪些被移植的制度、规则和实践具有可行性，哪些不具有；哪些本土资源或中国特色会成为中国法律体制的一部分。对以上事项的预测需要对一系列变量做进一步的说明和检验，后面将简要介绍这一点。但是在此之前，笔者首先将就纵向维度的几个概念进行简要说明。

（二）描述改革：纵向表述

上文提及的表述都强调了法律制度来源国与接受国之间的横向关系。而自上而下与自下而上，或演绎与归纳等概念则是从纵向对法律改革进行描绘。很多学者认为中国的改革是一个自上而下的过程，是由中央政府和共产党领导精心计划的，理论界对这一观点并不完全赞同。显而易见的是，中央政府为改革设定方向。此外，对主要政策进行的改革需要经过中央政府的批准，如向法治社会的转变。然而在实践中，即便不是大多数，也有很多具体的改革是由基层法官、检察官、律师和体制内官员发起的，发起原因通常是为解决他们在实际工作中遇到的问题。① 普通民众、媒体以及法学家也通过监督和评论法律制度，为改革提供越来越多的推动力。

演绎法是通过预先设定一般原则或模型推导出合适的制度、规则及实践方式，而归纳法则先对问题加以识别，随后研究探讨不同的解决方法，之后才会得出通用模式或一般原则，然后通过将这些模式或原则置于不同语境中观测其效果来对其

---

① See Randall Peerenboom, *China's Long March toward Rule of Law*, pp. 153 – 156.

进行检验。① 因而，归纳法的模式之一是先确定问题，随后确定比较的标准，并以此寻找到解决问题的更优方法。这种方法要既优于现有措施，又不能超出现有（当地）体制的承受能力。接下来的一步是同步工程，即利益相关者根据自己的经验和需求对暂定的解决方案提出修改意见。最后一步是误差矫正和通过监控进行修正：参与者与其他独立于程序之外的个体通过将自身经验与其他地区解决类似问题的措施及其结果加以整合，共同对整个解决方案的作用情况进行监控。②

　　总体来说，演绎法与移植入中国的外国模式紧密相连，并在中国以自上而下的模式推行。在这个过程中，鉴于外国政府、法学学者以及国际发展机构对外国模式十分熟悉，他们有可能会在改革的过程中扮演重要角色。例如，国际上的改革参与者们总是试图以北欧和美国的法律制度为基础，在中国推动建设高度排他的自由民主意义上的法治理念。另一个更为具体的例子是，联合国机构以及国际非政府组织基于刑法及其他国家人权保护经验的假设，呼吁废除一切形式的行政拘留。虽然中国被要求遵守该规定（并废除行政拘留制度），这些机构并未对中国废除行政拘留的实际成本和收益进行考量。③

　　相比之下，归纳法更多与自下而上的模式相关。为了发现

---

① Michael W. Dowdle, "Visibilizing the Invisible Hand", in Michael W. Dowdle, ed., *Public Accountability: Law, Culture and Experience*, forthcoming 2006. （这本书在出版时更名为 *Public Accountability: Designs, Dilemmas, and Experiences*, Cambridge: Cambridge University Press, 2006。——译者注）

② Michael C. Dorf & Charles F. Sabel, "A Constitution of Democratic Experimentalism", *Columbia Law Review*, (1998): 267 – 473. 在自由主义民主制度的语境下，该文作者发展出了一套制度理论，即基于民主经验主义的直接协商式多元政体。关于用此理论分析中国模式的可行性与局限性, see Randall Peerenboom, *China's Long March toward Rule of Law*, pp. 424 – 431。

③ See Randall Peerenboom, "Out of the Pan and into the Fire: Well – Intentioned but Misguided Recommendations to Eliminate Administrative Detention in China", *Northwestern University Law Review*, 98 (2003): 991.

问题并找到解决方案，这一自下而上的模式赋予地方改革参与者们更重要的角色。正如下文将要提及的，中国已经设立了一系列机构，并采取了一系列措施以解决司法腐败和部分法官执业能力不足的问题，其中包括依赖由资深法官组成的审判委员会来审理案件，或由检察机关、人民代表大会及司法部门内部对个案进行监督。

可行的方式是将这些要素进行整合，并重组为不同的改革策略（因为没有具体的范例，很容易在术语方面产生一定混乱）。即便不是完全的，国内的关注点也在很大程度上决定了该国的改革进程，而这一改革模式既可以是自上而下或自下而上的，也可以是演绎或归纳的（或者二者兼而有之）。与之类似地，就各地实际情况与广泛参与在设定改革议程中所起的重要作用而言，国外改革参与者可能更倾向于归纳法。

（三）预测

虽然描述性的表述不断翻新，但在识别促使移植成功或制度更加融合而不是分化的因素方面，以及在检验影响从演绎法与归纳法中进行选择的因素方面，目前的研究进展有限。[1] 然而，其他领域的实证研究已经在识别隐藏于社会、法律以及政

---

[1] 关于早期预测法律移植成功与否的尝试，see Otto Kahn‐Freund, "On Uses and Misuses of Comparative Law", *The Modern Law Review* 37, no. 1 (1974): 1‐27（该文认为包括政治利益集团在内的政治因素比社会经济文化因素重要）。See also Ronald J. Daniels & Michael J. Trebilcock, "The Political Economy of Rule of Law Reform in Developing Countries", *Michigan Journal of International Law*, 26 (2004): 99（该文将阻碍法治进程的因素分为三类：资源和机构能力的缺陷，社会、文化、历史原因，以及政治经济壁垒；文章还认为，包括利益集团反对在内的政治经济壁垒是拉丁美洲和中东地区法治改革的最大障碍）。

治变革之后的关键因素方面取得一定进展。① 这些研究连同过往的经验一起，表明了几个重要的因素。②

决定采用何种模式的因素之一是制度来源国或改革倡导者的威望、权力及其规范的吸引力。美国、欧盟和部分欧洲国家经常鼓吹其自身的资本市场制度、公司治理制度和刑法制度。虽然欧盟在中国法治建设方面的投资多于美国政府，美国模式仍然更受中国欢迎。很多中国法学学者曾在美国学习过，因此对美国的模式最为熟悉。此外，美国的文献资料更易获取且用英文写就。美国还通过包括国际货币基金组织和世界银行等在内的国际发展组织，包括世界贸易组织和联合国人权机构等在内的国际法律机制，以及其他非政府组织对中国间接施加影响。

在一国之内，支持外来或本土模式的当地改革倡导者，其威望、权力及规范的吸引力（在引入国外法上）也可能起到一定作用，特别是当统治精英对选择何种方式存在分歧时。更普遍来讲，由国际社会赞助的法律改革项目之所以失败，缺乏当地支持是主要原因之一。

决定哪些人获利、哪些人受损的利益集团政治，也是中国采用或舍弃某些改革措施的原因之一，且可以用于解释为适应中国的情况而对某些外国模式进行的特殊调整。反对的声音可

---

① 大量研究文献涉及建设和巩固民主、法律与发展之间的关系以及引入人权保护方面的实证研究。See Sabine C. Carey & Steven C. Poe, eds., *Understanding Human Rights Violations*, Hants and Burlington：Ashgate Publishing Limited, 2004. 另外，越来越多的实证文献将"法治"作为因变量，着力研究其设立与执行。此外，部分系统性的实证研究关注法律体系与经济发展和权利保障方面的关系。例如，Randall Peerenboom, "Human Rights and Rule of Law：What's the Relationship?", *Bepress Legal Series*, (2004)：355（该文总结了关于法治与经济发展、人权和民主方面的实证研究）。See also Jensen, "The Rule of Law and Judicial Reform：The Political Economy of Diverse Institutional Patterns and Reformers' Response", p. 336.

② 关于社会主义国家越南与苏联的在法制体系发展中的异同，以及产生这些差异和相似性的原因，see Penelope Nicholson, "Comparative Law and Legal Transplants between Socialist States：An Historical Perspective", in Tim Lindsey, ed., *Law Reforms in Developing and Transitional States*, Oxon and New York, Routledge, 2006.

能来自于如律师协会或高级司法官员等司法体系内部的参与者。产生这种现象的原因在于，即便当前的法律体系存在低效或腐败等问题，这些主体依然能够从中获益。

与此相关的是改革受益者将获得的利益的本质：改革不是能使法律制度更透明、公正，并降低诉讼成本，提高中央政府对地方机构的管理能力或增强政府的合法性吗？获益的时间设定可能也具有相关性——改革能够制造短期效果还是长远效果？对于某些十分怀疑法律价值的国家而言，如那些具有坚实传统规范体系的经济欠发达国家，快速受益可能尤为重要。这一点同样适用于威权主义国家或后威权主义国家，在这些地方，民众将法律视作镇压或统治的工具。

公民社会的本质和稳定性是（影响改革模式的）另一个因素。在某些情况下，改革家们面对如国家政治意愿的缺乏以及精英团体的反对等障碍，而他们能够通过动员民众来予以克服。但也存在另外一些情况，即针对某些具体措施或者对法律改革整体上的优势而言，民众的意愿较薄弱或分化。自下而上的改革方式很大程度上取决于公民、非政府组织以及市民社会的参与。向他国输出以协商民主为基础的自下而上改革模式的一个问题是，输出国假定发展中国家的市民社会与其同等发达，且能够与西方自由主义国家的市民社会发挥同样的作用。然而多数国家并非如此。① 在中国，很多改革措施源自其体制内部，因而改革仍将维护实行统治的精英的

---

① See Randall Peerenboom, "Social Networks, Civil Society, Democracy and Rule of Law: A New Conceptual Framework", in Hahm Chaihark and Daniel A. Bell, eds., *The Politics of Affective Relations: East Asia and Beyond*, Oxford: Lexington Books, 2004, p. 249. See also David K. Linnan, "Like a Fish Needs a Bicycle: Public Law Theory, Civil Society and Governance Reform in Indonesia", in Tim Lindsey, ed., Law Reforms in Developing and Transitional States, Oxon and New York: Routledge, 2007, p. 268. （该文作者观察到制度输出国认为在接受国存在与西方发达国家相同的市民社会，并认为输出国可能并不愿意接受非西方国家对国家和市民社会的诠释。例如，在印度尼西亚，来自伊斯兰教、社群主义、后殖民主义与民族主义的意见更为重要。）

特权。

经济因素（人均国内生产总值、经济增长率、外国直接投资额）也对法治的需求产生影响，它们同时还影响一国承受改革的能力与建立由训练有素、高薪且廉洁的专业人员组成的高效司法体系的能力。除了 GDP 发展水平以外还存在其他影响因素，如一国的财富分配方式、市场化程度以及财富是依靠广泛的市场活动还是贩卖石油或其他自然资源所得。①

政治体制的本质也是影响因素之一，同样的还有政治制度的复杂程度。一些在自由民主体制中运行良好的制度或实践可能在中国收效甚微或并不可行；与之相反，一些在中国运行良好的制度或实践在自由民主体制中则可能不被接受。

即便在进行法律移植时没有意识形态领域的障碍，接受国的机构也可能缺乏实施改革的能力。中国不得不几乎从零开始，重建在"文化大革命"中被削弱或破坏的法院、检察院、法学院等关键机构乃至整个法律行业。然而，中国的法律改革家们仍然能够从相对强大的国家政权和稳定的政治中获得利益。在刚刚结束战争并处于政权失控或更迭状态的国家，改革者则面临着更大的挑战。例如，伊拉克仅仅是重建法律和社会秩序就足以让新政府的领导人无暇他顾，因而他们无法完全投入地进行经济、政治及司法改革。

与之相关的问题还包括制度文化、改革与制度规范和实践活动的兼容性。中国的民事和刑事法律体系建立在由民法、社

---

① See Samantha F. Ravich, *Marketization and Democracy：East Asian Experiences*, Cambridge：Cambridge University Press, 2000（该文作者认为市场化可以促进公民社会的发展，公民学习民主的过程对于司法和政治改革具有重要作用）；Fareed Zakaria, *The Future of Freedom：Illiberal Democracy at Home and Abroad*, New York：W. W. Norton & Company, Inc. , 2003, p. 138（该文将中东国家在发展法治和建立民主过程中遇到问题的原因归结为经济贸易和民众依赖出卖石油赚钱）。依靠自然资源赢利容易将政府与精英阶级之间的关系变成利益集团间的庇护关系，并且政府可以因此收买民众从而推迟改革。

会主义法律和传统法律组成的混合体之上。引入普通法系要素的努力将对现有体系的理论基础和规范性假设提出挑战，并且要求法官、检察官及律师重新进行角色定位。法律体系的相似性有利于内部与外部参与者之间的相互理解，减少体系间的冲突，并降低出现不利后果的可能性。至少，若相关参与者熟悉被采用的法律、实践及机构设置，改革有可能会更为高效。幸运的是，在这样一个各种法律制度相融合的时代，许多改革参与者对其他法律制度的一般特征有所了解。①

一些因素能在法律的某些领域发挥更重要的作用。例如，人口数量、种族多样性和文化因素（包括宗教信仰）将影响人权的发展。下文的案例研究表明，包括突发事件在内的很多特殊因素也应当被列入考虑范围。例如，一起恶劣的冤案导致民众强烈呼吁进行改革。

（四）考核与评价：规范性维度

最后，如何描述改革，或者说改革采取的是归纳法还是演绎法，如"我们怎样才能成功进行改革"，这些问题可能不如改革的结果来得重要。有些时候改革的结果很令人欣喜，然而也有些时候难以对改革作出评判。什么样的改革能被视为成功的移植或者成功的规则创新实例？仅仅是人们遵守新的规则或制度就足够了吗？（人们也会遵守恶法，如在南非的种族隔离制度。）

诚然，改革所取得的最小成就并不总是人民对新体制的遵守，如果中国民众能够遵守税法减少避税，中国的政府无疑会非常高兴。但另一方面，对法律的低遵守率并不一定意味着这

---

① See e. g. , Daniel Berkowitz et al. , "Economic Development, Legality, and the Transplant Effect", *European Economic Review* 47, no. 1 (2003): 165 – 195. （通过分析 49 个国家的数据，该文作者指出若一国国民对新制度的原则和要素较为熟悉，则该法律移植更易成功，相比之下不同制度间的差异性作用并不大。）

部法律本身没有效果。例如，很少有人遵守美国高速公路的限速要求，但这部法律仍然是有效的，因为大多数人车速并不会超过上限 5 英里（这取决于执法的严格程度）。反过来讲，得到广泛遵守的法律也不一定有效果，因为这种遵守可能仅仅是因为法律门槛过低，人们无须改变其既有行为习惯。①

一部法律的颁行可能具有多方面的功能，其中部分功能与法律得到遵守或有效改变人们的行为可能没有多少关系。例如，尽管很多国家签署了人权方面的公约，他们却并不打算切实遵守公约内容或切实改变其行为方式。② 批准条约的成本很低，而且国家也可能通过这种方式在避免遭到谴责的同时表明其遵守国际社会要求的意愿。中国申办 2008 年奥运会的行为影响了其签署《经济、社会及文化权利国际公约》(International Covenant on Economic, Social, and Cultural Rights, ICESCR) 的时间。与此类似，中国于 2004 年颁布了一部意义不大的治理足球流氓的法规，这一法规的出台就是为了防止出现类似于中国球迷在北京亚洲杯期间的反日行动。中国希望通过此种方式向外国评论家表明中国有能力办好奥运会。

在评价法律改革成功与否时，还有可能从经济效益和财富最大化的角度进行考量。然而，即便改革提高了体制的整体运作效率或为积累更多财富作出了贡献，仍然不能使每个人都受益。在评价改革时是否应该采用帕累托（Pareto）或卡尔多—

---

① See Kal Raustiala, "Compliance and Effectiveness in International Regulatory Cooperation", *Case Western Reserve Journal of International Law*, 32 (2000): 387.

② See Linda Camp Keith, "The United Nations International Covenant on Civil and Political Rights: Does It Make a Difference in Human Rights Behavior?", *Journal of Peace Research* 36, no. 1 (1999): 95 – 118; Oona A. Hathaway, "Do Human Rights Treaties Make a Difference?", *The Yale Law Journal* 111, no. 8 (2002): 1935 – 2042（对于人权条约的批准并不意味着切实对人权提供更好的保护，甚至在短期内可能会产生负面作用）。

希克斯（Kaldor‐Hicks）效率标准?① 即便仅涉及立法技术的改革仍有其政治色彩。改革中有赢家也会有输家，所有的改革都将重新分配经济资源和国家机关的权力，或加强某些法律参与者的权力而削弱其他主体的权力。笔者将在下文中论证中国的改革已经进入了一个复杂而具有强烈政治色彩的阶段。

评估改革是否应当以反映当前人权标准的平等或正义作为标准? 这种评估是否应当对不断扩展的人权条约中所规定的全部权利一视同仁? 在评估时应当一如既往地侧重政治与公民权利还是反之侧重社会和经济权利? 中国一些严重侵犯公民权利和政治权利的事件被广泛报道，这些报道掩盖了中国在重建法律制度上取得的进步和加强人民福利方面的表现，事实是，中国中低收入人群的福利要高于世界平均水准。②

评价改革时第二个值得考虑的问题是，应当选取绝对标准还是相对标准。法治和其他善治的指标与社会财富密切相关，同样相关的还有公民权利与政治权利、社会与经济权利。③ 这就意味着在评价中国对这些权利采取的保护时，比较对象应当是其他同等收入的国家，而并非那些较少违背人权组织意愿的、较为富裕的国家。

此外，规制性的改革要经过一段时间才能生效。随着时间的推进，曾经看起来可怕的错误也许被证明是成功的。一些改

---

① 如果一项改变可以使至少一人受益而不损害其他人的利益，那么这一改变被称为帕累托优化；当帕累托优化无法再出现时，这一状态被称为帕累托最优。卡尔多—希克斯改进的成果是在帕累托最优的状态中，一方得到的利益可以在理论上补偿另一人受到的损失。然而这一改进并不要求受损的人能够真正获得补偿，因而可能导致消极的分配效果。

② See Randall Peerenboom, "Assessing Human Rights in China: Why the Double Standard?", *Cornell International Law Journal*, 38 (2005): 71. （作者认为学者在评价中国对人权的保障时往往采取双重标准，往往给予公民权利和政治权利过多关注而忽略了非政治性权利。）

③ See Randall Peerenboom, "Show Me the Money: The Dominance of Wealth in Determining Rights Performance in Asia", *Duke International Law Journal*, 15 (2005): 75.

革可能也旨在为进一步发展做好铺垫。适中的评价标准能够避免因实现长远目标的过程不令人满意而造成不当的消极评价。[1]

二、法制改革分析

(一) 法治

在过去的 25 年间，中国在社会管理方面最重要的创举就是向法治的过渡（能够与此相较的只有向市场经济的过渡，而市场经济的建立需要一系列监管方式，如法制，这种保障对中国这样一个经济相对发达的大国尤为重要）。但有一些人认为，即便当前向法制化社会管理体系的转型相对于毛泽东时期的管理模式而言是重大转折，法制化也难以被视为一项创举。诚然，很多专家学者将中国建立法治社会的努力视为是对已有外国模式的移植，是由中央政府主导的自上而下的过程。这种观点的假设是中国正在向自由主义民主的法治转变。然而，至少在短期内这一假设无法获得事实依据（对此问题，笔者认为即便在中长期内仍然如此）。同时该假设忽略了中国法治方面的独创性。[2] 中国并不欲模仿一些理想化的西方法律秩序，更遑论对自

---

① Linn Hammergren, "Institutional Strengthening and Justice Reform", Washington: U. S. Agency for International Dev. , PC – ACD –020, 1998, http：//wwwl. worldbank. org/ publicsector/legal / Institutional%2OStrengthening. pdf. （原出处失效，现出处为 http：// pdf. usaid. gov/pdf_ docs/Pnacd020. pdf。——译者注）

② 西方学者普遍认为中国应当向自由主义民主法治转型，并且最终通向经济改革、社会财富增加、中产阶级崛起并寻求自我权利保护等，并基于此建立民主和自由。从理论上看，民主和自由在中国颇受争议，自由比民主更甚。从实践上看，其他一些已经实行民主的国家并没有建成自由主义民主，反而向着共产主义或集体主义方面发展。See Randall Peerenboom, *China's Long March toward Rule of Law* （作者区分了四个法治方面的理念，包括自由主义民主、国家社会主义、新威权主义以及共产主义，并且认为中国并不会采取自由主义民主制度或自由主义民主法治）。

由民主法治照单全收。① 中国的改革实践与其标准化假设或描述并不完全一样，这种差异表现在，中国政府认为其正处于建设社会主义法治国家的进程中，而这一说法现在已经被纳入《宪法》。诚然，中国社会如其他国家一样，存在对法治一词的不同解读。② 在中国，除中央集权的社会主义法治理念外，以新专制主义、共产主义，甚至自由民主制度等解读法治都各有其拥护者。

中国引入法治过程的复杂性证明了前文论及的各种常用表述的缺点。与通常认为的情况不同，这一过程包含了众多来自社会底层的制度革新。至少，这个过程应当被描述为兼具自下而上与自上而下两种模式。同样地，在解释为何中国领导人在毛泽东时期之后会支持法治这个问题时，区分归纳法和演绎法似乎并无助益。在众多问题之中，中国领导人首先面临着经济发展落后、个人专制统治的历史传统以及政权合法性不足等问题。在对其他国家的法治模式加以归纳总结后，中国领导人认为法治或许可以解决上述问题。对于法治的支持也有可能来自于一般原则（这些原则来源于实证研究及案例分析的演绎推理），即依法治国可以发展经济、限制政府专断、加强政府的合法性。

横向性的表述同样问题重重，他们过多强调了法治的西方渊源而忽略了中国推行法制改革的首要推动力是国内因素。即便承认改革家们曾取经于西方法律体系，从现有制

---

① Donald C. Clarke, "Alternative Approaches to Chinese Law: Beyond the 'Rule of Law' Paradigm", *Waseda Proceedings of Competition Law*, 2 (1998): 49. （该文作者认为应警惕将"西方法治模型"视作理想模型的思潮。）

② See Randall Peerenboom, *China's Long March toward Rule of Law*, p. 55; see Randall Peerenboom, ed., *Asian Discourses of Rule of Law: Theories and Implementation of Rule of Law in Twelve Asian Countries*, France and the U.S.A., London and New York: Routledge Curzon, 2004.

度、规则和实践中可以看出，中国法治的概念及实践明显区别于所有现有的西方法律制度或范式的"西方法治典范"。如果将中国法治描述为对西方范式的移植或翻译，则中国对法治进行模式创新后的本土化成果——社会主义法治理念将无从谈起。

诚然，很多人质疑社会主义法治是否是真正的法治，特别是考虑到中国法律制度的缺陷以及中国的人权状况。[①] 这种质疑反映出前文所提横向性表述的第二个缺点：它们无法帮助区分改革的结果是仅在外形上发生变化的移植，还是一个混合体，抑或是一个全新的体系。[②]

横向表述亦不能解释为何在改革时对部分因素予以考虑而对另一些则弃之不顾。"中国特色"或"本土化"法治的捍卫者几乎没有提出标准来判断究竟哪些"特色"应当成为法治一部分。最后，这些口号的主要功能是告诫政府，其引入的思想、规则和实践活动将会依当地环境发生变化。这种情况当然是真实的。但是哪些因素将决定国内或国外制度元素的命运呢？哪些因素能够决定中国推行法治的成败呢？

影响中国法治进程的因素应当与那些影响其他国家和地区法治进程的因素相似。在这些因素中，中国政治体制的本质成

---

① See Clarke, "Alternative Approaches to Chinese Law: Beyond the 'Rule of Law' Paradigm"（质疑中国具有法制体系）; see also Stanley B. Lubman, *Bird in a Cage: Legal Reforms in China after Mao*, California: Stanford University Press, 1999, p. 3（同样质疑中国是否具有法制体系）。

② 克拉克（Clarke）与卢布曼（Lubman）认为中国不存在法制体系，作为对二位学者的回应，以及作为对法治的基本要求的研究，并为确定我们能否发现法治的存在，see Randall Peerenboom, *China's Long March toward Rule of Law*, pp. 130–141. 简而言之，关于程序性法治的特征，大多数人已经达成一致意见。然而就实质性法治方面，学界并没有统一结论。

为人们最为关注的焦点，很多学者认为社会主义与法治并不相容。① 实证研究证明，尽管程度有限，民主与法治往往会彼此强化。② 然而，对于法治而言，民主既非充分条件又非必要条件。③

例如，尽管新加坡政府对民主程序有诸多限制，利用法律制度压制反对意见，并且对许多有关权利的事项作出非自由主义的解释，新加坡的法制体系仍然处于世界领先地位。④ 与新加坡类似，得益于英国殖民地时期的发展，中国香港特别行政区拥有发达的法律体系。尽管在英国统治时期香港的民主并不充分，个人权利也受到限制，但在 1997 年回归中国之前，香港被广泛视为法治的典范。在回归之后，中国香港特别行政区的法制体系在世界银行法治指数（World Bank's Rule of Law Index）上的得分仍然名列前茅，从 1996 年到 2002 年分数仅由 90.4 微降至 86.6。⑤ 又如，中东国家

① 在此，笔者仅讨论政权类型。这一问题可能会涉及其他政治因素。例如，可以将民主分解为数个构成要素并逐一加以检验。See Gerardo L. Munck & Jay Verkuilen, "Conceptualizing and Measuring Democracy: Evaluating Alternative Indices", *Comparative Political Studies* 35, no. 1 (2002): 5 – 34; Ruce Bueno de Mesquita et al., "Thinking inside the Box: A Closer Look at Democracy and Human Rights", *International Studies Quarterly* 49, no. 3 (2005): 439 – 458.

② Roberto Rigobon & Dani Rodrik, "Rule of Law, Democracy, Openness, and Income: Estimating the Interrelationships", *Economics of Transition* 13, no. 3 (2005): 533 – 564.

③ 民主由哪些要素构成，这一问题尚无定论。在英国，1832 年只有 1.8% 的成年人有选举权，1884 年这一数字上升为 12.1%，妇女直到 1930 年才获得选举权。在美国，1824 年时 5% 的成年人有选举权，黑人于 1870 年获得选举权，而妇女直到 1920 年才获得选举权。Zakaria, *The Future of Freedom: Illiberal Democracy at Home and Abroad*, pp. 50 – 51.

④ See Li – ann Thio, "Rule of Law within a Non – liberal 'Communitarian' Democracy: the Singapore Experience", in Randall Peerenboom, ed., *Asian Discourses of Rule of Law*, London and New York: Routledge Curzon, 2004, p. 183.

⑤ Daniel Kaufmann et al., "Governance Matters III: Governance Indicators for 1996 – 2002", World Bank Policy Research Working Paper 3106 (2003). （这篇文章发表于 *The World Bank Economic Review* 18, no. 2 (2004): 253 – 287。——译者注）

阿曼、卡塔尔、巴林、科威特和阿拉伯联合大公国在世界银行法治指数上排在前1/4，然而在0—10分评分制的政体IV名录（Polity IV Index）中得分为0。[①]

反过来讲，正如非民主国家的法律体系可能与法治高度契合，民主国家的法律体系也可能会在法治方面不尽如人意。例如，危地马拉、肯尼亚、巴布亚新几内亚在民主方面的得分较高（政体IV名录中得分为8—10分），但它们在法治方面的得分却很低（在百分制的世界银行法治指数中得分低于25）。[②]

简言之，中国的政治体制将会影响其法律的制度轮廓，并有可能对法治加以限制。[③] 近几年来，中国在构建符合形式法治要求的法制体系方面已经取得了巨大进步。未来几年内，在

① Monty G. Marshall & Keith Jaggers, *Polity IV Country Reports* (2003), http://www.cidcm.umd.edu/inscr/polity/report.htm. （此网页已失效——译者注）

② 在政体IV名录中还有8个国家得分在8—10分，但它们在法治方面都位于后50%。这些国家包括玻利维亚、秘鲁、牙买加、马其顿、菲律宾、摩尔多瓦、尼加拉瓜和阿根廷。

③ 直到实现民主化之后，中国台湾地区和朝鲜的法院才能够对具有政治敏感性和争议性的"宪法修正案"进行独立审查，并能够公正审理涉及"前领导人"的刑事案件。See Tay-sheng Wang, "The Legal Development of Taiwan in the 20th Century: Toward a Liberal and Democratic Country", *Pacific Rim Law & Policy Journal*, 11 (2002): 531（该文作者指出，在几年前还无法想象"大法官会议"能够判决新的"宪法修正案"违宪）; Hahm Chaihark, "Rule of Law in South Korea: Rhetoric and Implementation", in Randall Peerenboom, ed., *Asian Discourses of Rule of Law*, London: Routledge-Curzon, 2004, pp. 385–416。然而在其他国家，民主的作用被过分夸大了，或者说至少民主不能解决法制体系存在的问题，包括司法的权威性及司法独立问题。在印度尼西亚，法官与政治、军事和商界精英们之间的关系影响了司法的权威性和独立性。菲律宾的法院则受民粹主义和群众运动影响，这种影响甚至损害了法治的基本原则。Howard Dick, "Why Law Reforms Fail: Indonesia's Anti-corruption Reforms", in Tim Lindsey, ed., *Law Reform in Developing and Transitional States*, Oxon and New York: Routledge, 2007, p. 42; Raul C. Pangalangan, "The Philippine 'People Power' Constitution, Rule of Law, and the Limits of Liberal Constitutionalism", in Randall Peerenboom, ed., *Asian Discourses of Rule of Law: Theories and Implementation of Rule of Law in Twelve Asian Countries*, p. 371.

当前政治结构允许的情况下中国还会继续保持这一趋势。另一方面，中国的政治体制也形成了一些独有的机构和实务做法。例如，审判委员会的审查制度，以及由检察机关和人民代表大会对个案进行监督的制度，这些做法很难与司法独立原则和自由民主理念下的分权原则相融合。

很多评论家将中国的问题归因于其文化因素，其中一些人认为中国的儒家传统、专制历史以及对于人脉的依赖可能会阻碍法治建设或至少使之复杂化。坦白来讲，这个观点趋近于"东方主义"。[①] 显而易见的是，也有部分亚洲国家的法治体系在法治指数中得分较高。文化因素确实可能会在法治的实施方面，以及引入特定机制或适用特定规则方面产生作用。[②] 比如，中国民众很少提起行政诉讼，部分是因为他们仍然在转变对起诉政府官员的看法。地方风俗习惯与国家法律之间的差异可能导致法律实践偏离法律条文，这种情况在刑事法和家庭法方面尤为明显。与此类似，对于实质正义的传统观念有时会引发对法制体系的过高期望，并导致滥诉的现象。在这些诉讼

---

① Randall Peerenboom，"The X - Files: Past and Present Portrayals of China's Alien 'Legal System'"，*Washington University Global Studies Law Review*，2（2003）：37.（该文区分了两种关于东方的观点：其一认为鉴于中国的历史传统，中国永远不可能实行法治；另一种观点则试图强加给中国一种观念，即法治才是最适合的制度）. See Teemu Ruskola，"Legal Orientalism"，*Michigan Law Review* 101，no. 1（2002）：179 –234.

② Amir N. Licht et al.，"Culture Rules: The Foundations of Rule of Law and Other Norms of Governance（2004）"，*Journal of Comparative Economics* 35，no. 4（2007）：659 –688. 此项研究发现，强调自治和平等主义的国家拥有较高水平的法治、问责机制以及较少的腐败现象，而强调本土特色和等级观念的国家通常问责制和法治水平较低，腐败现象多发。简言之，英语国家和欧洲国家相比其他国家表现较好。作者认为，东亚地区的文化倾向可能会对实施法治、控制腐败以及加强问责等造成障碍，或者亚洲国家对"善治"的理解与西方自由民主国家不同。毫无疑问，当通过法治、问责性等方面审视治理模式时，富裕的西方民主国家与亚洲国家存在不同看法。但是，亚洲国家在世界银行的善治名录中的得分比其他地区要高，这也就意味着至少在亚洲，文化因素并不如该作者认为的那样重要。

中，当事人要求法院来弥补社会福利体系或失业保险缺失造成的损失，即便这意味着要以公平正义的名义违反法律规定（作出裁判）。[1]

然而文化并非中国实现法治进程的主要障碍。中国法治建设最严重的障碍多为制度层面上的。25 年的改革极大地强化了法院、检察院、警方、律师、行政机构和立法机构的地位和作用。然而，中国法治改革仍然任重而道远。[2] 在某种程度上，克服这些机构的弱点仅仅是时间的问题。建立高效、专业、廉洁的机构通常需要几十年的时间，而改变现有体制同样需要时间。虽然在近期的改革中，法院内部的行政级别已经被弱化，法官在审理案件时被赋予了更多的内部独立性和权威，任命庭审法官时也更关注其能力和表现，但中国法院仍将保有浓厚的行政色彩。行政法改革，包括颁布《行政诉讼法》赋予民众反对政府官员决定的权利，与长久以来民不与官斗的观念相冲突。政府官员仍旧掌控着改革的方向，以使改革符合其制度目标。行政权在过去意味着规制和管理，现如今这些目标必须与促进（私营）经济运行和权利保护的需要一较高下。这种机构职能的转变可以从近期《行政许可法》的颁布和减少授予行政许可的尝试中看出端倪。正在酝酿中的《行政诉讼法》允许更多的利益相对人参与到行政规则制定的过程中来，同样能够说明行政机构的职能正在发生转变。

然而，中国的体制问题也关乎社会财富。事实上，每个地

---

① Randall Peerenboom, "Judicial Accountability and Judicial Independence: An Empirical Study of Individual Case Supervision in the People's Republic of China", *The China Journal*, 55 (2006): 67–92.

② Peerenboom, *China's Long March toward Rule of Law*.

区的法治建设都在很大程度上依赖于社会财富的积累。[①] 在发展的初级阶段，正式的法制体系可能不会在经济领域发挥太大作用，但随着经济的发展，对于高效公正的法律体系的需求也逐渐增强。这就要求（政府）增加体制建设方面的投入，既包括提高工资和增加技能培训，同时也包括政府建立问责机制以保证效率和公平。例如，建立反腐委员会或内部审查机制，或者像中国这样建立以检察机关和人民代表大会为依托的个案监督机制。这些措施无疑将提高司法体系的专业化程度并优化实践活动，但这种转变需要耗费时间和资源。富裕国家可以采取一些措施有效解决体制性问题，然而发展中国家却无力负担。例如，在法治指数上得分靠前的许多国家中，法官通常享有丰厚的薪资。然而对于中国而言，考虑到政府其他更紧迫的财政需求，采用高薪养廉的政策似乎并不现实。[②] 一位德国律师曾在北京举行的国际会议上发言，他认为司法腐败在德国之所以不严重，是因为法官待遇非常好。对此，一位中国法官作出回应：在中国西部的一些贫困地区，法官的工资通常会被拖欠数月。

那么我们应该如何评价中国在建设法治的过程中作出的努力呢？也许在不同时期评价的结果也会有所不同。如果只是粗略来看，中国的法治建设仍然存在许多问题。持续存在的问题和对法治进程的批判性意见很有可能使在体系内部生活和工作

---

① See Peerenboom, "Human Rights and Rule of Law: What's the Relationship?" （作者指出 GDP 与世界银行法治名录上的排名关系为 r = . 82）; Alberto Chong & Csar Calderon, "Causality and Feedback between Institutional Measures and Economic Growth", *Economics & Politics* 12, no. 1 (2000): 69 - 81 （通过一系列数据，作者指出机构设置与经济发展相互影响，但经济发展对机构的影响要大于机构对经济发展的影响）; Rigobon and Rodrik, "Rule of Law, Democracy, Openness, and Income: Estimating the Interrelationships" （虽然民主和法治都与高水平的 GDP 有关系，但法治的作用更大）。

② 当然司法腐败的原因并不仅仅是收入过低。See Peerenboom, *China's Long March toward Rule of Law*, p. 280.

的人们感到失望。然而如果考虑到法治建设在西方国家耗费了数百年这一事实，那么中国在 30 年内取得的成就已经很令人瞩目了。

与此类似，如果以美国或欧洲的法律体系为标准来评价中国，更有甚者，以乌托邦式的理想模式作为参照标准，那么必然会得出令人沮丧的结论，即"中国缺乏法治"。但若将中国与其他发展中国家进行比较，得出的结果就会比较积极。另外，当比较法律体系的不同方面时，得出的结果也会有出入。在不同级别、不同地区的法院，法院内部不同的合议庭以及不同类型的案件中，司法体系的运行质量都有所区别。[①] 严重的司法腐败和法官失职问题大多发生在基层法院。总体来看，东部发达地区以及大城市的法院与中西部地区或小城市的法院相比，业务水平更高。当然，专业的、称职的并且诚信的法院仅仅是司法体系良好运行所需的机构之一——立法机关、公安机关、检察院以及律师行业、公证行业、会计行业等都不同程度地参与其中。

除此以外，不同地区的法律发展速度也不同。中国的司法体系尤其不善于处理两种类型的案件。因为中国社会处于相对不稳定的状态，考虑到社会混乱的高发性以及将会造成的严重后果，中国政府选择谨慎行事。刑事司法是中国法制体系内的另一个问题多发点，但刑事案件问题多发的原因有很多，下文将对此着重进行分析。

正如在世界银行法治指数中得分较高所表明的那样，中国的很多改革措施已经从整体上加强了司法制度的效率和公平，

---

① Hualing Fu, "Putting China's Judiciary into Perspective: Is It Independent, Competent and Fair?", in Erik G. Jensen & Thomas C. Heller, eds. , *Beyond Common Knowledge: Empirical Approaches to the Rule of Law*, Stanford: Stanford University Press, 2003, p. 193.

反映出形式法治或程序性法治的一些构成元素。然而以公正或人权等宽泛的标准来评价中国的法律制度则具有较大争议，这是因为对公正这一概念的理解因人而异；而人权一词也颇受争议，特别是当这一概念超出国际公约中规定的众多抽象权利，在实践中得到进一步的解释和适用时。单就中国一国而言，自由主义者、共产主义者、新专制主义者以及中央集权的社会主义者可能就很多具体问题都意见相左，从国家安全与言论自由、结社自由之间的适当平衡，到司法解释的恰当标准都是其争论的内容。[1]

除了公民权利与政治权利，中国在绝大多数的人权社会福利指标方面的表现均高于同等收入阶层国家的平均水平。诚然，中国的总体情况得到了改善，但是存在着显著的地区性差异，部分地区的情况甚至有所恶化。[2] 然而这些问题已经超越了法院的权限，需要通过政治对策加以解决。事实上，法制改革本身就是一个政治进程，这一点在加强刑事案件公平审判的措施中尤为明显。为达到这一目标，中国实施了一系列旨在增强诉讼程序对抗性的改革措施。另外，对于普通程序简易审的适用和关于是否废除行政拘留的讨论也印证了这一点。

（二）刑事司法：通往对抗制诉讼的曲折道路

中国刑事司法领域发生的最大变革，是 20 世纪 90 年代中期由纠问制诉讼程序向对抗制诉讼程序的转变。中国的纠问制体制主要表现在以下几个方面：由法官或检察官进行审前调查，羁押时间通常较长，律师的作用往往局限于首次讯问之后与其当事人的短暂会面，审判期间法官通过询问证人及审查证

---

[1] Peerenboom, *China's Long March toward Rule of Law*, pp. 71 – 109.

[2] Peerenboom, "Assessing Human Rights in China：Why the Double Standard？".

据来主动寻求案件真相。整个诉讼程序由中立的国家工作人员主导，并以获取案件事实真相为目的。对抗制诉讼模式则与之形成鲜明对照，这种模式以诉讼当事人之间的对抗为特征。法官不会介入案件的审前侦查阶段，律师在审判前和庭审过程中都发挥重要作用，而法官仅扮演被动裁判者的角色。[①]

因而，在向对抗制过渡的过程中，中国检察官、法官以及律师的角色都发生了巨大改变。1996 年的《刑事诉讼法（修正案）》增加了很多保护被告人权利的条款，包括将律师介入案件的时间提前、辩护律师的阅卷权和传唤证人的权利、犯罪嫌疑人或被告人获得保释的权利，并对羁押期限加以限制。

中国的刑事司法制度同时受到来自国内和国外法律工作者的批评，因而很难衡量上文中提及的变化在多大程度上源于国外压力而非国内需求。在此需要再次重申的是，中国并不打算完全引进某种外国模式，即便此举令很多国外学者失望。[②] 然而，这些变化明确显示出一种由纠问制向对抗制过渡的趋势，这就意味着新的体制更多源于国外而非本土（虽然纠问制诉讼制度也是中国于更早之前从德国和日本引进的）。这种变化反映出在美国强大的威望和权力之下，中国改革家越来越熟悉和了解美国的法律制度，这种趋势或可称为刑事司法的美国化（这种趋势体现在对《公民权利和政治权利国际公约》以及其

---

① 关于对抗制诉讼和纠问制诉讼更详尽的介绍，see Langer, "From Legal Transplants to Legal Translations: The Globalization of Plea Bargaining and the Americanization Thesis in Criminal Procedure"。

② 关于对修正案的讨论和评价，see Jonathan Hecht, *Opening to Reform?: An Analysis of China's Revised Criminal Procedure Law*, New York: Lawyers Committee for Human Rights, 1996, pp. 19 – 76; Donald Clarke, *Wrongs and Rights: A Human Rights Analysis of China's Revised Criminal Code*, New York: Lawyers Committee for Human Rights, 1998, pp. 27 – 61（引文的原名使用的是 "Criminal Law"，即 "*Wrongs and Rights: A Human Rights Analysis of China's Revised Criminal Law*"。——译者注）。

他国际公约中，对权利的解读都是以对抗制诉讼模式为视角的）。①

中国中央政府将 1996 年《刑事诉讼法》中的这些变化誉为法治进程中的里程碑，并向相关机构和人员作出了指示，督促其切实落实上述改革措施。然而不幸的是，这些措施的执行情况非常令人失望。律师在要求会见客户时通常会遭到拒绝，检察官拒绝移交可以证明被告人无罪的证据或拒绝向律师提供卷宗中的全部证据，重要证人的缺席致使辩护律师无法当庭对证人证言进行质证，被告人认罪率之高使得律师的作用局限于轻罪辩护，对于刑讯逼供的指控仍普遍存在。②

---

① Wolfgang Wiegand, "Americanization of Law: Reception or Convergence", in Lawrence M. Friedman & Harry N. Scheiber, eds., *Legal Culture and the Legal Profession*, New York: Westview Press, 1996, p. 137; see Langer, "From Legal Transplants to Legal Translations: The Globalization of Plea Bargaining and the Americanization Thesis in Criminal Procedure"（作者认为即便美国对他国法律体系产生了重大影响，这些体系仍然存在很大区别）; Diane Marie Amann, "Harmonic Convergence? Constitutional Criminal Procedure in an International Context", *Indiana Law Journal*, 75 (2000): 809 – 850（作者对于卢旺达国际刑事法庭采取普通法系的规范和惯例保留意见）。

② See Human Rights in China, "Empty Promises: Human Rights Protections and China's Criminal Procedure Law in Practice (2001)"（引自 http://www. hrichina. org/ content/4637——译者注）; Ping Yu, "Glittery Promise vs. Dismal Reality: The Role of the Criminal Lawyer in the People's Republic of China After the 1996 Revision of the Criminal Procedure Law", *Vanderbilt Journal Transnational Law*, 35 (2002): 827; Congressional – Executive Commission on China, 2002 Annual Report（原文标注的出处失效，目前本文的出处是 Washington: U. S. Government Printing Office, 2002, http:// www. cecc. gov/sites/chinacommission. house. gov/files/2002%20Annual%20Report_ as% 20on%20website_ 0. pdf. ——译者注）（该文认为刑法和刑事诉讼法改革在犯罪嫌疑人和被告人权利保护方面的影响较小；中国的刑事司法系统仍然被当局操纵；酷刑依旧存在；会见律师权也经常遭到拒绝）; 陈卫东主编：《刑事诉讼法实施问题调研报告》，中国方正出版社 2001 年版; Jerome Cohen, "The Plight of Criminal Defense Lawyers, statement at the Congressional – Executive Commission Roundtable Discussion on Challenges for Criminal Justice in China", July 26, 2002（原文标注的出处失效，目前该文的出处是 http://www. cecc. gov/sites/chinacommission. house. gov/files/documents/roundtables/2002/CECC%20Roundtable%20Testimony%20 – %20Jerome%20 Cohen%20 – %207. 26. 02. pdf. ——译者注）。

这些问题产生的原因何在？是因为西方媒体通常暗示中国所具有的政治理念吗？（通过中央集权追诉刑事被告人并压制持不同政见者）事实上，政治理念至多只是一个微弱的影响因素。大部分刑事案件还是涉及盗窃、故意杀人、强奸、毒品等普通犯罪。虽然这些犯罪行为破坏了社会秩序，但它们对政党的统治并不构成威胁。诚然，中国政府与其他政府一样，希望维持法律与社会秩序。然而刑事司法与其他法律部门的区别在于，对于前者的改革缺乏公众支持——大部分民众认为这些对刑事法的改革于他们自身利益而言有害无益。与此同时，中国犯罪人基本不会得到政治上的庇护。为了回应民众对于犯罪行为的恐惧，政府只能不断加大打击犯罪的力度。因此，利益集团政治是中国以及其他国家严厉打击犯罪的重要原因。

对犯罪人采取严厉政策也有文化方面的原因，这包括多数民众对于社会稳定的需求，相对个人利益倾向于保护集体利益的传统以及长久以来对个人权利的忽视。中国重视实质正义的传统使得人们难以真正重视保障犯罪人的程序性权利。

经济因素和社会变革也阻碍了刑事司法改革。工业化、城市化以及向市场经济体制的转型都在总体上导致了犯罪率的升高，而社会和经济领域持续加剧的不平等现象更使这种情况不断恶化。事实上，中国市场体制改革确实导致了犯罪率的上升，并反映出暴力犯罪、有组织犯罪、涉毒犯罪、卖淫以及赌博等行为的再度出现。

经济转型通常伴随着犯罪率的上升，而这一现象阻碍了很多国家向自由主义刑事司法改革的努力。前苏联解体后不久，很多前社会主义国家立即着手制定自由主义刑事法律，为犯罪嫌疑人提供很多在前苏联时期不能享有的程序保障。然而，随后而来的犯罪率上升使得民众对于改革怨声载道，从而导致近些年来部分国家在犯罪人权利保障方面出现了倒退。①

在中国，机构性因素在刑事司法改革方面同样扮演了重要角色。中国的司法体系实力微弱，因而在政府和民众的双重压力之下步履维艰。一方面，愤怒的民众希望通过严刑峻法来预防犯罪；另一方面，统治集团希望通过迎合民众对犯罪人的报复心理来巩固自己执政的合法性。事实上，发挥关键作用的司法机构尚未对改革下定决心。考虑到这些机构在法律和秩序方面的目标，这种态度也许并不令人惊讶。尤其是公安机关和检察院已经对许多项改革措施说"不"，甚至审判机关对改革也表现得不甚积极。

刑事法律方面的变化从根本上改变了警察、检察官、法官以及辩护律师的角色定位，打乱了他们之间的权力平衡，并且对长久以来形成的机构规则产生了挑战。法律修正之后，警察和检察官受影响最大，失去了最多权力，因此他们拒绝将权力部分出让给法院和辩护律师。事实上，公安机关和检察机关面临着困境：一方面，考虑到市场化、城市化和现代化的大趋势，犯罪率将不可避免地继续升高；另一方面，随着中国不断迈向法治社会，公安机关和检察机关的权力已经不断地转移给法院、辩护律师和人民代表大会，未来这种趋势也会继续下去。在这种情况下，公安机关和检察机关一边因为无力遏制犯罪增长而饱受责难，一边又在不断让渡打击犯罪的重要权力，这就导致了一系列琐碎却极具象征意义的微小冲突。例如，当法官走进法庭时检察官是否起立，以及法官的位子是否可以高于检察官。更有甚者，检察院试图通过监督法院的个案判决来争夺自己的权力，并制定了一系列司法解释以限制刑事法修正

① Jacek Kurczewski & Barry Sullivan, "The Bill of Rights and the Emerging Democracies", *Law and Contemporary Problems* 65, no. 2 (2002): 251 - 294. 拉丁美洲同样曾经试图通过推行自由主义刑事法律来抑制犯罪。See Hammergren, "Institutional Strengthening and Justice Reform", p. 10.

案所规定的权利。最高人民检察院出台的司法解释与最高人民法院的相对有利于被告人的司法解释,以及由律师协会或学者作出的更加有利于被告人的学理解释等,经常存在分歧。同时,因为这些改革会限制公安部制定规章的职权,对警察行使权力施加诸多程序性和实质性的约束,并将增强对警方自由裁量行为的监控,公安机关对于这些立法变化同样持反对意见。

以上问题产生的原因部分在于制度惯性。例如,中国刑事司法制度长久以来看重认罪坦白。与此相类似,长期羁押、超时讯问、在审前阶段限制律师介入、庭审时不重视言词证据、庭审程序简短且不设陪审团、忽视证据规则(包括对传闻证据相对较高的信任度),以及有限的非法证据排除等特征都根植于其民法法系传统之中。

总而言之,虽然中国推行改革的时间不长,而且犯罪嫌疑人的状况获得些许改进,但是由于未能保证基层司法机关遵守相应规则,刑事司法改革基本上是失败的。也许这些改革措施过于激进,尽管要求公安机关和检察机关将权力让渡给法院和辩护律师,但是法院地位相对较弱,而律师的地位则更弱。此外,这些改革措施虽然得到了学界、律师界以及外国评论者的广泛支持,但并没有广泛的群众基础。现有法律体制在现实中无法保障法律赋予犯罪嫌疑人的全部权利并不奇怪。鉴于中国法律体系在整体上存在无力充分保护公民权利的缺陷,这些刑事领域的改革只会使犯罪人获得高于普通守法公民的权利保护!因此,刑事司法并不适合充当法制改革的先锋力量,也无力充当认真对待权利的突破口。

我们或许可以从思想上进行这样的假设:如果在改革伊始中国的改革家们就以纠问制诉讼模式为基础进行改善,改革的结果是否能更好一些?或者说,中国眼下如果重新退回到纠问制模式,是否更有助于推进改革?最有可能出现的情况是,任何试图完善纠问制诉讼模式的改革,其成功的概率可能仍然有限。在纠问制体系内,检察官与法官必须完全中立并专业,致力于查明事实真相。在改革前，中国的刑事司法制度和政治制度几乎没有区别，其职业化水平也相对较低。在今天，虽然中国政府高度重视对犯罪活动的打击，其对案件真相进行公正追查的可行性仍值得商榷。但应当承认，中国的刑事司法制度与政治制度之间的区分度已经有所扩大，同时专业化水平也在不断提升。

虽然纠问制诉讼模式采取较长的羁押期限，而这意味着通过牺牲个人自由来减少对社会的威胁，但这与中国民众对于社会稳定的需求更加契合。纠问制诉讼模式关注探求真相，这更符合中国重视实质正义的法律传统。相比之下，对抗制模式则强调程序正义和辩诉双方的平等对抗。与其他国家不同，一位经验丰富且依靠辩护技术为当事人脱罪的律师在中国并不受欢迎。从这个角度来看，纠问制诉讼模式或许能够减少此类辩护律师与公安机关、检察机关以及法院之间的冲突。这种冲突已经导致了中国目前有律师因涉嫌妨碍司法公正而被捕，公诉机关据以批捕的事实依据包括作伪证和伪造证据。在此值得指出的是，亚洲乃至世界范围内一些较为成功的刑事司法体系都主要建立在纠问制诉讼模式之上，日本就是其中一例。① 尽管日

---

① 虽然在第二次世界大战之后日本的刑事法体系向对抗制靠拢，但它仍然保有纠问制诉讼的特征，如由完全中立并且具备专业技能的检察官追查事实真相、对辩护律师持怀疑态度、限制辩护律师会见其当事人以及查找证据、长期羁押、不允许未供认罪行的犯罪嫌疑人保释、相对宽松的证据规则以及对传闻证据和非法获取的证据的使用。这些特征可能在美国律师眼中极为不合理，并且可能导致权力滥用或冤假错案。然而事实是，高度专业的检察机关会竭尽全力调查案件真相并保证事实清楚，最终的刑事处罚也与犯罪人自身和犯罪行为相适应，并与其他具有相似情节的犯罪人所得到的处罚相适应。此外，日本的体系并不是为了处罚而设立，而是为了使被告人能够重新回归社会。David T. Johnson, *The Japanese Way of Justice*, Oxford and New York: Oxford University Press, 2002, p. 74, 84（文章指出，在日本，"律师不能出现在讯问场所"；犯罪嫌疑人有权保持沉默，但经常在长达23天的时间内被连续讯问；不到10%的嫌疑人在侦查阶段雇用律师；在被告人未认罪的情况下，检察官与律师及犯罪嫌疑人的接触通常限制为3次，每次不得超过15分钟；"检方、警方与狱所监管人员可能会检查律师与其客户的书面通信"）。尽管存在一些疑问，该文作者的结论是"日本寻求正义的方式极度公正"，特别是与强调惩罚且功能混乱的美国司法体系相比较时。

本、中国台湾地区以及其他地区目前也面临着来自人权评论家的压力，被要求建立更加自由主义、以权利为基础的体系，但是考虑到当地民众的态度，很难说这种体系最终能否成功应用于这些地区。① 总而言之，既然所有的刑事司法制度都有严重的缺点，相比之下纠问制诉讼模式似乎更适合中国当前的国情。②

（三）新的简易程序和普通程序简易审：兼顾效率与公平

为了应对犯罪率的上升和刑事法官工作量的加大，最高人民法院、最高人民检察院以及公安部于 2003 年年初联合发布了关于普通刑事案件适用简易程序的规定。③ 当刑事案件满足事实清楚、被告人认罪、证据确凿充分且最高刑期为三年有期徒刑这几个条件时，该案件可以通过简易程序进行审理。与普通程序中由三位法官组成的合议庭审理案件不同，在简易程序

---

① See e. g. , Jeff Vize, Torture, "Forced Confessions, and Inhuman Punishments: Human Rights Abuses in the Japanese Penal System", *UCLA Pacific Basin Law Journal* 20 (2002): 329. 近年来，尽管中国台湾地区民众同中国大陆民众一样认为有必要对犯罪行为进行打击，中国台湾地区"宪法法院"仍然大大扩展了犯罪嫌疑人的权利。1991 年，58% 的中国台湾地区民众赞同公开处决罪犯，68% 的人赞同通过特殊法律打击犯罪，59% 的人认为对犯罪人的严惩比对被害人的补偿重要。在 1999 年，多于 2/3 的民众认为刑罚太轻，只有 1% 的人认为刑罚太重。此外，高于 42% 的民众认为只要有合理怀疑，即便没有足够证据证明犯罪嫌疑人实施了犯罪，该犯罪嫌疑人仍然可以被拘留。See Tsung – fu Chen, "The Rule of Law in Taiwan: Culture, Ideology, and Social Change", in Stephen C. Hsu, ed. , *Understanding China's Legal System*, New York and London: New York University Press, 2003, p. 374, 400 （该文认为不能对人权提供保护的中国台湾地区不可能建成法治，至少不可能建成以人权为必备条件的自由主义民主法治）。

② 中国重新采用纠问制诉讼的可能性极低：全世界当前的发展趋势是对抗制（或者称为美国式）诉讼；人权组织不赞成采取纠问制；很多在美国接受教育的改革家与法学家反对纠问制；中央政府在 1990 年代中期刚刚决定向对抗制过渡，其不太可能在短时间内改变自己的决定。

③ 《最高人民法院、最高人民检察院、司法部关于适用简易程序审理公诉案件的若干意见》（此规定已于 2013 年 4 月 8 日废止。——译者注）

中案件由一位独任法官进行审理。① 为了与中国重视改造犯罪人的传统理念保持一致，法官会对自愿认罪的被告人从轻处罚。

在同一时期，最高人民法院、最高人民检察院与公安部还联合发布了《关于适用普通程序审理"被告人认罪案件"的若干意见（试行）》。② 该意见适用于被告人对案件基本事实无争议并自愿认罪的一审案件。与简易程序不同，这类案件仍然由三位法官组成合议庭进行审理。

最初采取简易程序审理案件的试验是由地方司法机构发起的，在发起时这种简易程序甚至没有法律基础，因此它也是自下而上改革的一个例证。诚然，当时有批评指出这种简化的程序与刑事诉讼法相悖。这些程序与辩诉交易相似，而纠问制诉讼模式中并不存在辩诉交易制度，因为该制度与前者追求的对事实真相进行公正查明的理念不相符。然而近几年，虽然具体方法与美国模式大相径庭，意大利、法国、阿根廷等采取纠问制诉讼模式的国家开始采用辩诉交易制度。③ 中国此类制度的推行者是否是从其他国家的辩诉交易制度中演绎或归纳出这些程序，以及这种改革是否是某种程度的法律移植，对于这些问题目前尚无定论。毫无疑问，至少通过观看美国电影和电视剧，中国的法官对辩诉交易制度并不陌生。即便如此，法官们

_____

① 简易程序的出现可能会造成腐败，因为贿赂一位法官要比贿赂三位容易。但在大多数案件中，即便法官收受了贿赂，法官对是否判处被告人有罪仍然持谨慎态度，原因主要在于他们的判决可能受到严格的审查。此外，检察院也有权通过控诉对法官的判决结果提出质疑。近年来，最高人民法院颁布了一些法官问责制的规定。See Peerenboom, *China's Long March toward Rule of Law*. 这些规定在实践中使用不多，部分原因是法官集体决策制使得对个体法官问责存在困难。

② 《最高人民法院、最高人民检察院、司法部关于适用普通程序审理"被告认罪案件"的若干意见（试行）》（此规定已于 2013 年 4 月 8 日废止。——译者注）

③ Langer, "From Legal Transplants to Legal Translations: The Globalization of Plea Bargaining and the Americanization Thesis in Criminal Procedure".

仍然要选择能适应当地基本情况的制度。

如前所述，刑事司法领域的改革并非对外国模式的简单复制。上文提及的两个规定试图在提高刑事诉讼效率的同时，尽量避免采用美国式的辩诉交易制度。适用简易程序审理案件的最高刑不能超过三年有期徒刑，而可能判处死刑的案件则不能适用普通程序简易审制度。与此相反，在美国，即便是可能被判处死刑的犯罪嫌疑人仍然可以适用辩诉交易。中国的简易程序和普通程序简易审与美国式辩诉交易的另外一个区别是：在中国，被告人和检察机关不会在审前就指控的罪名或给法官的量刑意见达成协议；对被告人的定罪量刑仍然由法官或合议庭根据坦白从宽的原则作出终局判决。考虑到中国的刑法对于刑期规定的幅度较大，并且对严重情节或非常严重情节等的规定较为模糊，法官在量刑时仍然享有一定的自由裁量权。另一方面，对简易程序和普通程序简易审的设计更注重保障实质正义和查明事实真相，这与美国的辩诉交易制度亦存在区别。在中国，法官必须确认被告人的行为确实构成了犯罪，并且证据确实充分。因而，至少在理论上，中国的被告人无法像在美国司法系统中那样，通过认罪来换取检察机关作出与事实明显不符的较轻指控，从而在庭审中获得相对较低的刑罚。中国的法官需要查证被告人认罪是否出于自愿，从而给予被告人翻供并就刑讯逼供提出申诉的机会。此外，与美国式辩诉交易中完全放弃庭审权的做法不同，中国的犯罪嫌疑人有权进行陈述以及进行"自我辩护"，通过这一方式向法官解释犯罪当时的情况并请求法官宽大处理。①

虽然这些新的规定与传统的纠问制诉讼模式有所区别，但

---

① 这一体系与德国辩诉交易制度类似。Langer, "From Legal Transplants to Legal Translations: The Globalization of Plea Bargaining and the Americanization Thesis in Criminal Procedure".

它们却根植于中国长久以来重视改造犯罪人以及坦白从宽的刑罚传统，这也可以解释中国何以能在如此短的时间内建立起这一制度。这些规则得以推行，也得益于北京市海淀区法院的支持，该法院以其法官进取性强和职业素养高而闻名（相较于其他地区，很多法官更倾向于在北京任职，即便这意味着他们任职法院的级别较低）。也许更为重要的是，这些制度设计获得了一些重要部门的支持。通过简化案件的审理程序，法官、检察官以及律师都可以从中受益。法官可以避免作出艰难判决，或者减少判决在上诉过程中被驳回的风险。检察官可以通过这种较为轻松的方式达到他们每年的案件任务量，并确保获得有罪判决。由于大多数犯罪人经济状况较差，刑事辩护律师难以收取较高的代理费。在简易程序或普通程序简易审中，他们一方面可以通过提高收案量来增加收入，另一方面仍可对外宣称其客户因为他们的协助而获得了宽大处理。

虽然缺乏对这些新程序进行评估的实证资料，辩诉交易的优缺点仍然广为人知。① 即便有些学者对于辩诉交易的必要性

①　关于对辩诉交易的批判性意见，see Albert W. Alschuler, "Implementing the Criminal Defendant's Right to Trial: Alternatives to the Plea Bargaining System", *The University of Chicago Law Review*, (1983): 931 – 1050; John H. Langbein, "Torture and Plea Bargaining", *The University of Chicago Law Review*, (1978): 3 – 22; Stephen J. Schulhofer, "Plea Bargaining as Disaster", *The Yale Law Journal*, 101 (1991): 1979。关于对辩诉交易的积极评价，see Frank H. Easterbrook, "Plea Bargaining as Compromise", *The Yale Law Journal* 101, no. 8 (1992): 1969 – 1978; Robert E. Scott & William J. Stuntz, "Plea Bargaining as Contract", *The Yale Law Journal*, (1992): 1909 – 1968。关于一位前任检察官对辩诉交易作出的评价，see David Lynch, "The Impropriety of Plea Agreements: A Tale of Two Counties", *Law & Social Inquiry* 19, no. 1 (1994): 115 – 134（该文颇有见地地指出，在七个美国州县全部的有罪判决都是通过辩诉交易达成的，并未涉及陪审团审判；一些法官甚至威胁被告人，若其拒绝辩诉交易，则会被判处严酷的刑罚。法官、检察官与辩护律师热爱辩诉交易是因为陪审团审判费时费力，而且法官要面临判决可能在上诉中被推翻的危险；检察官则惧怕被告人被无罪释放；对于律师来说，辩诉交易可以避免客户被判决有罪，并被处以严厉刑罚。同时，检察官不会对建议的刑罚仔细斟酌，相反，他们对案件的了解不够深入，对轻罪在三分钟内就作出决定；而对重罪，十分钟就足够了）。

有所争论，但多数人还是承认没有辩诉交易的话，司法体系就无法正常运作，至少在公众不愿意为刑事司法投入更多资源的情况下司法体系无法正常运作。辩诉交易的主要弊端在于规范层面上。即便是其支持者也必须承认，辩诉交易偏离了传统刑事司法中以陪审团为核心、精心设计庭审程序以保障被告人权益的理念：

> 法学专业学生（在课堂上）所学习的与电视节目所展示的刑事诉讼程序都是正式、复杂且昂贵的。它包含对证人证言和实物证据的详细质证，辩护律师与检察官的激烈对抗，以及完全中立的法官和陪审团作出公平公正的裁决。对于现实中发生的绝大多数案件来说，刑事程序与上述环节无关。只有在极少数的情况下案件才会进入到审判阶段，在某些国家（如美国）这类案件大约只占到全部案件的五十分之一。大多数案件的处理方式极度非正式，即在没有证人在场的情况下，对案件事实一知半解的控辩双方在检察官办公室或法院办公楼大厅里面进行简短对话，由此形成双方认可的案件解决方式，之后再将这种解决方式"兜售"给被告人和法官。在很大程度上，这种讨价还价的做法决定了谁将被关入监狱以及会关押多久。这就是辩诉交易，它不是刑事诉讼程序的附属程序，它就是刑事诉讼程序本身。①

更为严重的是，通常情况下被告人除了接受检察官的提议以外根本没有其他选择，而且很多无辜的人，特别是那些不愿冒险的无辜人士，会选择接受辩诉交易以避免被判处更严重的刑罚。在中国，鉴于中国审判中的高定罪率、重刑化倾向以及

---

① Scott & Stuntz, "Plea Bargaining as Contract", pp. 1191 - 1192.

获得有效律师辩护所要经历的重重障碍，被告人将会面临更大的压力。

如果被告人接受了辩诉交易，法官会对其作出的认罪供述进行审查；但正如其他国家一样，这种审查很有可能会流于形式。在庭审过程中，被告人将重复由其律师告知的或警方传达的内容，自愿认罪伏法。但是，有时法官也会对案卷材料进行仔细审阅，如若发现案件事实不清或法律基础薄弱，那么法官将会作出无罪判决。这种审判过程也为被告人提供了控诉受到酷刑折磨或警方其他不当行为的机会，被告人也可以当庭改变其有罪供述。

（四）行政羁押：中国社会的第二道防线

行政羁押是指任何由行政官员而非法官依据《刑事诉讼法》以外的法律作出的对当事人予以羁押的措施。行政拘留可以分为以下几种：（1）《治安管理处罚条例》①规定的 15 天以下行政拘留；（2）受到了国内外最多关注的劳动教养（简称为劳教）制度；②（3）收容教育；（4）强制戒毒；（5）在精神病院进行的强制治疗；（6）将未成年犯罪人羁押在收容教养所或少年犯管教所，或将虽未构成刑事犯罪，但违反其他法律、情节严重的未成年人羁押在工读学校；（7）留置盘查，依据该制度，犯罪嫌疑人最多可被羁押 48 小时以接受讯问。

为了更好地解释行政羁押制度，首先要说明的一个问题就是行政羁押的各种类型随时代不同而有所改变。1996 年《刑事诉讼法》废除了最广为人知的行政羁押模式——收容审查。收容审查曾是行政羁押的核心措施之一。2003 年 6 月，国务院废止了于 1982 年颁布的主要针对外出打工人员的《收容遣

---

① 本文发表时中国尚未颁布《治安管理处罚法》。——译者注
② 这一词语也被表述为"通过劳动进行再教育"，但此处笔者选择"劳动教养"这一表述。

送办法》，同时颁布了新的条例。新条例一方面保留了原有制度在保障社会福利方面的功能，另一方面则废除了收容遣送中的强制羁押部分。① 新的暂行条例要求政府部门将收容场所告知于农民工、流浪者、乞讨人员及其他生活无以为继的人员。这些场所可以为上述人员提供食物和居所，在必要时将其送至医院接受治疗，联系其亲友，并帮助其返乡。针对卖淫人员和吸毒人员的行政羁押在当时也被废止了，但之后由于在改革期间卖淫和吸毒人员剧增，这些羁押措施又被重新启用。

第二个需要说明的问题是，行政羁押的目的和实施方式也随着时间的推移发生了改变。在过去，行政羁押主要适用于政治违法行为，而现在的羁押措施则主要适用于轻微刑事犯罪。行政羁押的主要目的仍然是使被羁押人改过自新，对其进行再教育，为未成年犯罪人安排工作，鼓励卖淫者通过其他方式谋生，以及对有毒瘾者进行治疗。② 虽然目前的行政羁押制度更多的用来惩罚或预防犯罪，但是相较于严酷的刑事处罚来说，这些羁押措施相对轻缓。在过去，刑事处罚主要适用于国家敌对分子，以及那些拒绝接受改造并重新融入社会的顽固惯犯。然而，发生在经济领域的改革滋生了新问题：外出打工者因为无法找到工作或者无法按时获得报酬而陷入经济上的绝境，而终日无所事事的青少年们则沉溺于对物质生活不断升级的追求之中。这两类人成为主要的犯罪群体。行政羁押因而成为介于亲朋好友规劝和锒铛入狱之间的缓冲地带。

很明显，行政羁押并非源自当代西方自由民主制国家的制度移植。事实上，人权组织要求废止任何形式的行政羁押，特

---

① 参见国务院 2003 年公布的《城市生活无着的流浪乞讨人员救助管理办法》以及民政部发布的《城市生活无着的流浪乞讨人员救助管理办法实施细则》。
② 陈瑞华：《劳动教养的历史考察与反思》，载储槐植、陈兴良、张绍彦主编：《理性与秩序：中国劳动教养制度研究》，法律出版社 2002 年版。

别是劳动教养制度，然而中国政府抵抗住了来自国内外的压力。对这一制度的改革很大程度上是源于国内形势的变化。例如，部分原因是收容期间农民工普遍受到虐待，国务院在很久以前就开始考虑改革收容遣送制度。然而导致该制度被废除的最后一根稻草却是大学生孙志刚在收容期间死亡的事件。孙志刚事件引发了众多专家学者参与请愿，要求更改甚至废除收容遣送制度。同时，收容遣送制度由最初用于解决数百万人员外出打工造成的犯罪激增等众多社会问题的一项强制措施，转变为人道主义救援机制；中国领导人换届也是原因之一。第四代领导人集体希望通过显露人性的一面来获得民众的支持，并力求通过给予社会公正和经济改革产生的弱势群体更多的关注来彰显其与江泽民领导集体的不同之处。

行政羁押的未来发展趋势很难预测。总体而言，对这一议题有三种主要观点。第一种观点主要来自于自由主义论者和权利运动人士，他们认为即便不能废除所有形式的行政羁押，劳动教养制度至少应当被废止。[①] 持这一观点的人中，还有部分人认为应当将通过行政方式处理的轻微犯罪案件全部或部分交还给刑事程序，但要减轻可能面对的刑罚，并加强对非监禁方式的使用，如罚金、社区服务及缓刑。也有部分人支持将部分轻微犯罪作出罪化处理。

第二种观点主要来自于司法部、公安部及下属公安机关的公务人员，他们主张在进行轻微改革的基础上继续保留劳动教养及其他形式的行政羁押制度。这部分人认为随着犯罪数量的上升和犯罪性质的改变，继续实行行政羁押制度能够有效维护法律和社会秩序。同时他们拒绝将行政羁押置于司法审查之下的尝试。

---

① 这一类人群相对较少，至少支持废除劳动教养制度的人相对较少。参见陈瑞华：《劳动教养的历史考察与反思》，载储槐植、陈兴良、张绍彦主编：《理性与秩序：中国劳动教养制度研究》，法律出版社 2002 年版，第 1 页。

　　第三种观点的支持者最多，他们认为可以继续保留劳动教养以及其他行政羁押制度，但必须对其进行大幅度的改革，改革内容包括在国家层面进行立法改革（全国人民代表大会制定的法律）以巩固其法律基础，明确适用行政羁押的案件范围，并提供额外的制度约束和保障。此种观点的支持者，部分人实际上支持完全废除或彻底改革以劳动教养为首的行政羁押制度，但他们也意识到由于社会民众的抵制和上层政治意愿的缺乏，在现阶段彻底废除行政羁押并不现实。毕竟，中央领导人目前仍然强调以严厉手段打击犯罪的必要性。因此他们退而求其次支持大幅度改革行政羁押制度，并将此视为一种必要的政治妥协。持第三种观点的另一部分人由一些自由主义者和支持改革的法学学者构成，他们认为当前中国正处于经济、政治和社会转型的困难时期，为了应对不断增长的犯罪率并满足对社会稳定的需求，有必要对劳动教养等行政羁押制度予以保留，但需要对其进行改革。

　　从制度评价的角度来看，行政羁押制度毫无疑问已经被滥用，因而亟须对其进行改革。然而，正如前文所述，正式的刑事诉讼体系不但不优于行政羁押，在某些方面甚至做得更差。废弃所有形式的羁押将很有可能会伤害到那些改革家们试图保护的社会群体。并且，废除行政羁押将会使那些游离于罪与非罪之间的违法者毫无悬念地受到严酷的刑事处罚，他们将被迫与顽固的犯罪分子羁押在一起，并且被永远地打上犯罪人的烙印。

　　此外，通过正式的刑事诉讼程序进行审判的犯罪人通常会被判处更重的刑罚。① 非监禁刑也并不适用于农民工、卖淫人员、吸毒人员以及青少年，然而这些人却是被羁押人员的主要

---

① See Randall Peerenboom, "Out of the Pan and into the Fire: Well – Intentioned but Misguided Recommendations to Eliminate Administrative Detention in China".

组成部分。例如，罚金刑只适用于那些有能力支付罚金的人，或者至少被处以罚金者应当有工作可以赚取工资用以支付罚金。但没有工作的青少年以及失业或不能赚取足够生活费用的农民工根本无法支付罚金。罚金刑同样也不适用于卖淫人员及吸毒人员。为了支付罚金，卖淫人员可能被迫重回卖淫场所工作，而吸毒人员则可能被迫偷窃或者贩卖毒品。

相较于提升对非监禁刑的依赖程度或非刑罚化，更合适的方式或许是创制新的刑罚方法。这正是政府在废除留置盘查时的做法，一方面将其从行政羁押体系中剔除并大部分并入刑事诉讼程序中，另一方面则通过加强使用收容遣送以期达到相同效果。与此类似，在废除收容遣送工作的同时，也产生了新的方式来处理大量外来打工者引发的社会问题。① 鉴于废除收容遣送制度导致将犯罪数量上升及非贫困人员滞留救济中心的情况，公安部发布了《关于当前依法加强社会治安管理的通知》。该通知要求公安人员加倍努力打击各种非法行为，包括以乞讨方式妨碍交通秩序，在公共场合强索强讨破坏公共秩序，在公共场所招引嫖客卖淫、介绍卖淫，以及在上访活动中聚众扰乱

---

① 为了美化城市，江西省曾经出现过将一些无业游民聚集并送往偏远地区的做法。当地政府声称此举是因为他们并没有足够的金钱用于修建福利院。《江西崇义：为整顿市容 7 名流浪人员被抛送荒野》，载《中国青年报》2005 年 6 月 7 日版（原文出处已失效，目前本文可参见 http://news. xinhuanet. com/legal/2005 –06/07/content_ 3053342. htm。——译者注）。乞讨行为已经在很多城市流行起来，报纸也对"专业乞讨人员"多有报道，在报道中，这些乞讨人员通过伪装为病患或者通过幼童骗取同情心进行乞讨，甚至可以乞得高额收入。广州市公安部门工作人员称80% 的乞讨人员并非先天贫困。Erik Mobrand, "Virtual Vagabonds", Asia Times On–line, Jan. 14, 2006（原本可参见 http://www. atimes. com/atimes/China_ Business/HA14Cb01. html。——译者注）。大连市已制定禁止乞讨的条例。部分人对此持反对意见，因为《宪法》规定限制公民自由的法律只能由全国人民代表大会制定，大连此举涉嫌违宪。See "Legitimacy of Local Rules", *China Daily*, May 18, 2005, http://www. chinadaily. com. cn/english/doc/2005 – 05/18/content_ 443240. htm; "Begging Bans Reveal Intolerant Society", *China Daily*, May 23, 2005, http://www. chinadaily. com. cn/english/doc/2005 –05/23/content_ 444691. htm.

政府的正常工作秩序。① 由于担忧国家规章制度对金融和社会秩序造成不良影响，一些基层政府亦在短时间内通过了地方政府规章，将执行国家规定过程中产生的财政负担对外转移，并解决了许多新政策导致的实际操作难题。② 在某些情况下，地方规定允许政府将特定人员强制送往救济中心或者强制要求其接受治疗，这些做法无疑违反了自愿原则。③

最后，简易程序的产生是为了解决案件数量的增加；中国

① 《公安部关于当前依法加强社会治安管理的通知》［公通字（2003）52号］。该通知还要求公安干警打击纠集乞讨流浪人员或其他社会闲杂人员危害社会秩序的行为。例如，在公共场合露宿的，挑起骚乱的，在办公场所、学校、医院、广场、电影院、教学、科研及其他公共场合煽动群众的。

② 例如，内蒙古自治区的地方政府规章强调只有通过政府、社会和家庭的共同努力，农民工和流浪人员的问题才能够得到解决。规章要求各下级政府承担返乡的路费并帮助其解决经济困难，以使其不再返回城市。此外，规章要求对家庭进行教育，以使其明确对流浪人员的扶养义务。再次，规章规定对于不能对流浪人员提供帮助的下级政府，将"依法严肃处理"。内蒙古自治区政府还强调救济中心仅仅为无法满足基本生活需求的人员提供临时性帮助，绝大多数向救济中心求助的人员还是会被遣返回乡。流浪人员最长可以居住10天，其后若经上级政府批准，可以延期，规章同时规定在6个月内流浪人员在救济中心居住不得超过2次。若期满后流浪人员拒绝离开，救济服务可以终止。若救济中心无法查明未成年人、老年人、残疾人以及精神病患者的家庭住址，15天后中心工作人员可以联系同级政府部门为此类人员安排居住地。规章并未对政府提供的居住地的条件等内容有所涉及。当居住人员拒绝提供其身份、住址、经济状况等相关信息时，救济中心可以拒绝为其提供救助。参见《内蒙古自治区人民政府关于做好城市生活无着流浪乞讨人员救助管理工作的通知》。［内政字（2003）262号。——译者注］

③ 虽然内蒙古自治区规章载明救济服务基于自愿原则，规章仍要求公安部门及政府官员将无民事行为能力或限制行为能力的未成年人、老年人、残疾人以及精神疾病患者送往救济中心进行救助。未成年人将被送往未成年人中心。精神疾病患者、传染性疾病患者以及重病患者应当首先被送往医院接受治疗。治疗费用将由其亲属、雇佣者或居住地政府支付。一旦进入救助中心，就不能在日间外出。规章同时要求为流浪人员提供教育以使其克服困难。见上注。云南省政府亦制定了政府规章，并规定政府有权将拒绝改变行为方式的残疾人、未成年人、老年人及流浪人员送入救济中心。此外，之前的地方政府规章规定政府有权将在上访中不愿离去的人员强制送入收容遣送中心，在新的规章中仅提及对待此类人员应依法处理。参见《云南省人民政府关于修改涉及收容遣送规定的两件规章的决定》。（2003年9月10日公布，云南省人民政府令第119号。——译者注）

刑事犯罪案件的发案量如今已经超过了 50 万件。[①] 同时每年至少还有 300 万件的轻微案件由公安机关解决。[②] 废除行政羁押将不可避免地提高对简易程序和普通程序简易审的依赖性，从而也就如辩诉交易一样，对保护被告人的权利提出更多挑战。

这些问题的复杂性使得预测改革的未来走向更加困难。行政羁押是否会被废除？如果保留的话将如何对各类羁押措施进行改革？欲回答这些问题，需要对大量有争议的实证性和规范性问题以及各机构之间的利益平衡问题进行综合评估。这一结论同样适用于本文接下来将要探讨的两项制度创新：审判委员会制度和个案审查制度。

（五）司法独立：审判委员会

审判委员会成员由各法院的资深法官组成，它负责审理重大疑难案件、争议性较大的案件以及对社会、经济、政治有较大影响的案件。

早在十年之前中国的法学学者就已经开始对审判委员会的得失利弊进行讨论。该制度的支持者认为，考虑到部分法官业务水平较低，由资深法官对案件进行审查是必要的。他们同时认为审判委员会的设置可以减少司法腐败现象的发生。还有一些支持者认为，审判委员会制度能够加强司法审判的独立性——审判委员会的成员由法院院长及其他在党内具有重要地位的法官组成，与其他法官相比，他们更能够抵抗来自外界的压力。北京大学法学院院长朱苏力认为审判委员会作为本土资源的典范，具备中国特色，更能够促进中国法治建设。

另一方面，绝大多数中国法学学者及多数国际评论家对审

---

① See Fu, "Putting China's Judiciary into Perspective: Is It Independent, Competent and Fair?", pp. 194 – 195.

② Ibid.

判委员会制度持否定意见，他们认为应当将其完全废除。在审判委员会制度下，对案件作出判决结果的法官并不是这些案件的主审法官。在这种情况下，负责审理案件的法官会认为自己并没有决定案件判决结果的权力。即便这些判决书由主审法官署名，他们也并不认为自己应当对案件的判决结果负责。其次，批评意见指出当前的法官变得胆小而谨慎，一旦发现案件比较棘手，他们马上将案件上交给审判委员会处理，而不是尝试自己解决问题。再次，因为在过去案件是否交由审判委员会处理是由法院的院长和副院长决定的，这一制度将相当大的权力赋予了他们。同时，这一制度可能增加司法腐败的可能性，因为对案件判决不满的当事人可能会通过说服审判委员会成员而获得有利的案件判决结果。由此，学者们进一步得出审判委员会制度至少不能有效减少司法腐败的结论。同时，对于支持者声称的审判委员会能够增强司法独立的观点，反对者们认为恰恰相反，审判委员会的意见很容易受到地方的影响，并极有可能同地方站在同一阵营。

尽管受到了来自法学学者的反对，在短期内废除审判委员会制度并不现实。因而，一些学者认为与其无的放矢地呼吁废除这一制度，不如努力对其进行改革，降低其在审理过程中的地位，并实施程序改革改变其运作方式。

与这一策略相同，最高人民法院正通过改革庭长制度，赋予法官个人和合议庭更多自主审判案件的权力，而无须获得合议庭庭长、法院院长或审判委员会的批准。最高人民法院的第二个"五年改革计划"公布了更多的改革目标。现在，对于重大疑难案件或者具有广泛代表性的案件，审判委员会采用直接审理的方式作出决定。最高人民法院同时提出法院院长或各庭庭长将加入合议庭的组成。另一个改革是，法院还将分别就刑事案件和民事案件建立单独的审判委员会。

部分境外人士坚持认为只有废除审判委员会制度，才能确保中国如其他国家一样，在其法制体系内建立起独立的司法机构，然而这一观点很有可能将使中国错失进行边际改进的机会。另一方面，外国评论者中很少有人能够掌握足够多的关于审判委员会的知识，因而他们很难提供切实可行的改革方案。能察觉到中国内部对这一问题的争论与意见变化的外国人本就少之又少，更别提注意到政治风向转换的人了。但是即便对于这些知识全都了解，他们也没有足够的能力对这一中国国内固有的政治性进程产生影响。

（六）个案监督：司法独立与司法问责的制衡

在中国，已生效的"最终"判决可能会在"个案监督"程序中遭受挑战。通过向法官、检察院以及人民代表大会提出请求，利益相关人可以启动个案审查程序这样一个诉讼外程序，要求对已生效的法院判决进行重新审查。同时，无论在刑事诉讼、民事诉讼或行政诉讼中，人民代表大会、检察院甚至法院自身也可依据职权启动针对个案的审查程序。[①]

个案监督程序毫无疑问是一项制度创新。事实上，这种以立法形式确认个案审查的制度设置大约为中国所特有，并且这一制度与大多数法律制度中的分权原则存在冲突。[②] 检察机关对民事案件进行审查的做法，以及审判委员会在上诉程序之后

---

① 关于民事诉讼中个案监督程序的启动，参见 1991 年《民事诉讼法》第 177—185 条；关于刑事诉讼中个案监督程序的启动，参见 1996 年《刑事诉讼法》第 203—208 条；关于行政诉讼中个案监督程序的启动，参见 1989 年《行政诉讼法》第 62—64 条。当个案监督程序由检察院提起时，这一程序被称为抗诉。（本文出版时间为 2005 年，因而所用《刑事诉讼法》及《民事诉讼法》均为旧版，二者均已于 2012 年进行修订。——译者注）

② 多数国家立法机关制定的法律可能还未对相似案件产生影响，但立法机关无权直接干涉法院已经判决的案件。

对案件进行审查的制度设计也实属罕见。①

　　个案监督制度源自地方经验，因而它也是自下而上改革模式的一个例证。虽然 1996 年将此经验通过立法方式推向全国的尝试宣告失败，但地方政府仍然继续坚持个案监督制度。最高人民法院和最高人民检察院已经颁布了相关的通知和司法解释，用于解决个案监督制度中的各种问题，而地方政府也自 1996 年之后制定了更多的相关规章。从上文中提及的归纳式制度创新模式的角度来看，个案监督制度的发展过程包含了发现问题、确定标准、同步工程以及监督和评测等几个阶段。

　　个案监督制度的支持和反对观点都颇有道理，因而难以对其作出整体性评价。支持者认为考虑到部分法官职业能力较低、司法腐败现状以及地方和部门保护主义的不良影响，个案监督制度的存在具有其必要性。他们认为此制度有助于矫正社会不公正的现象，推进中国的法治建设，并能对犯罪产生威慑效应。

　　反对者则认为个案监督破坏了司法独立，有碍于提升法院的权威，并导致法院和其他国家机构之间关系紧张。其次，个案监督还破坏了法治的基本原则，即明确性原则和终局原则。这一制度对程序没有规定或对时间没有限制，案件的审理可能持续数年。鉴于个案监督经常于上诉之前启动，这一制度破坏了正常的审级设置。再次，批评者认为个案监督程序会降低司法效率——大量司法资源用于处理案件重审的请求上，然而最终改变判决的案件只占极少数。最后，虽然这一制度设立的初衷是为了防止司法腐败和地方保护主义的发生，却不能有效解决这些问题，这是因为只有系统地应对措施才能真正克服当前

---

　　① 一些法律体系的上诉体系分为三层，区别于中国一审之外仅有一级上诉审的制度设计。

的问题。事实上，个案监督制度自身也可能导致案件结果受到外部影响、司法腐败以及地方保护主义等问题。从而，我们又回到那个经典问题：谁来监督这些监督者。

总体来说，人们对于个案监督制度的观点，大多取决于他们自己在这一体系中的经历和所处位置。作为全体人民群众的代表，人民代表大会不能忽略来自民众的呼声，而这些呼声通常是针对极不公正现象的正当谴责。检察官们普遍支持个案监督制度，这是因为该制度使得他们有机会重新对案件进行起诉，弥补他们在之前的庭审中所犯的错误。人们应当能够理解，相比于法官，检察官更强调法律与社会秩序，因此当法官不认可检察官的观点，宣布无罪释放某被告人或对其判处较轻刑罚时，检察官将十分沮丧。毫无疑问，检察官认为法官应当接受他们对于案件事实的说明以及其对法律适用的意见。其次，作为司法机构，检察院不可能轻易让渡权力，因而不可能接受其法律监督者的地位被废除或受到限制的情况发生。

与检察院相反，法院则倾向于废除个案监督制度。对于法官来说，在人大代表面前解释案件的判决结果非常令人沮丧，特别是很多人大代表并不熟知法律，并且其对于法律和案件事实的知晓通常仅仅来源于案件的一方当事人。

从整体上来看，对案件当事人来说，当个案监督制度使他们赢得诉讼时，他们就支持这一制度，而当该制度导致其败诉时就反对。对更多的普通民众而言，很难说他们能够准确知道个案监督制度的成本与收益、被审查的案件量、判决结果发生改变的案件数量等事项。因此，个案监督制度似乎难以有效地重建民众对法院的信任和信心。相对于维持原判的案件，媒体在报道诉讼案件时更偏爱那些审判过程中存在错误的案件。由此，公众可能会被媒体报道的大量改变判决结果的案件误导，从而认为个案监督制度可以发现大量的冤假错案。

中国共产党和中央政府对于这一制度不置可否。对他们来说，他们的目标是建立一个可以在大多数案件中作出公平公正判决的法制体系，从而满足经济活动参与者对于高效和结果具有可预测性的要求，以及国内民众对于公平公正的判决结果的期待。尽管个案监督制度可能会降低司法效率，它仍然是克服法官素质较低和预防司法腐败的方法之一。

个案监督制度最终改判的案件数量表明，法院仅在极少数的案件中作出了错误判决，无论这种判决是基于法官业务水平低下、司法腐败、地方保护主义或其他原因。很少有案件进入到个案监督程序，而其中被改判的案件更是少之又少。① 另一方面，在所有受到个案监督的案件中，以撤销原判、发回重审以及调解方法解决的案件所占比例较高，这一现象或许表明应当对更多案件进行审查。② 至少，废除个案监督制度将导致每年上万名当事人受到不公正的审判。因此基于效率原因对个案监督制度提出的反对意见与基于公正所提出的支持意见针锋相对，并引发了长久的关于正义价值问题的讨论。

笔者认为，中国当前仍然需要个案监督制度。除去通过个案监督制度加以纠正的案件，中国仍然有很多人无法获得公正

---

① 法院每年审理约 600 万件案件，其中只有不到 2% 的案件被重审。《1998 年中国法律年鉴》，第 137 页；《1999 年中国法律年鉴》，第 131 页；《2001 年中国法律年鉴》，第 165 页；《2002 年中国法律年鉴》，第 157 页；《2003 年中国法律年鉴》，第 150 页。在这些案件中，只有极少数案件（0.3%—0.4%）的判决结果发生了改变。《1998 年中国法律年鉴》，第 1241 页；《1999 年中国法律年鉴》，第 1023 页；《2001 年中国法律年鉴》，第 1258 页；《2002 年中国法律年鉴》，第 1240 页；《2003 年中国法律年鉴》，第 1322 页。

② 尽管在审查方式、案件类型上各地实践存在差异，但总体上基于监督程序进行再审而改判的案件比例非常高。例如，2001 年共有 21,098 件案件被检察院抗诉，其中法院更改判决的有 4697 件，法院维持原判的有 7440 件，检察院撤销抗诉的有 1055 件，由于出现新证据或事实不清被发回重审的有 1538 件，当事人协商解决的有 6368 件。参见《最高人民法院工作报告（2002 年）》。（原文出处失效，参见 http://www.people.com.cn/GB/shizheng/16/20020319/690254.html。——译者注）

的审判。也许有人对保留个案监督制度持反对意见，但所有人都同意对其进行重大的改革，从而使其运作方式更加透明、公正、高效。考虑到这些改革能够解决法官职业能力和司法腐败方面的问题，个案监督制度的成本和收益将发生变化，司法独立与司法问责、公平与效率以及实质正义与程序正义之间的平衡点也将随之改变。因而，个案监督制度及其运作方式需要根据不断变化的情况重新进行定位。

三、结论

那么我们能够从这一对法制改革的选择性研究中得到什么启示呢？首先，我们用于描述改革的术语是存在缺陷的。在某些情况下，某一特定机构、规则或实践活动的建立可以被描述为对外国法律的移植，或者一个自上而下的演绎抑或自下而上的归纳的发展进程。但是在更多情况下，这些语词并不能描绘出问题的本质及其复杂性。事实上，多数改革都会涉及国内与国外因素的融合，这些因素以复杂的方式相互作用。改革的过程可能既包含着通过对一般原则和各地实际情况进行归纳找到的成功的解决措施，也包含着根据国内外的实验、试点研究和具体经验来推衍出的可能的解决方案。① "中国特色"或选择性适应等表述虽然能够表现出改革的复杂性，但其并不能表现出改革的深入程度，也无法找到那些能够决定改革成败的相关

---

① 至少对于那些通过引进法律进行改革的人来说，这一说法并不令人惊讶，就像人民代表大会在其立法过程中既考虑中国本土需求，又要兼顾国际背景一样。在制定法律时，立者通常会收集多个国家和地区的法律作为借鉴。起草委员会的功能在于告知人大代表们其所要解决的问题，并告知问题的备选解决方案。起草小组通常由法学家牵头，或至少要包含法学界的人员，起草小组成员负责起草法律以供讨论。草案完成后将会被提交至相关部门审议，在某些情况下甚至被发放至外国商会代表处进行审议。重要法律的草案，如婚姻法草案，则会向公众征求意见。See Michael W. Dowdle, "The Constitutional Development and Operations of the National People's Congress", *Columbia Journal of Asian Law*, 11 (1997): 1.

因素。

其次，对改革成败的预测或解释所进行的努力才刚刚开始。政治理念、经济发展水平、在世界经济中所处的地位、机构能力水平、文化差异、殖民历史以及利益相关的政治团体等因素都在改革成败中扮演着重要角色，而这些相互关联的因素所起的作用根据其他变量的改变发生相应变化。在不同国家、不同地区、不同改革类型、不同法律部门以及不同的改革阶段，这些因素所起的作用都会发生相应的改变。

学者们的研究必须将法治的抽象概念细化为具体的制度和实践做法。① 不同的研究应当关注不同的改革参与者：法官、检察官、警察、社区矫正人员以及其他相关法律执业者。这些研究应当将其他承担法律职能的机关和团体考虑在内。同时，研究者们应当更多关注不同地区所处的改革阶段和改革轨迹，并且对一个地区改革出现溢出效应的机理进行研究。

其他跨国性实证研究将进一步查明主导改革成败的关键因素。② 然而这种研究并不能对所有制度上的变化以及制度在特定国家的实施结果进行说明。个案监督制度或行政羁押等具体改革的成果可能是多种复杂因素相互作用的产物，而这其中也

---

① 关于目前为加强法治建设所采取的措施的批判性意见，包括认为很多措施过于笼统以致并不能为政策制定者提供指导等，see Kevin Davis，"What Can the Rule of Law Variable Tell Us About Rule of Law Reforms？"，*Michigan Journal of International Law*，26（2004）：141。

② Christina Biebesheimer & J. Mark Payne，"IDB Experience in Justice Reform：Lessons Learned and Elements of Policy Formulation"，10（2001），http：//www. iadb. org/sds/doc/sgc – IDBExperiences – E. pdf（该文指出了获取大量资料的问题所在，其中包括测量方法过于笼统以致有用性大打折扣）；Veronica Taylor，"The Law Reform Olympics：Measuring the Effects of Law Reform in Transition Economies"，in Tim Lindsey，ed.，*Law Reforms in Developing and Transitional States*，Oxon and New York：Routledge，2007，p. 83；Carothers，"Promoting the Rule of Law Abroad：The Problem of Knowledge"（该文指出体系性实证研究的缺乏，已经成为制约我们增进对司法改革了解的障碍；同时，推进法治建设的复杂性以及司法体系的独特性同样有碍于新理论的产生）。

包括充满了激烈争论的国内政治进程。

因而，广泛的实证研究必须与能够反映地方政治进程及其他相关因素的具体案例分析相结合。对于案例的深入研究能够捕捉到具体改革措施背后的影响因素，以废除收容遣送制度为例，改革的动因之一就是第四代领导集体希望以此获取民众支持并与以往有所区别。

很多学者已经注意到，对外输出法治理念的努力很难成功。① 有些人将失败的原因归结于文化差异；② 另一些人则将此归咎于政治因素，如缺乏推动改革的政治力量以及地方政府不能掌握改革的主控权；③ 还有人认为是经济因素④或制度因素。然而很多东亚地区成功地进行了改革，特别是日本、韩国和新加坡等国家，它们已经位列世界领先地位。

对中国来说，虽然还有很多需要改进的地方，但改革相对

① See Carothers, "Promoting the Rule of Law Abroad: The Problem of Knowledge"; Brooks, "The New Imperialism: Violence, Norms, and the 'Rule of Law'"; Lindsey, *Law Reforms in Developing and Transitional States*; see Dezalay & Garth, *The Internationalization of Palace Wars: Lawyers, Economists, and the Contest to Transform Latin American States*.

② Brooks, "The New Imperialism: Violence, Norms, and the 'Rule of Law'"; Paul W. Kahn, *The Cultural Study of Law: Reconstructing Legal Scholarship*, Chicago and London: The University of Chicago, 1999; Licht et al., "Culture Rules: The Foundations of Rule of Law and Other Norms of Governance (2004)"; Lawrence M. Friedman, "On Legal Development", *Rutgers Law Review*, 24 (1969): 11 (该文强调欲进一步推进法制改革需要加强对法律文化的关注); Lawrence M. Friedman & Rogelio Perez – Perdomo, eds., *Legal Culture in the Age of Globalization – Latin America and Latin Europe*, Stanford: Stanford University Press, 2003; Robert Cooter, "The Rule of State Law and the Rule – of – Law State: Economic Analysis of the Legal Foundations of Development", in *Annual World Bank Conference on Development Economics*, 1996, 191 –218 (原文出处已失效，可参见 http://elibrary.worldbank.org/doi/abs/10.1596/0 – 8213 – 3786 – 6。——译者注)。

③ Daniels & Trebilcock, "The Political Economy of Rule of Law Reform in Developing Countries". (该文强调拉丁美洲和俄罗斯面临的基于政治经济的资源和文化障碍。)

④ Zakaria, *The Future of Freedom: Illiberal Democracy at Home and Abroad*.

来说是成功的。尽管大多数评论家将政治理念描述为中国改革成功路上的最大障碍，但笔者认为，当前中国改革面临的最大障碍究其本质而言是体系层面的，并涉及相关机构能力的缺乏。在未来，经济因素、相关机构和社会参与者的利益，以及最终形成的政治理念都将会成为影响改革成败的决定性因素。这意味着只有存在改革的政治动力，旨在加强机构能力的改革才会真正发挥作用。然而改革必须循序渐进，以避免使现有机构负担过重。

即便许多改革措施已经偏离了国际社会所推崇的模式，中国的改革仍然有广泛的民众支持，而中国在改革方面取得的成就在一定程度上亦得益于这种支持。中国的改革过程与协商式民主理念相去甚远（亦无法与西方自由民主制国家的模式相比较），但这一过程仍然将立法者、专家学者、重要的改革利益相关方代表及外国顾问齐聚一堂，以便进行长期协商。随着《立法法》的通过和行政立法方面的实验，民众通过公开听证或其他表达意见的途径，得以更多地参与到法律制定的过程中来。然而即便如此，改革的进程仍然主要由政府内外的专家学者和精英阶层主导与推动。

中国大陆与包括新加坡、韩国、中国台湾地区在内的东亚国家和地区已经开始实施法制改革，其措施包括加强机构建设以及增加教育和人力资源方面的投资，这些措施都可以造福民众。① 相比之下，拉丁美洲和非洲国家的改革则深受赞助人体系之害——政府领导人将国家资产转移至少数人和精英阶层手中，这就使得应当惠及普通民众的改革措施举步维艰。即便在

---

① 在东亚地区，社会财富与公民权利和政治权利、经济权利、法治建设以及其他善治方式之间的相互促进关系较之于拉丁美洲和非洲要强，这表明拉丁美洲和非洲的领导人在对利用经济资源造福国民方面不如东亚国家做得好。Peerenboom, "Show Me the Money: The Dominance of Wealth in Determining Rights Performance in Asia".

民主化之后，这些问题仍然存在。法制改革所具备的公共产品属性，使其难以通过民主方式加以推行。这是因为虽然改革的最终结果将会在整体上增加社会福利，但是这些福利可能会在社会群体中高度分散，从而降低人们集体行动的意愿。① 在这种情况下，改革的个体受益者可能并没有太大动力成为政治层面的积极推动者，而政府内外的既得利益者们则会试图阻挠或破坏改革的实行。

即便受到特定群体的反对，中国政府仍有能力排除非议，推行提升社会总体福利的法制改革措施。诚然，即便在中国，改革过程中的对抗和妥协也是不可避免的，但是中国共产党的权威仍然能够使其在必要时解决不同国家机关之间的纠纷。

此外，当改革所涉及的关键政治群体极力反对改革时，可供选择的措施就更少了。改革家们可能或者试图用改革的优点说服反对者，或者尝试诱使反对者接受可能与其中长期利益相悖的改变。又或者，改革家们也可以通过寻求广泛支持以向反对者们施压，迫使其接受改革。当反对意见来自于致力于保护其既得利益的精英阶层时，改革家们通常选择自下而上的方式来推行改革措施。然而在很多情况下，仅仅是这些做法并不足以扭转局面。改革家们还需要与反对者们合作或者与他们进行交易。例如，将有争议的改革措施与其他反对者偏爱的措施打包加以推行。

作为日常政治生活的常态，妥协往往是必要的。但是并非每次妥协都能够为所有人接受。在这种情况下，改革家们可能需要将他们的首要计划暂时搁置，等到将来时机合适时再重新加以推行。与此同时，他们应当将改革的重心放在更细微的、

---

① See Daniels & Trebilcock, "The Political Economy of Rule of Law Reform in Developing Countries".

更具有技术性的措施之上。虽然改革家们不应当为难以执行的改革措施浪费资源,① 但是他们也不应当仅仅因为缺乏推动基础变革的政治意愿就轻易放弃改革。

本文对于法制改革所进行的研究也指出了许多在评价法制改革时遇到的困难。具体而言,对于改革的评价和衡量都涉及合适的时间表和评价标准问题。外国学者时常因为中国或世界其他地区未能在一夜之间发生翻天覆地的变化,而对其法制改革作出负面评价。当改革运动的主导者一看到前方的困难就放弃改革时,他们很有可能会重蹈早期法制与发展运动的覆辙。正如一些学者指出的那样,发展中国家的民众除了继续推进改革以外,没有别的选择。因此,很多国家在法制改革方面取得了巨大进步,改革家们也在其成功和失败中学到了经验与教训。②

在某些情况下,改革的境况在好转之前可能必先经历恶化的过程。中国过去几年进行的法制改革,使中国的刑事和民事法律制度介于大陆法系和英美法系之间。例如,20 世纪 90 年代向抗辩制诉讼模式的转变使得民事案件中主要由律师代表其当事人参与诉讼。然而,这些改革并未涉及证据收集方面的规定,这就使得律师只得在信息不充分且难以有效支持其主张的情况下出席庭审。随着这一问题越来越突出,最高人民法院发

---

① Jeffrey A. Clark et al. , "The Collapse of the World Bank's Judicial Reform Project in Peru", in Tim Lindsey, ed. , *Law Reforms in Developing and Transitional States*, London and New York: Routledge, 2007. (该文作者批评了世界银行在秘鲁推行的旨在加强司法独立的改革项目,在这一项目中,尽管已经有大量信息表明藤森政权反对增进司法独立,但世界银行仍然强行推进该项目。)

② Brian Z. Tamanaha, "The Lessons of Law – and – Development Studies", *American Journal of International Law*, 89 (1995): 470 – 474 (book review) (该文指出,即便在美国学界对早期的法律和发展运动失去信心之后,发展中国家也只能继续坚持改革)。关于在改革中取得的经验教训的报道,see The World Bank, *Reform Strategies: What Works What Hasn't*, http://www.worldbank.org/publicsector/legal/reform.htm。

布了旨在加强律师取证权的相关司法解释。

其次，在面对如机构能力缺乏、司法腐败以及司法官员培训不足等需要在短期内解决的问题时，很多改革措施只能是次优的选择。一旦这些问题得到了解决，由审判委员会对案件进行审查或者由立法者和检察院对案件进行个案监督就都不再那么有必要。更为重要的是，一旦法官具有了足够的职业素养，而司法腐败现象不再如此普遍，那么司法独立将很有可能会得到很大提升。虽然对于很多国际组织和国内改革家来说，司法独立一直是他们要着力解决的重中之重，但是在法官职业能力不足或腐败问题严重的情况下提供更多的司法独立并没有多大意义。① 为了不断推进改革，中国需要接受一些次优措施，即便这些措施会不可避免地遭受重要政府部门的批判。

在衡量法制改革的成败时有一系列标准，若选取的衡量标准不一样，结果也会大相径庭。法治建设与国内生产总值之间的高度相关性表明，在评价一国的法治状况时，与其以发达国家的法制标准作为参照物，不如将其与处于同等收入阶层的国家和地区的平均水平进行比较，这样通常能够得出更有意义的结果。若与发达国家作对比，则将不可避免地得出一个预设的结论，即发展中国家的法制体系过于原始或存在缺陷。这种居高临下的结论则会促使一些发达国家基于善意向发展中国家推销并不适合后者国情的法治模式。另一些国家则会基于这一结论大力推行新帝国主义，他们通过将在其内部尚有争议的规范性价值硬塞给其他国家，而要求后者建立能够满足前者经济利益和政治利益的制度。

当前中国很多改革的目标都旨在提高其法制体系的效率。

---

① 关于根据法院级别和所审理的案件逐步加强法官的独立性和权力的设想，see Peerenboom, *China's Long March toward Rule of Law*。

虽然效率是评价改革成败的重要指标，但仅有效率这一项指标是不够的。无论帕累托最优原则和卡尔多·希克斯标准在评价经济改革方面有多么实用，法制改革的进行总是伴随着不同主体间的利益得失。即便损失利益的人有机会获得补偿，通常情况下他们也没有得到补偿。

对法制改革的评估将涉及众多评价性议题，例如，如何达到资源的合理配置，以及如何平衡效率与公平、社会稳定和个人权利以及形式正义和实质正义等问题。来自不同社会阶层的民众对这些问题可能会有不同的答案。正如在其他国家和地区一样，存在冲突的各种伦理观念和存在矛盾的正义与法治概念，使得中国民众无法就特定改革的规范性优点达成统一意见。

对改革的成本和收益加以平衡的任务最好通过国内政治进程来进行。当然，对政治参与的限制和其他缺点共同作用的结果就是，这一程序与一些理论家们理想中的协商式民主可能大相径庭。即便如此，允许一国自主作出决定，从失败中汲取经验教训，并依此对改革加以调整，这种做法是有益于改革的。通过这种模式得出的规则设计通常具有更高的合法性，同时这一过程本身亦可以发挥民主教育作用，促进政治团体和公民社会的成熟。

最后，本文一直试图说明的一个重要观点是，法制改革需要实用主义理念。我们应当避免这样一种思维模式，即认为一种单一视角的、内容包罗万象的、统一的理论能够对所有国家在宏观和微观层面上的法制改革都加以预测。发展的模式不止一种，并且这些模式很有可能发生橘生淮南则为橘，生于淮北则为枳的情况。

正如那些将一种自由民主模式的法治理念强加给其他国家的反复尝试所示，尝试用一种模型套用所有国家很有可能会无功而返。与此相类似，将发达国家的机构设置和实践做法移植入贫穷落后国家的努力也很有可能走向失败。成功的改革必须充分考虑到各地区的差异，其中包括经济发展水平、当地民众观念以及现有的政治机构和文化。实用主义的改革家应当警惕用一种思路解决所有问题，他们应当在不断进行个案研究的基础上，在国外与国内制度以及归纳式和演绎式改革方法之间进行选择。

许多批评意见认为关于法律和发展得出的一般经验教训是肤浅并抽象的。① 然而现在已经有大量的实践家在对过去的经验进行深入研究后提出了切实可行的建议。这些具有特定情境的建议的特点在于，它们将改革的视角从经验丰富的外国专家转变为了更了解当地实际情况的人。

尽管很多参与新的法律与经济发展运动的国际人士声称，他们已经意识到确实没有一种统一的模式可以适用于所有国家和地区，但当地方政府创新改革措施或偏离模范法律体系时，他们又总是持反对态度。国际社会对于中国的某些制度创新极度反感，这其中就包括行政羁押措施、审判监督委员会以及个案监督制度。有些人在尚未考虑到后果的情况下就下意识地建议直接废除这些制度。一位来自欧洲的人权委员会委员曾经表示，如果废除行政羁押制度，那么原先那些适用行政羁押的人则很有可能会面临更坏的境况。但他随后又补充说，考虑到他的地位和选民的意见，他不大可能发表任何支持中国继续使用此类措施的言论。很明显，如果支持行政羁押制度，那么人身保护制度的普遍适用性则会降低，而反对任意羁押的共识也将受损。

比较务实的做法是给予一个国家在有争议的权利事项上更

---

① See Carothers, "Promoting the Rule of Law Abroad: The Problem of Knowledge".

多的决策自由，允许其适度偏离新自由主义经济政策以减少社会摩擦。对于国际货币基金组织制定的结构调整政策及其他新自由主义经济教条的遵守，已经加剧了种族之间的摩擦并引发了群众暴动，而这又通常将引发政府的镇压。① 这种对于不同政见的压制又会反过来破坏新建立的民主政府的合法性。在一些国家中独裁统治卷土重来，而另一些国家则变成了非自由主义民主国家，其数量已经几乎达到世界所有民主国家总数的一半。

在中国起草《破产法》的背景下，新自由主义民主理念与社会稳定发生了冲突。由于担心大量的失业人员会成为社会不安定因素，立法者在起草破产法时在如何对待国有企业，以及是否应当在给付担保债务之前预留资金以安置和培训下岗工人的问题上煞费苦心。政治妥协的最终结果是《破产法》草案一边为某些特定的、规模巨大的国有企业设置例外条款，一边规定这些例外条款将逐步失效。此外，草案还将员工工资、社会保险费用及其他法律法规列明的补偿费用置于担保债务之前，而前者实际上还包括了对员工进行再培训和再安置的费用。正如之前所预期的，尽管一再重申并没有任何单一或统一的途径可以解决破产产生的所有问题，外国学者和国际金融组织代表仍然一如既往地对这些违背国际惯例和做法的制度表示担忧。然而当被要求以个人名义发表评论时，他们其中的一部分人甚

---

① Linda Camp Keith & Steven Poe, "The U. S., the I. M. E, and Human Rights", in David P. Forsythe, ed., *The United States and Human Rights: Looking Inward and Outward*, Lincoln: University of Nebraska Press, 2000; M. Rodwan Abouharb & David L. Cingranelli, "Money Talks? The Impact of World Bank Structural Adjustment Lending on Government Respect for Human Rights 1981–2000" (2003 年 8 月于美国政治科学协会年会上的演讲)（在结构性调整协议之后的三年中，酷刑、未经审判的行刑以及政治性失踪的数量大幅增加）（目前该文已经出版，see "The Human Rights Effects of World Bank Structural Adjustment, 1981—2000", *International Studies Quarterly* 50, no. 2 (2006): 233–262。——译者注）。

至承认中国的这些制度是基于本国国情而作出的合理调整。考虑到问题的复杂性以及外国专家的局外人身份，即便在国际上存在反对者，中国在任何情况下都应当被允许对本国政治事务采取适当的措施，并不断进行试错。[①] 即便政治争议难以避免，G7 国家的领导人也不大可能会在如破产改革、税收政策或社会福利等具有争议性的本国政治问题上遵从国际金融组织的意见。

多数情况下，中国能够抵制住国际社会要求其采用某种法制模式的压力。这一方面是因为中国是一个大国，并且在地缘政治上具有重要性，[②] 另一方面则是因为中国领导人一直采取实用主义的改革理念。尽管一些评论家对中国领导人的理工科背景持负面态度，但是这种背景产生了一种务实的、着力于解决问题的改革观点，相对于意识形态、最新的发展理论抑或最新版本的华盛顿共识，中国领导人的观点更强调改革的结果。[③] 正如中国拒绝采纳国外专家建议的"大爆炸"式经济改

---

① See William A. W. Nielson, "Competition Laws for Asian Transitional Economies: Adaptation to Local Legal Cultures in Vietnam and Indonesia", in Tim Lindsey, ed., *Law Reforms in Developing and Transitional States*, Oxon and New York: Routledge, 2006（该文指出由于政府和国家机构能力有限、当地利益团体的反对以及新自由经济政策可能导致的负面影响，国际社会大力推行的破产法律在印度尼西亚并没有真正实施。而这些法律中有很多是在亚洲金融危机期间印度尼西亚为获得援助而被迫制定的）；Miranda Stewart, "Global Trajectories of Tax Reform: The Discourse of Tax Reform in Developing and Transition Countries", in Tim Lindsey, ed., *Law Reforms in Developing and Transitional States*, Oxon and New York: Routledge, 2006（该文指出国际社会对于税制改革的关注忽略了各地政治因素，强调了相对于公平等税制的分配效应，税法更应关注效率，并强调在很多国家，国际社会推崇的税制改革并没有得到预期效果）。

② 一些小的发展中国家为了获取亚洲发展银行或国际货币基金组织的贷款，需要作出很多承诺，但中国不需要，其能够拒绝来自亚洲发展银行或国际货币基金组织的大多数条件。常常遵循中国模式的越南也采取了渐进的、务实的改革道路。

③ 中国这一实验性的改革方式源自于其传统文化和政治哲学。See David L. Hall & Roger T. Ames, *Democracy of the Dead: Dewey, Confucius and the Hope for Democracy in China*, Illinois: Carus Publishing Company, 1999；*Thinking Through Confucius*, New York: State University of New York Press, 1987.

革方案而选择循序渐进的改革策略，中国同样拒绝对自由民主法治模式进行亦步亦趋的追寻。平缓的经济改革措施使得中国得以避免激进模式可能产生的负面问题，从而实现令人瞩目的经济增长。与之类似地，本土化的法制改革也同样为社会带来平稳过渡。

无可否认，批评者会认为缓慢的改革进程使得改革成果遥遥无期，这将最终增加重大改革措施的成本。两种观点孰优孰劣，现在作出判断还为时尚早。改革的结果将取决于中国的改革家们能否继续提升法制水平，并最终扫除实现全面法治的政治阻力。这里需要注意的是，如果政府领导人在政治改革上的步履过慢，则有可能导致未能将法制体系及时推进到深层次的制度改革层面中去，包括使司法变得更加独立自主。

实用主义通常意味着在面对当前问题时，利用创造力和智慧来发现新的解决方法。而这些解决问题的方法本身又会产生新的问题，因此需要以开放的心态不断进行验证从而对方法加以完善。开明的改革家们不能只固守于西方或东方、自下而上或自上而下的模式，或者只固守于文化、政治抑或经济等因素。一个全局性的、适应当地情况的蓝图是中国改革所必需的。幸运的是，在所有认真参与到中国法制改革中来的改革家们看来，中国似乎没有别的选择。

中国，严刑峻法的社会？[*]

白恩[**] 文

裴炜 王倩云 孙杨 译

简目

一、中国体制中的严刑峻法

二、中国法律传统中的宽缓性

三、犯罪与刑罚的前景展望

一、中国体制中的严刑峻法

许多人认为文化的核心要素之一是惩罚。犯罪学教科书中常见的一种表述是"正如我们学会说话一样，我们学会了作出惩罚性的回应"。[①]换言之，惩罚性规范构成"文化"这一概

---

[*] Borge Bakken, "China, a Punitive Society?", *Asian Criminology*, 6（2011）：33 –50. 本文的翻译与出版已获得作者及出版社授权。基于 Creative Commons Attribution Noncommercial License, 在经作者和出版方同意的情况下，本文允许任何非商业的使用、发布以及改写。

[**] 白恩，挪威人，奥斯陆大学社会学博士。现任香港大学社会学系教授、犯罪学研究所主任。自20 世纪80 年代末致力于中国犯罪学与刑事司法相关研究，研究主题集中于中国司法改革、警政议题、跨国犯罪、社会控制等。著有 *Crime, Punishment and Policing in China* 和 *The Exemplary Society：Human Improvement, Social Control, and the Dangers of Modernity in China*。

[①] E. D. Sutherland, D. R. Cressey, D. F. Luckenbill, *Principles of Criminology* (11th ed.), New York：Rowman and Littlefield, 1992, p. 328.

念最显著的特征。然而笔者并不同意这一假设。在笔者看来，一个社会对惩罚性规范的接受度远不如母语普遍。但是在当今中国对于刑罚的描述中，人们能够发现类似的（与笔者相悖的）观点。高铭暄教授认为"由于历史和实践的原因，报复性的观念深深植根于中国民众心中"，而这种观念导致的后果是"在当前及今后相当长的时间内，我国不可能废除死刑"。①本文并不讨论中国是否应当废除死刑以及何时废除死刑，而是对以民众偏好作为严刑基础的观点提出质疑。笔者的关注点并非死刑本身，而是以死刑为重要指标的严刑文化。不同于萨瑟兰（Sutherland）与高铭暄教授的观点，笔者认为我们应该关注事物自身的发展方向。笔者通过审视中国司法历史演进中的宽缓规定，发现了区别于当前严刑体系的另一种发展路径。

爱弥儿·涂尔干（Émile Durkheim）曾针对现代性与惩罚性之间的联系提出过一个有力的假设，他认为现代性将逐渐导向较为轻缓的惩罚体系。具体而言，涂尔干认为随着工业化和劳动分工现代化（或者有机团结）的程度不断加深，以刑法或者义务性法律为载体的惩罚会逐步减少。② 当前中国学者在该问题上基本同意这一假设，笔者之后也会就该假设提出相应的证据。但是这个假设存在着一些问题。比如说，美国无论在实践还是社会观点方面似乎都保持着高度的惩罚性，这与欧洲国家的发展方向貌似相悖。美国和日本是当前发达国家中仅有的两个保留着死刑的国家（尽管美国的一些州已经废除了死刑）。

---

① 高铭暄：《略谈我国的死刑立法及其发展趋势》，载赵秉志主编：《中国废止死刑之路探索》，中国人民公安大学出版社 2004 年版，第 19—29 页。

② É. Durkheim, *Durkheim and the Law*, in S. Lukes & A. Scull eds, Oxford: Robertson, 1983, p. 19.

　　许多针对法律传统和刑罚文化的历史及社会学研究都在试图为美国特殊的惩罚性倾向作出解释。詹姆斯·惠特曼（James Whitman）近期提出，美国与欧洲在这一问题上的区别源于两者在法律机构设置和法律思想传统中的根本差异。[①] 理解这一观点的基础在于如何看待社会地位与社会阶级。在欧洲范围内，各国已经逐步达成了废除严酷的低等处遇的共识。美国作为年轻的移民国家，社会上的身份等级划分并不显著。那种在欧洲针对贵族适用的轻缓刑罚并未在美国出现。与之相反，在美国，所有人在平等的名义下获得同样重的刑罚，严刑实际上被视为平等的表现。我们可以将这种观点称之为"暴力平等主义"。而在法国和德国，旧时期轻缓的高等处遇则被扩展至平民大众身上，这种扩展的趋势在法国大革命之后尤为强烈，是历史所始料未及的后果和悖论。与美国的暴力民粹式平等主义相反，欧洲国家将刑罚的轻缓化视为平等的理想状态。虽然都是基于平等和自由等理念，法国革命和美国革命所带来的法律变革却是南辕北辙。换言之，当欧洲逐步以高等（刑罚）处遇取代低等（刑罚）处遇时，美国则选择了严刑峻法。笔者在这里想要说明的是，相比于欧洲国家，美国革命更多地受到民粹主义和清教理念的影响。启蒙运动本身也对美国的重刑思想起到了推波助澜的作用。我们应当知道的是，除了在 1764 年就主张废除死刑的贝卡里亚（Beccaria）以外，在欧洲的启蒙运动中，还涌现了众多其他学者。[②] 康德（Kantian）的基于行为平等主义的严刑观点同样是这一时期的产物。康德主张所有人都应当获得平等对待，即平等的严厉对待。在这一

---

　　① J. Q. Whitman, *Harsh Justice, Criminal Punishment and the Widening Divide between America and Europe*, New York: Oxford University Press, 2003.

　　② C. Beccaria, *Of Crimes and Punishment（Dei delitti e delle pene）*, New York: Marsilio, 1764/1996.

问题中，纯粹理性批判至关重要，而这一概念本身似乎也会导向刑罚的严酷化。尽管康德的观点需要更为仔细的研究，但是笔者在此只稍作提及。玛丽·道格拉斯（Mary Douglas）认为，纯粹与污染两个观念的对立强化了对惩罚的需求。① 在众多"纯粹体制"中，中国的"文化大革命"是一个纯粹性与惩罚性并存的例证。在"文革"的最后阶段，"四人帮"公开强化古代法家的严刑理念，并试图将秦始皇绝对皇权下的封建理念与毛泽东的社会主义革命理念联系在一起。与此相类似的是，1983 年的"严打"运动起始于一种对抗精神污染的政治氛围，它将犯罪视为污染源或者罪恶。在后文中笔者将进一步分析这种现象，并对该现象对刑罚的影响进行阐述。这种关于纯粹与污染的观点似乎导致了一种普遍的暴力和惩罚性的回应。

在对欧洲的发展做进一步分析时我们能够发现，相对于美国，欧洲国家更重视仁慈的价值。产生这种观念的原因是什么呢？在法国，仁慈是一个自上而下（法语中为 de haut en bas）的字眼。在多数情况下，仁慈仅存在于有高低贵贱之分的社会中。为了进一步阐述这一观点，我们需要借用诺伯特·伊莱亚斯（Norbert Elias）的历史观。相关研究发现，在中世纪的欧洲，相对强大的政府辅之以相对强大和自治的国家机器能够牵制住社会中的暴力和不稳定因素。当政府相对弱小，且缺少强有力的社会机构控制复仇程序时，社会暴力程度似乎会升高。② 根据该观点，美国之所以比欧洲国家更倾向于暴力和刑罚，部分原因在于其社会普遍存在的对于强权政府的质疑。当

---

① M. Douglas, *Purity and Danger: An Analysis of Concepts of Pollution and Taboo*, London: Routledge and Keegan Paul, 1996, p. 134.

② E. A. Johnson & Monkkonen, E. H., *The Civilization of Crime*, Urbana and Chicago: University of Illinois Press, 1996. Elias, N., *The Civilizing Process*, Oxford: Blackwell, 1994.

前美国文化中的暴力倾向可以被看作是强权政府和仁慈观念缺位的副产品。笔者认为，只有一个强大的政府才能够大规模地向其民众施予仁慈。在本文中笔者无力对有关欧美对比的各个论点进行详细论证，但是本文至少能够以该论点的一个基本观点作为出发点。

通过对宽大处理这一法律传统进行历史性研究，笔者可以为解释当前不同国家中的严刑机制提供更多制度性基础。我们无须遵从还原论的观点，将现有司法体系的特征归因于根植于民众情感中的惩罚性传统。惩罚性文化自有其历史和政治背景，而相较于民众的情感因素，这些背景更容易受到国家强权的影响。事实上，民粹主义的情感本身也容易受到合法性和权威的影响。

即便如此，文化情感差异对于制度性变革而言具有重要意义。笔者十分赞同彼得·斯皮伦伯格（Pieter Spierenburg）的观点。斯皮伦伯格认为在中世纪欧洲，国家的出现缓和了社会情感（对暴力和酷刑的使用）的激烈程度。几个世纪以来，欧洲社会对于血祭和暴力的认可度在不断降低，而对于遭受苦难的敏感性则不断上升。[①] 敏感性的提升可以从民众对于暴力的容忍度中窥得一二，同时也可以通过民众对惩罚的普遍观念得出。国家通过剥夺民众的报复权而推进社会的文明化进程，并逐渐将报复行为置于法律制约之下。这一观点已经得到诸多实证研究的支持，并被用来解释欧洲中世纪以及早期现代化时期的犯罪、暴力及刑罚的发展。[②] 敏感性的增长与现代化的一般规律相符，但是斯氏提醒我们不能过于机械地看待这一问题。

---

① P. Spierenburg, *The Spectacle of Suffering: Executions and the Evolution of Repression: From a Preindustrial Metropolis to the European Experience*, Cambridge: Cambridge University Press, 1984.

② E. A. Johnson & E. H. Monkkonen, *The Civilization of Crime*.

毕竟在法国，断头台上的公开斩首一直持续到20世纪30年代后期。敏感性的变化并没有明确的时间节点，斯氏认为，社会敏感性总是处于一种紧张状态。我们尽管能够在中国找到与欧洲相类似的紧张状态，但其身后的历史背景却有所不同。然而，即便中国立法禁止酷刑，这种行为仍存在于公安机关的实践中；尽管中国正在向现代化跃进，死刑在中国社会中仍有广泛的民众基础。这种现代化与严刑思想的并存现象令人不解。

中国皇权时期存在着颇为残酷的行刑方式。有一种刑罚称为凌迟，是指将受刑者的身体一片一片地割下。中国古代刑罚中的侮辱性意味浓重，而这种侮辱本身也是刑罚的一部分。有时行刑者通过戮死者的尸体来侮辱死者。[①] 在中国，死刑至少从秦朝开始就是刑事司法体系的组成部分，但是死刑的适用并非想象中那么频繁。[②] 在严酷与刚性之外，中国刑事司法中还存在着令人惊讶的宽缓、同情和灵活度。中国皇权时期的刑罚并不比同时期欧洲的刑罚更为严厉。已经有研究证明，相较于欧洲审判中基于宗教因素对极刑的残酷使用，中国的法律体系更为宽缓。由于欧洲比中国较早废除肉刑（中国大约是在清朝晚期），许多欧洲人将中华帝国视为东方的恶魔。特别是当德国人在1908年拍摄的关于中国使用凌迟刑罚的照片在欧洲公布之后，中国人的恶魔形象更加深刻地印刻在西方人的脑海中。[③] 然而即便如此，我们仍然不应当将晚清时期的严刑峻法提升到"中国文化"的层面，并将这种误解的"中国文化"与同样难以理解的"欧洲文化"进行对比。美国文化？法国

---

① 陈云生：《反酷刑：当代中国的法治和人权保护》，社会科学文献出版社2000年版，第115—116页。

② D. Bodde & C. Morris, *Law in Imperial China*, Cambridge：Harvard University Press, 1967, pp. 141–142.

③ J. Bourgon, "Chinese Executions：Visualising Their Differences with European Supplices", *European Journal of East Asian Studies*, 2（2003）：153–184.

文化？德国文化？斯堪的纳维亚文化？从学术研究角度来看，文化论者的观点较为薄弱。这些观点通常将关于"国民心态"的奇异之事和模糊假设作为论证基础，并服务于国家主义和意识形态等议题。事实上，这些观点无助于解释酷刑与死刑在刑罚体系中存在的原因。有关权力、政治和秩序的观点披上了"文化心态"这一令人难以捉摸的外衣。即便如此，许多中国学者放弃自己的研究领域及严格的论证体系，转而支持有关"中国社会心态"这种模糊的观点，并假设文化心态与具体政策的实施及法律结构之间或多或少存在着直接联系。① 这种以文化为死刑辩护的言论算不得真正的追根溯源；与之相反，它是对中国文化的贬损。从国际层面来看，文化论观点更像是对于数百年前的"中国恶魔"这一形象的重申。尽管封建国家都采用了酷刑，而中国亦如许多国家一样充斥着民粹主义的报复文化，② 但是在中国，无论是民粹文化或是官方文化都绝非以报复或酷刑、死亡及毁灭作为首要目的。事实上，相较于同时期的其他国家，这些因素在中国更为微弱，唐朝甚至在短时期内废除过死刑（公元 747 年至公元 759 年）。③ 近期有一部关于中国刑罚历史的著作简要地总结了轻缓政策在中国历代刑法中的体现："与现代化早期欧洲适用死刑相比，中国的特殊性不仅体现在对正确判刑的要求，还体现在政府并不倾向于像法国、德国或英国那样详细地展示行刑过程……中华帝国晚期的行刑过程在残酷性上远不能与 18 世纪的欧洲相比。"作者总

---

① 陈兴良：《中国死刑检讨：以"枪下留人"案为视角》，中国检察出版社2003 年版。

② R. Madsen, "The Politics of Revenge in Rural China during the Cultural Revolution", in J. N. Lipman & S. Harrell eds. , *Violence in China. Essays in Culture and Counterculture*, New York：State University of New York Press, 1990.

③ C. Benn, *Daily Life in Traditional China – the Tang Dynasty*, Westport：Greenwood, 2002, pp. 209 –212.

结道："中华帝国的刑罚大多有转圜余地，并且不那么血腥，体现出一种谨慎且渐进地使用国家暴力的态度"。①

与严刑峻法相反，儒家的道德伦理传统代表了一种文明化的理念，它支持法律人道主义而非酷刑主义。法家思想对儒家思想而言是一种挑战。法家思想下的法律体系以酷刑为核心，他们采用了一种"前马基雅维利式"（Pre – Machiavellian）的政治哲学，并认为犯罪行为只能通过严刑峻法来消除。法家的观点与中国当前的严刑体系存在历史相关性，但我们并不能就此认为当前的体系仅仅是对历史的重复。让我们回到有关法律的宽缓规定以及其对轻刑体系的影响这一问题上来。与其谈论"欧洲文化"中的仁慈理念，我们更应该关注另一个问题：中华帝国更类似于欧洲还是美国？中国曾是一个有明确阶级划分的强大国家，其"八议"制度与旧时期欧洲的高等处遇异曲同工。中国古代法律体系对于八种人设置了特殊的司法程序。这一制度最早可以追溯到周朝，它于曹魏时期（公元220年至公元265年）上升为法律，并一直延续下来。"八议"包括议亲、议故、议贤、议能、议功、议贵、议勤、议宾。尽管各个朝代"八议"的适用规则不同，但在没有皇帝亲许的情况下，这些人均免予逮捕、审讯或者适用酷刑。尽管一些官员由于其表率身份，实际上受到了更重的刑罚，但相对于普通百姓而言，这些人中的大多数受到的刑罚相对轻缓。当然这一法律程序是封建式的、以社会等级为依托的，但是与此同时，这种地位阶级划分也为法律的宽大处理提供了基础。皇权时期的中国是否存在仁慈？答案是当时的中国存在着世界范围内最为发达的法律宽缓体系。

---

① K. Mühlhahn, *Criminal Justice in China*, *A History*, Cambridge：Harvard University Press, 2009, pp. 40 – 54.

二、中国法律传统中的宽缓性

有观点认为，人们可以通过一个社会对待异议人士的方式，察觉到一个文明的印记。幸运的是，中国保留了大量的传统法律资料，他们记录了赦免罪犯的案例以及给予其宽大处理的程度。大赦和赦免在中国曾十分常见。布莱恩·麦克奈特（Brian E. McKnight）在其关于法律宽缓性的著作中将中国的"赦"字或以名词形式翻译为"赦免"，或以动词形式翻译为"大赦"。[①] 笔者更倾向于使用"法律仁慈"一词。赦免最宽泛的形式是大赦，它适用于整个国家，并主要在重大仪式中颁布。自汉朝以来，大赦就常常被使用。大赦并不是施与法律仁慈的唯一形式，各朝各代均有自己的相关制度。赦免仅指有限地减轻犯罪人被判处的刑罚，大赦则意味着完全豁免犯罪人。本文不会对法律仁慈的具体形式做详细探讨，因为只要指出中国法律文化中存在极其强烈的宽缓倾向而非严刑倾向，就足以证明笔者的论点。

目前已有研究试图对传统中国法律仁慈的适用频率进行分析，它们得出的结论相当惊人。从公元 280 年秦朝建立到公元 907 年唐朝终结，平均每 18 个月中国政府就会颁布一次有关大赦的法令。法律仁慈的相关制度在宋朝达到顶峰，北宋和南宋均承袭了前朝的宽刑制度。在这种制度下，对死刑的执行必然大幅度减少，法律本身的严苛程度也相应降低。一些朝代适用法律仁慈的频率要低于其他朝代，但所有朝代都在一定程度上遵循了这一传统。即便在清朝，死刑的执行也经常被延缓，并且清朝法律中的宽缓规定直到该朝代终结还一直被使用。存

[①] B. E. McKnight, *The Quality of Mercy—Amnesties and Traditional Chinese Justice*, Honolulu: University Press of Hawaii, 1981, p. xi.

在宽刑并不意味着皇权下的统治手段并不严厉，也不意味着这些手段不具有野蛮性。我们很难想象各个封建皇权社会之间会有太大的差异。许多帝国的建立始于军事斗争，从犯罪学家的研究中可以发现，在经历过军事冲突和战争的国家中，司法的严酷性会上升。

法家原则上反对法律适用的轻缓和仁慈。他们认为这种仁慈无益于促进和谐与法制；与之相反，它会在事实上制造混乱和违法行为。法家思想对于刑罚的威慑效果甚为推崇。古代中国与中世纪的欧洲一样，都将威慑效果视为刑罚的目标，但是中国更注重通过恩威并济的方式来达到这一效果。中国传统法律中对仁慈的适用对于整个司法体系都有深远影响，而这种影响却在现代社会有所缺失。如果笔者关于法律仁慈对刑罚体系影响的观点是正确的，那么中国完全具备条件发展成为一个轻刑国家。如果欧洲传统的社会等级划分，以及他们对于法律仁慈的适用有助于减少司法体系中的严酷性，那么中国也能够如此。换言之，中国不仅具备轻刑化所需的条件，她还超越了欧洲大陆当时的情形。

至于有关民众愤怒情绪的民粹主义观点，因果报应在历史上同时存在于中国和欧洲，两者在报应理念上应该区别不大。这并不是说现代中国社会中的报复情绪更少，目前已经有研究表明当今中国的确存在这样的思想。① 然而现有研究并不足以证明这种情绪在中国比欧洲更严重。在欧洲，民粹主义的报复情绪越来越多地受到限制，而国家本身对这种报复情绪亦不支持。但是在之后的论证中可以看出，毛泽东思想下的中国对民粹主义报复情绪采取的是支持而非制约的态度。即便如此，在危机期间，比如在 20 世纪 90 年代前南斯拉夫解体时，暴力报

---

① 朱晓阳：《罪过与惩罚》，天津古籍出版社 2003 年版，第 2—3 页。

复的倾向也曾在欧洲复苏。民粹主义的报复情绪或多或少地存在于整个世界范围内，因此当我们研究民众对重刑特别是死刑的观念时，更应该关注其背后的政治意图。

联合国全球数据统计显示，民众关于刑罚的观念与其所处的政治体制紧密相连。① 当该政权倾向于严刑峻法时，民众也会表现出对重刑的支持。如果该政权采用轻缓政策，则民众的态度也会相应转变。尽管两者之间的关联程度会因国家不同而有所差异，但是这种关联本身似乎是普遍存在的。由于话题的敏感性，很少有中国学者会关注死刑背后的官方政治意志。只有少部分学者敢于探讨这一问题。这些学者尽管没有言明废除死刑，但是他们仍然难得地排除了公共情感和非理性因素的干扰，对中国的政治意志进行了探索。在其关于避免过度的公众愤怒或报复情绪的论证中，梁根林提到应将理性的政治引导与改革死刑的政治意志结合起来，同时他也警告政府应当避免那种将文化历史因素当作死刑依据的历史性谬误。尽管政府应当倾听民意，但在决策时政府仍应对民愤采取审慎态度。② 梁根林的观点引人深思，同时他也对那种将文化历史根源作为保留死刑依据的观点提出了质疑。政府本可以反观历史并以其中的轻刑传统作为废除死刑的依据，而非夸大民粹主义的报复文化。在这里笔者想再次强调，死刑的存废与文化或社会心理关联甚少，相比之下权力、政策及政治意志起到更加重要的作用。

然而现实中的情况是，传统中国社会所广泛采用的精心设计的宽缓体系并没有演进为现代语境下的轻刑。笔者认为在当

---

① G. Newman ed. , *United Nations Global Report on Crime and Justice*, *United Nations Office for Drug Control and Crime Prevention. Centre for International Crime Prevention*, New York: Oxford University Press, 1999.

② 梁根林：《公众认同、政治抉择与死刑控制》，载《法学研究》2004 年第 4 期。

今中国，传统的宽缓和轻刑思想仍然大量存在，因此我们不应当将当前的重刑体制归咎于中国文化或者所谓的根植于民众心中的报复情绪。然而，是否施以仁慈是一个政治问题：只有拥有强权的古代帝王才能施以宽宥，而宽宥本身反过来又体现了皇权。我们可以从一个短暂但又高度政治化的时期来考察严刑体制。马克思主义对死刑持否定态度并认为应当予以废除，这种对旧阶级体制的质疑体现出一种潜在的人文色彩。更确切地讲，在1922年6月15日，中国共产党曾正式建议废除死刑，①然而由于处于革命和战争时期，这一建议并未能被采纳。虽然1927年国民党针对共产主义运动发动的攻击也是死刑未能废除的原因之一，但是战乱本身也是一个影响因素。在"文化大革命"之前，刘少奇在1956年的中共八大政治报告中再次提及在未来废除死刑。②20世纪50年代的中国教科书也体现了逐步废除死刑的观点，并且认为死刑只能被用于极少数案件之中。思想改造与矫正和犯罪预防一同被视为更有效的对抗犯罪的措施。尽管中国马克思主义者表现出了反对死刑的态度，但是死刑在中国政治体制运行过程中却经常被使用，并始终被视为是现阶段所必需的。当前中国的"逐步废除"这一表述延续了该特征。③

毛泽东始终反对剥夺群众起义的权利，并将死刑视为打击反革命分子的工具。毛泽东认为死刑应当被慎用，并且只应被用于打击"罪大恶极的地方恶霸和恶势力"。④但是毛泽东认

---

① 赵秉志：《从中国死刑政策看非暴力犯罪死刑的逐步废止问题》，载赵秉志主编：《中国废止死刑之路探索》，中国人民公安大学出版社2004年版，第11—18页。

② C. -C. Leng, *Justice in Communist China*, New York: Oceana Publications, 1967, pp. 50 – 51, p. 167.

③ 赵秉志：《死刑改革研究报告》，法律出版社2007年版。

④ Z. Mao, "Report on An Investigation of the Peasant Movement in Hunan", in *Selected Works of Mao Zedong*, Vol. 1, Beijing: Foreign Languages Press, 1927/1967, p. 38.

为人民有权在受到压迫时进行反抗。他反对农民运动"过度暴力"的说法并支持农民推翻地主，他认为在农村地区制造一段时期的恐怖是推翻地主阶级统治的必要措施。[1] 在毛泽东看来，死刑的执行有助于平息民众的报复情绪。在之后打击反革命地主的斗争中，毛泽东反复强调通过对罪大恶极的反革命分子执行死刑来平息民愤。[2] "文化大革命"本身也可被视为是对人民暴力的使用。毛泽东思想中以死刑平息民愤的观点似乎仍存在于中国的法律思想之中。在这里，民愤取代了仁慈，而后者进而在现代语境中被转换成了贬义："对敌人仁慈就是对人民残忍。"

革命时期的阶级斗争将仁慈定义为敌我之间的较量，而非自上而下的施与。《毛泽东选集》第一卷的第一句就以敌友二分法为革命策略设定了基调："谁是我们的敌人？谁是我们的朋友？这个问题是革命的首要问题。"[3] 尽管这句话讲的是革命策略，但是它可以与和平发展时期法律术语中有关自然犯与法定犯的区分进行对比。革命时期的关注点在于发现敌人和恶人，而在发展和现代化时期，相对于"反革命罪"，法律术语更应关注一般或传统型犯罪。换言之，现代化的法律体系更应关注法定犯而非自然犯。[4] 欧洲的发展已经呈现出这样一种趋势，那么中国的情形又如何呢？

---

[1] Z. Mao, "Report on An Investigation of the Peasant Movement in Hunan", in *Selected Works of Mao Zedong*, p. 29.

[2] Z. Mao, "Strike Surely, Accurately and Relentlessly in Suppressing Counter-Revolutionaries", in *Selected Works of Mao Zedong*, Vol. 5, Beijing: Foreign Languages Press, 1977, p. 56.

[3] Z. Mao, "Report on An Investigation of the Peasant Movement in Hunan", in *Selected Works of Mao Zedong*, Vol. 1, Beijing: Foreign Languages Press, 1927/1967, p. 13, pp. 23-59.

[4] 作者此处有笔误。现代化语境下的法律体系应当更少关注法定犯，特别是针对国家的政治类型的犯罪。——译者注

革命时期结束后，民粹主义下的民愤思想并未就此消失。比如一篇关于现代化时期对农村"土溜子"的报告指出："他们其中一些罪大恶极的人应该被处决以平息民愤。"① 这种思想也一直延续到 1983 年发起的"严打"运动中。② 目前中国的严刑和死刑仍然有广泛的群众基础，而乍看之下这种态度似乎印证了严刑峻法的文化根源。

在 1978 年复出之后，邓小平曾有机会扭转这种局面。相对于减轻刑罚体系的严苛性，在 1976 年毛泽东去世后，可以看到死刑的适用在持续增长。自 1978 年的改革开始，8 年内死刑的执行数量大致翻了 3 倍。③ 邓小平关于严刑的预防效应的依赖，不仅区别于中国早期的马克思主义者，同时也与当今世界知名学者安德鲁·阿什沃斯（Andrew Ashworth）当前的犯罪学论点相左。阿什沃斯认为，"如果刑事政策期待主要通过刑罚来实现预防效果，那么政策本身似乎寻错了方向"。④ 中国学者现在也已经承认，"无法证明（死刑）有效性"。⑤ 自从 20 世纪 70 年代后期改革伊始，严厉或者严刑以及"严打"已经成为了中国刑罚适用的教义。⑥ 严刑本身成为中国刑事政策的核心观点。

---

① 许谦生：《河北荆州地区农村"土溜子"犯罪调查》，载中国青少年犯罪研究会编：《1987 年中国青少年犯罪研究年鉴》，春秋出版社 1988 年版，第 157 页。

② H. M. Tanner, *Strike Hard! Anti – Crime Campaigns and Chinese Criminal Justice, 1979 – 1985*, Ithaca：Cornell East Asia Series, 1999.

③ A. Scobell, "The Death Penalty in Post – Mao China", *The China Quarterly*, No. 123, September 1990, pp. 503 – 520.

④ A. Ashworth, *Sentencing and Criminal Justice*, 3rd edition, London：Butterworths, 2000, p. 25.

⑤ Reuters News, "China Law Experts Advise Less Use of Death Penalty", 10 August, Factiva doc. no. LBA0000020040810e08a005hg, accessed 15 September 2004.

⑥ S. Trevaskes, *Courts and Criminal Justice in Contemporary China*, Lanham：Rowman and Littlefield, 2007.

自 20 世纪 70 年代后期，严刑就已经上升为中国法律改革的基本原则。在第一次"严打"开始之前的 1981 年，当时中国存在着一种恐惧犯罪的草木皆兵的氛围，社会中常见的说法有"好人怕坏人，坏人不怕好人""执法的怕违法，犯法的不怕法"等。在这种情况下，邓小平将执行死刑视为教育群众的不可或缺的手段。[①] "文革"期间残酷的、法外的死刑执行延续了数年，在此之后对死刑的适用并未走向宽缓，与之相反，邓小平谴责刚刚重建的法院系统对待犯罪分子过于手软。他直接要求加强对死刑的适用，并将其范围扩展至盗窃、腐败、累犯以及其他不曾适用死刑的犯罪。邓小平还主张将死刑适用于那些组织、利用会道门、邪教组织，利用迷信的犯罪分子。[②] 中国目前有近 70 种罪名可以被判处死刑，而在实践中这个数字可能更大。当然，在邓小平时期对死刑的使用已远低于毛泽东主义时期超出法律规定的量刑。但是就执行率而言，其在 1970 年代后期到 1980 年代中期是明确上升的，邓小平理论将刑罚的严厉性提升了。

对邓小平而言，长期持久地对抗经济犯罪和腐败的不正之风对打击经济犯罪至关重要。他将经济类犯罪视为对现代化进程及执政党权力的挑战。邓小平主张采用从重、从快、从严地打击犯罪的措施，并且要求对犯罪人使用最严酷的刑罚。同时邓小平也不断对党内同志强调打击犯罪不能纸上谈兵。[③]

在过去 20 年中，尽管大多数被处决的罪犯确实犯有重罪，

---

① 《依法从重从快打击严重的刑事罪犯》，载《人民日报》1981 年 6 月 21 日第 5 版。

② X. Deng, "Speech Given at the Meeting of a Standing Committee of the Political Bureau of the Central Committee, 17 January 1986", in *Fundamental Issues in Present-day China*, Beijing: Foreign Languages Press, 1987, p. 137.

③ X. Deng, "Combat Economic Crime, Speech Held April 10, 1982", in *Selected Works of Deng Xiaoping 1975–1982*, Beijing: Foreign Languages Press, 1984, p. 381.

但也有一部分人是因为偷车、盗墓、抢包、小额盗窃等轻微犯罪而被执行死刑。在一起案件中，被告人因为摸女性臀部而被判处死刑。这种情况对于累犯尤甚，即便他们犯的新罪是轻罪，也因为累犯身份而最终被执行了死刑。尽管中国目前已经有规制死刑执行的新的法律框架，但是严刑的特征并未在现有体制内消失。毛泽东时期与邓小平时期在法律观念上的差异或许可以通过"广场化"和"剧场化"来描述，前者用于形容毛泽东时期在公共广场审理案件或进行宣判，后者指邓小平时期采取的在剧场或法庭审理案件或宣判的方式。毛泽东是一位传统的民粹主义者，他主张保留群众的反抗权。邓小平的"现代性"体现在他主张以国家强权来取代群众复仇。

中国"严打"运动最显著的特征是威慑性和刑罚的严厉性，其背后的思想是认为社会主义能够彻底消灭犯罪，而非仅仅减少犯罪。当前常见的一种观点是"只有严刑峻法才能消灭犯罪"。旧时期将罪犯游街示众的做法现在仍然存在，公审公判亦不罕见。这种做法在当今欧洲立法中通常被视为是对犯罪人的侮辱，而中国仍然通过这种方式教化群众。通过这些行为，政府不仅仅宣示自己的权力，同时也在为公众维护社会的安宁。这就是所谓的"杀鸡儆猴"，其本质是假设这种行为可以成功威慑到潜在的犯罪人。通过将猴子作为实验对象，犯罪学研究已经证明这种威慑的作用并不会持久，"杀鸡儆猴"的行为仅能在短期而非长期内有效。[①] 然而政府仍然将死刑用作对抗不断增长的犯罪的工具。这一现象产生的原因可能在于转

---

① D. P. Phillips, "The Deterrent Effect of Capital Punishment: New Evidence on an Old Controversy", *American Journal of Sociology*, 86 (1980): 139 – 148. W. C. Bailey & R. D. Peterson, "Murder and Capital Punishment: A Monthly Time – Series Analysis of Execution Publicity", *American Sociological Review*, 5 (1989): 722 – 743. S. Stack, "Publicized Execution and Homicide 1950 – 1980", *American Sociological Review*, 52 (1987): 532 – 540.

型社会中因道德恐慌而引发的对犯罪现象的恐惧，而道德恐慌正是"刑罚民粹主义"产生的因素之一。正如在许多西方国家所看到的那样，刑罚民粹主义可能有政治上的用途，但是对加强刑罚的效用却并无助益。[①] 在中国，政府依靠"严打"运动在转型时期的动荡环境中寻求民众的支持。通过"严打"，政府向民众证明其在努力治理经济改革所产生的负面效应。然而，事实证明"严打"并未真正减少犯罪，这种以扩大刑罚网来遏制犯罪的做法，其实际效果值得怀疑。

笔者并不否认报复性的刑罚民粹主义在中国仍具有强大的支持，也不否认严惩罪犯有着广泛的群众基础。公安部在15，000名群众中的调查显示，大多数人认为当前国家打击犯罪的力度比较合适或略显不足。近60%的受访者认为当前立法过于宽缓。只有2%的受访者认为法律过于严苛。[②] 需要指出的是，大多数社会中都存在着要求严刑的民众呼声，[③] 然而这种态度并不一定意味着一种无可转圜的"民众意愿"。与一般观念不同，这种态度实际上很容易通过国家干预而改变。在2005年一项针对2000名群众的调查访问中，当受访者被问及死刑的存废问题时，其中82.1%的人认为应当保留死刑，仅有13.7%的人赞成废除。然而当改变提问方式，将问题改为"假设国家已经废除死刑"时，只有60.6%的受访者认为应当恢复死刑，而废除死刑的支持比例上升到33%。[④] 中国民众对于死刑的支持率远低于美国民调中显示的数字，中国的"死

① J. V. Roberts, L. J. Stalans, D. Indermaur, M. Hough, *Penal Populism and Public Opinion: Lessons from Five Countries*, Oxford: Oxford University Press, 2003.

② 中华人民共和国公安部主编：《您感觉安全吗?》，群众出版社1992年版。

③ L. J. Stalans, D. Indermaur, M. Hough, J. V. Roberts eds., *Penal Populism and Public Opinion: Lessons from Five Countries*.

④ 钊作俊：《由限制到废止：死刑路径及其抉择》，载陈泽宪主编：《死刑：中外关注的焦点》，中国公安大学出版社2005年版，第226页。

刑文化"似乎站不住脚。该调查印证了我们从其他国家观察到的有关死刑存废的现象，即当国家通过立法废除死刑时，公众的观念会随之发生转变。这足以论证在中国并不存在固化的或者足够强大的文化动机支持死刑。对于中国来说死刑似乎是理所当然的，然而是时候去转变这种观点了。

国际犯罪受害人调查（ICVS）关于多国针对刑罚态度的调查印证了中国的重刑观念。受访者被要求对一个案件发表意见。在该案中，一名21岁的男子盗窃了一台彩色电视机，并且这是他第二次犯罪。刑罚的选项包括有期徒刑、社区服务、缓刑、罚金刑及其他。除美国以外，其他工业化国家的民众更倾向于社区服务。发展中国家的受访者则倾向于有期徒刑。在58个受访国家中，中国是选择刑种最重的国家。约84%的中国受访者支持有期徒刑，乌干达与津巴布韦分列第二位、第三位，其受访者对有期徒刑的支持率分别为80%和79%。西班牙只有7%的受访者支持有期徒刑，然而这一比例在美国高达56%。当支持有期徒刑的受访者被问及具体刑期时，坦桑尼亚是其中刑罚最重的国家，其民众支持的平均刑期是87个月；博茨瓦纳列第二位，平均刑期是75个月；柬埔寨以61个月的平均刑期位列第三；中国列第四，平均刑期是51个月。只有2%的中国民众支持罚金刑，另有4%支持其他刑罚，尽管"其他"中包括死刑。针对中国民众的调查显示，相对于女性，男性的重刑倾向略轻。[①] 中国似乎与非洲和亚洲的许多发展中国家一样都有重刑倾向。与现代化的趋势相反，这种重刑态度只存在于一些最不发达、最不先进、最不现代化的国家之中。中国作为一个在其他方面与发达国家在逐渐缩小差距的国

---

① P. Mayhew & J. van Kesteren, "Cross National Attitudes to Punishment", in J. Roberts & M. Hough eds. , *Changing Public Views of Punishment*, Cullompton: Willan Publishing, 2003.

家，应当对这一现象进行反思。

令人费解的是，公安机关似乎并不热衷于"严打"运动。许多警察对于这种将特殊运动常规化的做法进行了批判，持续性的"严打"运动使公安干警筋疲力尽。这种运动常规化的做法还使得犯罪人掌握了警方打击犯罪活动的规律，并据此变更自己的作案行为。许多人认为这些"严打"运动对警察职业有害而无益。运动本身并不能减少犯罪，与之相反，它使得犯罪人更加残暴，从而增加了警察执行任务的危险性。犯罪行为的残酷化体现在自中华人民共和国成立以来不断上升的遇害警察人数上。在1949年到1980年的31年间，官方统计共有1026名警察遇害。从1981年到1998年的17年间这一数字上升到4800名。顺应这一趋势可以发现在这之后的20年间约有6500名警察在执行公务期间被杀害。[①] 2001年一年就有443名警察在执行公务时被杀，这一高死亡率反映出暴力犯罪率的上升。[②] 尽管有些警察是死于意外，犯罪学家早已指出死刑与犯罪行为残酷化之间的联系。[③] 对于在"严打"运动中滥用死刑的谴责逐渐获得了中国法律界的支持。越来越多的法律人认为提升刑罚的严厉程度既没有效益又不科学，但是很少有人提及死刑的负面作用。然而，许多中国学者已经注意到在其他国家

---

① S. Feng, "Crime and Crime Control in a Changing China", in J. Liu, L. Zhang & S. F. Messner eds., *Crime and Social Control in a Changing China*, Westport: Greenwood, 2001, p. 125.

② BBC Monitoring, *BBC Monitoring Asia Pacific – Political*, 25 January 2002.

③ B. Bakken, *The Exemplary Society: Human Improvement, Social Control and the Dangers of Modernity*, Oxford: Oxford University Press, 2000, p. 397. W. J. Bowers & G. Pierce, "Deterrence or Brutalization: What is the Effect of Executions?", *Crime and Delinquency*, 26 (1980): 453 –484. J. K. Cochran, M. B. Chamlin, M. Seth, "Deterrence or Brutalization – an Impact Assessment of Oklahoma's Return to Capital Punishment", *Criminology*, 1 (1994): 107 –134. Reuters News, "China Law Experts Advise Less Use of Death Penalty". Shepherd, J. M., "Deterrence Versus Brutalization: Capital Punishment's Different Impacts among States", *Michigan Law Review*, 2 (2005): 203 –256.

所观察到的犯罪行为残酷化的现象。死刑并未能产生威慑作用，与之相反，国际社会进行的研究显示，死刑的执行对犯罪行为残酷性的影响可以通过陌生人杀人案件的数量体现出来。① 在大多数欧洲国家，陌生人杀人案件并不多见，最多只占到全部谋杀案件的 10% 左右。本文并不会过多探讨这一现象，但需要指明的是，陌生人杀人案件在中国相当多，在北京这类案件占全部故意杀害案件的 50% 左右，而在深圳这一比例为 53%。即便在类似呼和浩特这样相对较小的城市，这种比例也至少与美国大城市持平（达到 20% 左右）。这些数据表明死刑的执行会刺激犯罪人实施更为暴力的犯罪，这为对"严打"运动威慑作用抱有幻想的人们敲响了警钟。犯罪行为的残酷化与"和谐社会"的目标背道而驰，其本身即是对社会秩序的破坏。犯罪行为的残酷化与适用死刑之间的联系已经在针对多国的研究中得到验证。②

中国最近爆发了一些反对警察野蛮执法的事件，警察队伍的执法措施、态度和方式亟待现代化改革。在今天，仍然有许多人在羁押期间因为警察的管理活动而死亡。美国的研究数据表明，在一些致命的警匪对战中，普通民众的死伤率要高于警察，两者的比例大约在 5∶1。③ 中国在此方面的数据不得而知。中国政府的上层领导目前似乎开始反思这种运动式的犯罪控制手段，至少在中央层面上大规模的"严打"运动似乎会告一段落；然而在地方，"严打"运动仍然以各种形式存在着。

尽管国际社会已有相应机制要求保留死刑的国家公布其执

---

① J. K. Cochra & M. B. Chamlin, "Deterrence and Brutalization: the Dual Effect of Executions", *Justice Quarterly*, 4 (2000): 685 - 706.

② D. Archer & R. Gartner, *Violence and Crime in Cross - national Perspective*, New Haven: Yale University Press, 1984.

③ A. Kobler, "Police Homicide in a Democracy", in R. Lundman ed., *Police Behaviour*, New York: Oxford University Press, 1980.

行数量，这一数字在中国仍属"国家机密"。因此人们无法得知确切的死刑适用量。在本文中笔者不会去猜测具体的执行数字，但至少当前中国政府对于这一数字的态度可以折射出死刑的高使用率。[①]

大多数中国人对于社会混乱和违法行为有着深切的恐惧。对于政府维持法律秩序并严惩违法者，中国社会中存在着强大的支持力量。1995 年中国社会科学院法学所在 5000 名民众中就死刑态度议题进行了调研，其中体现的民众情绪值得深思。[②] 该调查显示出民众对于死刑的高支持率。在美国严刑存在着广泛的民众基础，从国际标准来看，美国民众对于死刑的支持率相当高。美国实证研究所（Field Institute）的调查数据显示，美国民众对死刑的支持率高达 68%，反对率为 26%，另有 6% 的受访者对此没有看法。[③] 中国的调查数据则显示了更高的支持率。总体来说，仅有不到 0.8% 的受访者认为应当废除死刑。其余 99.2% 左右的民众支持死刑，只是在适用程度上有所差异。支持保留死刑的民众中仅有 3% 认为应当限缩死刑的适用范围，不过所有受访者中仅有 1/4 表示应当更加频繁地适用死刑。有趣的是，受访者中男性与女性、城市与农村之间的差异并不明显。但令人惊讶的是，受过高等教育的人似乎更倾向于支持死刑。尽管并不倾向于频繁使用死刑，司法机关中的受访者也不支持完全废除死刑。目前看来军队中的受访者是死刑的最热衷支持者，其中约 43% 的人认为应当扩大死刑适用范围。受访者中的富人更支持废除死刑，但其中只有 6% 的受访者要求

① B. K. Lim, "China's Security Tsar Orders Fewer Executions", *Reuters News*, 9 March 2004, Beijing: 48 *Asian Criminology*, 6 (2011): 33 - 50.

② 胡云腾：《存与废：死刑基本理论研究》，中国检察出版社 2000 年版，第 341—346 页。

③ M. Kataoka, "Field Poll: State Support Remains Strong for Death Penalty", *The Press Enterprise*, 5 March 2004, at A01, Factiva doc. no. RVSD000020040306e03500011.

扩大死刑适用率。约有 30% 受过高等教育的人要求提高死刑适用率。在美国，社会下层的黑人受访者更倾向于废除死刑，他们通常也是这一刑罚所针对的对象。在中国，文化程度较低的人中很多是流浪人员或移民，这两者通常是公安机关的关注对象。许多富人则是通过灰色交易发家，因此也容易成为打击目标。然而，比较反常的是高知识群体对于死刑的高支持率，在国际社会的调查中他们通常是最不支持死刑的群体。

另外一个受过教育的社会精英阶层支持死刑的国家是第二次世界大战时期的纳粹德国。[1] 当时的精英团体通过支持这种法西斯式的社会理念来凸显自身。当今中国知识分子对于死刑的支持，折射出一种将刑罚与国家同政党话语中的秩序与稳定相混同的现象。支持死刑似乎成为了一种精英理念，以此来强化精英阶层的"特质"。这种支持也反映出一种被欧洲称之为"危险阶级"的恐惧。

然而德国的实证经验表明，民众对于死刑的态度高度依赖于国家自身所采取的措施。战后德国改变了原有政策，民众的态度也从支持死刑转变成要求废除死刑。战后德国宪法禁止死刑，随后在 1958 年到 1974 年的短短 16 年间社会对于死刑的支持率就从 80% 下降到 44%。现在德国社会的死刑支持率仅有 34%，其中只有 14% 表示强烈支持。对于故意杀人罪的死刑支持率只有 11%。[2] 值得注意的是，知识分子对于死刑的支持率从 1950 年的 69% 下降到 1980 年的 14%。纳粹时期支持死刑的群体也转变了态度，1980 年他们对于死刑的支持率已

---

① K. -H. Reuband, "Sanktionsverlangen im Wandel: Die Einstellung zur Todesstrafe in der Bundesrepublik Deutschland seit 1950" (Changes in Sanctioning: Death Penalty in the Federal Republic of Germany since 1950), *Kölner Zeitschrift für Soziologie und Sozialpsychologie*, 32 (1980): 535 –558.

② Ipsos – MORI (2007), "Death Penalty – International Poll", http://www.ipsos-mori.com/researchpublications/researcharchive/poll.aspx? oItemId = 163, accessed 10 March, 2010.

经下降到 27% 。与战时的情形相反，现在德国社会中的知识分子成为反对死刑的力量。① 德国的经验表明，在得知死刑反人道且无效时，民众的观念很容易转向自由主义的刑罚观。欧盟国家已经禁止死刑，在法国尽管仍存在高达 45% 的死刑支持率，但与 20 世纪 80 年代早期的数据相比已经发生了巨大变化；在 45% 的支持者中强烈支持者仅占 14% ，另有 21% 的民众认为死刑适用于故意杀人罪。②

如果中国现在转变态度并宣传死刑的无效性，那么在中国社会也能够看到类似的发展趋势。换言之，德国的经验证明，如果中国政府改变他们目前对死刑的依赖，社会民众特别是精英团体完全能够受到教育从而转变观念。ICVS 的调查结果证实了这一观点。该调查的一个重要发现是，民众观点通常反映并支持已有的刑罚传统。③ 中国作为一个在其他方面有所增益并强调精神文明的国家，似乎太过关注之前的道德恐慌，并太过依赖于严刑峻法。尽管中国学者中目前鲜有死刑全面废除论者，但其中已有声音要求限制死刑的适用，并在更广泛的意义上降低刑罚的严苛度。④ 中国目前又出现了"逐步废除死刑"的声音。⑤

---

① K. -H. Reuband, "Sanktionsverlangen im Wandel: Die Einstellung zur Todesstrafe in der Bundesrepublik Deutschland seit 1950" (Changes in Sanctioning: Death Penalty in the Federal Republic of Germany since 1950), *Kölner Zeitschrift für Soziologie und Sozialpsychologie*, 32 (1980): 542 – 546.

② Ipsos – MORI (2007), "Death Penalty – International Poll", http: //www. ipsos – mori. com/researchpublications/researcharchive/poll. aspx? oItemId = 163 , accessed 10 March, 2010.

③ P. Mayhew & J. J. M. van Dijk, *Criminal Victimisation in Eleven Industrialized Countries: Key Findings from the 1996 International Crime Victimisation Surveys*, London: Home Office Publications, 1997.

④ 参见胡云腾：《存与废：死刑基本理论研究》，中国检察出版社 2000 年版，第 341—346 页。另参见陈云生：《反酷刑：当代中国的法治和人权保护》，社会科学文献出版社 2000 年版，第 115—116 页。

⑤ Reuters News, "China Law Experts Advise Less Use of Death Penalty".

三、犯罪与刑罚的前景展望

邓小平在 1982 年的一次关于打击经济犯罪的讲话中提到，"到本世纪末还有 18 年，如果我们想赢得胜利，那么每一天都要斗争"。邓小平的威慑策略是否奏效呢？除了青少年犯罪由于婴儿潮的到来而使得犯罪率降低以外，[①] 经济犯罪和腐败类犯罪的发案率都在不断上升。国际上的全球腐败报告也显示，在过去的 10 年间，腐败问题在中国不断恶化。[②] 清华大学的胡鞍钢教授指出，目前腐败所造成的损失占到 GDP 的 13% 到 16%。他进而估计公共事业基金中大约有 15%—20% 的资金落入个人之手。[③] 尽管我们无法接触到准确数据，毫无疑问的是，在不断的"严打"运动之后，目前的经济犯罪要比 1982 年邓小平提出"每天斗争"时更加严重。人们必须看到严刑并不是控制犯罪的有效措施。比如说，无论中国政府采用如何严厉的措施，如何频繁地使用死刑，毒品犯罪始终有增无减。1980 年中国几乎不存在毒品，然而在 2003 年全国已经至少有 10 万人染上毒瘾。

随着犯罪数量的不断上升和犯罪机会的不断增加，相对于严刑镇压，法治建设和社会改革才是解决当前问题的更有效的方法。联合国报告指出，收入失衡可能是衡量一国犯罪率上涨的最佳指标。中国目前面临着不同社会阶层之间以及城乡之间的差距扩大化的问题，中国已经成为世界范围内贫富差距最大的国家之一。1978 年中国社会的基尼系数尚在 0.18，10 年之后

---

① 汝信、陆学艺、李培林主编：《2002 年中国社会形势分析与预测》，社会科学文献出版社 2002 年版。

② Y. Guo & R. Liao, "Transparency International", *Global Corruption Report 2004*, Country Report. China, http://www.globalcorruptionreport.org.

③ 胡鞍钢：《腐败：中国最大的社会污染》，载胡鞍钢主编：《中国：挑战腐败》，浙江人民出版社 2001 年版，第 31—64 页。

这一数值上涨至 0. 382，而在 1996 年更是攀升至 0. 458。2001 年的报告则显示，中国基尼系数已经高达 0. 50。① 尽管数据不甚准确，可以肯定的是中国自改革开放以来贫富差距在不断拉大。② 与此同时，贫富阶级之间可见的消费差距以及富人用于消费的钱财的可疑来源，使得人们需要直面钱财和分配的不公，这在中国过去是不曾存在的。

另外一个值得关注的现象是，在许多司法体制不发达的国家，有组织犯罪十分猖獗，特别是当这些犯罪与腐败相联系时。③ 然而建立一个独立的、负责的司法体系对于中国共产党而言似乎仍显激进，因为这一体系可能会削弱其权力。这反映出中国共产党观点的一个悖论，即维持社会稳定和增进社会和谐。对于司法改革的犹豫不决并不能带来稳定；与之相反，这只会导致腐败行为进一步加剧，社会不安也会进一步加强，从而在长远上损及国家稳定。

总之，处于改革时期的中国仍然遵循着"乱世用重典"的理念，然而当前时期是否真的是"乱世"呢？此外，中国是否仍然需要通过基于"乱世"这样一个假设来正当化其重

① G. Ma, "Population Migration and Crime in Beijing, China", in J. Liu, L. Zhang & S. F. Messner eds. , *Crime and Social Control in a Changing China*, Westport: Greenwood Press, 2001, pp. 69 – 79. Ding, X. L. , "From Big Social Problems to Explosive Political Troubles? The Challenges of Managing a Huge Society under Rapid Transformation at a Politically Difficult Time", in J. Wong & Y. -n. Zheng eds. , *China's Post – Jiang Leadership: Challenges and Adaptation*, Singapore: Singapore University Press, 2002. China Center for Economic Research, "Beijing University in an Invitation Document for the International Symposium, Equity and Social Justice in Transitional China", Beijing, 11 – 12 July 2002.

② C. Bramall, "The Quality of China's Household Income Surveys", *The China Quarterly*, 167 (2000): 689 – 705. C. Riskin, R. Zhao & L. She eds. , *China's Retreat from Equality, Income Distribution and Economic Transition*, Armonk: Sharpe, 2001.

③ J. J. M. van Dijk, "Does Crime Pay? On the Relationships between Crime, Rule of Law and Economic Growth", *Forum on Crime and Society*, 1 (1), 1 – 16 February 2000.

刑理念？尽管传统犯罪在不断增长，中国无须对这种情况过于恐惧，因为相较于国际社会，中国的此类犯罪并不严重。中国应当更多地关注腐败类犯罪、有组织犯罪、暴力犯罪及其之间的内在联系。"混乱"一词并不能很好地描述中国目前的社会状况。随着胡锦涛不断强调"社会和谐"，严刑理念应当逐渐被取消。笔者的研究同许多犯罪学家的一样，认为严刑在长时期内只会损害社会稳定。对于中国目前存在的问题，更加严厉的刑罚并不是解决方案。现在的严刑做法已经使得犯罪行为残酷化和严重化。中国需要的是法治文化而非严刑理念。持续扩大的社会分配不公，以及对法治理念的不断折损很有可能在未来引发更为严重的犯罪问题。这一问题只能通过法制和社会改革来解决。民众的支持并不仅仅来自于社会财富的增加。一个政权的合法性也来自于它维持社会秩序的能力。

因此，中国社会面对犯罪问题时也许不应当仅关注于消灭犯罪。中国应当看到犯罪背后政权的合法性问题，以及变革时期社会和道德秩序的问题。中国旧时期的宽缓传统以及现代化趋势应当将中国导向轻刑社会。中国文化远非重刑所能涵盖，与之相反，中国的文化是宽严相济的。在现代社会中，中国传统文化中的仁慈特质仍有待开发。笔者认为轻刑化的趋势不可避免，这一趋势并不与中国文化和传统观点相悖。现在是时候回归仁慈的传统，使中国真正步入现代化社会。

中国的道德恐慌、
犯罪率和严刑制度[*]

白恩[**] 文

裴炜 王倩云 孙杨 译

简目

一、犯罪黑数：中国犯罪现象中隐藏的数据

二、研究中国犯罪率的其他途径

三、中国官方公布的犯罪率中的社会结构

四、中国的严刑体制

五、展望中国未来的犯罪和刑罚

很多人认为早在经济改革初期，中国的犯罪数量就已经达到了惊人的程度。20 世纪 80 年代，中国出现了犯罪数量激增的现象，这一现象直接诱发了 1983 年的"严打"运动。在这场打击严重犯罪的全国性"严打"活动中，其主要导火索是

---

[*] Borge Bakken, "Moral Panics, Crime Rates and Harsh Punishment in China", *Australian & New Zealand Journal of Criminology*, 37（2004）: 67 – 89. 本文的翻译与出版已获得作者授权。

[**] 白恩，挪威人，奥斯陆大学社会学博士。现任香港大学社会学系教授、犯罪学研究所主任。自 20 世纪 80 年代末致力于中国犯罪学与刑事司法相关研究，研究主题集中于中国司法改革、警政议题、跨国犯罪、社会控制等。著有 *Crime, Punishment and Policing in China* 和 *The Exemplary Society: Human Improvement, Social Control, and the Dangers of Modernity in China*。

由快速增长的青少年犯罪所引发的道德恐慌。尽管当时中国共产党的领导阶层也在担心经济犯罪可能会阻碍国家的现代化进程，但是当时采取"严打"措施的主要考量因素是在社会急速变革之时，青少年犯罪所带来的一系列问题。在那个时期，"严打"运动的首要目标并非腐败的官员或者企业家，而是青少年犯罪团伙的头子。①总体来看，中国政府对于青少年犯罪的回应与斯坦·科恩（Stan Cohen）关于道德恐慌的经典描述相符。在科恩的理论中，道德恐慌源于这样一种社会现象，即某些情形、事件、个人或群体逐步被定义为对社会价值和社会利益的威胁。在大众媒体的宣传与道德卫道士的言论中，这些威胁被以特定的模式和类型加以描述。②中国的道德教育者试图将科恩的这一理论与社会主义市场经济的求稳目标进行嫁接。人们时常将青少年性犯罪与青少年犯罪总量的上升联系在一起，前者被视为精神文明的反面——精神污染。由此看来，中国在 1983 年发动"严打"运动的同时启动清除精神污染的运动，两者的同时出现并非巧合。③ 在某种程度上，道德恐慌的范围并未局限于青少年问题。由于一些社会曝光率较高的案件未能得到及时解决，使得公安机关和政府陷于尴尬境地。为了挽回颜面并重建公信力，公安机关和政府势必要采取强硬措施加以应对。在当时比较典型的案件是"二王案"。王氏两兄弟在杀害数名公安干警之后逃跑，该案被视为是对公安机关权威的极大挑衅。最终"二王"被击毙。

---

① 许德琦、吴再德：《试析青少年流氓团伙头子的特性及形成演变轨迹》，载《1987 年中国青少年犯罪研究年鉴》，春秋出版社 1988 年版，第 398—406 页。另参见曹漫之主编：《中国青少年犯罪学》，群众出版社 1988 年版，第 9 页。

② S. Cohen, *Folk Devils and Moral Panics*, Oxford, UK: Martin Robertson, 1989, p. 9.

③ B. Bakken, *The Exemplary Society: Human Improvement, Social Control, and the Dangers of Modernity*, Oxford, UK: Oxford University Press, 2000, pp. 317–376.

"文化大革命"时期中国出现了一次婴儿潮，在这次婴儿潮期间出生的人成为了这场道德恐慌的头号替罪羊。道德恐慌的触发点在于隐约含糊的负面预期。在 20 世纪 80 年代早期，中国不得不改变其在社会主义制度下已经习以为常的生活模式，以适应新的社会体制。在这种环境下，中国社会出现了这种负面情绪。为了维持其正当合法性，新的社会体制在应对市场化过程中所产生的负面效应时，需要显示出强硬的掌控能力。然而在处理市场化负面效应的过程中，新体制所采取的严刑措施本身也成为了一个问题。

与道德恐慌相关的另一种观点认为，与世界其他国家相比，中国尚属于犯罪率较低的国家。即便是在始于 1983 年 9 月的"严打"活动期间，中国的犯罪率仍处于 1979 年以来的最低水平。中国传统观念认为，将犯罪分子游街示众能够降低犯罪率。这种观点得到了中国新领导人邓小平的支持。尽管邓小平发起了法律体制方面的改革，但是他的出发点却是中国古代的法家思想，这一思想流派的一个显著特征在于它对严刑峻法的倚重。在法家思想的指导下，"严打"运动十分重视公开行刑的威慑效应，其目的在于消灭犯罪团伙以防止他们进一步诱使青少年犯罪。然而，通过"严打"活动打击犯罪团伙的策略没能达到预想的效果，犯罪组织和青少年犯罪团伙有增无减。公安部在其后来的报告中承认了这一事实。[①]"严打"运动最严重的问题之一在于死刑犯的年龄被降至 16 岁，而该运动的一大特征是通过简易程序审理并处决青少年犯罪头子和主犯。

中国采取"严打"措施应对犯罪引发了一系列问题。然而在当时实际上并未出现真正的犯罪数量激增的现象，中国的

---

① 中华人民共和国公安部：《中国青少年犯罪的趋势和预防》，载中国青少年犯罪研究会编：《1987 年中国青少年犯罪研究年鉴》，春秋出版社 1988 年版，第 43 页。

犯罪总量仍然处于世界低位。如前所述，20 世纪 60 年代末婴儿潮时期出生的人成了社会变革中种种问题的替罪羊。我们知道，青少年犯罪在所有犯罪行为中占很大比例，西方一些早期犯罪学家甚至认为这种年龄分布符合自然规律。①现代犯罪学理论仍然偏向于这种论断。比如说，相关研究显示，对被逮捕的犯罪嫌疑人而言，尽管总量时常发生变化，但其年龄分布却基本保持稳定；在所有年龄层中，15 岁至 17 岁的青少年所占比例是最高的。②根据这个理论，中国 20 世纪 80 年代初期出现的青少年犯罪率的上涨，在很大程度上可以通过人口统计数据加以解释。中国当时的情况完全符合年龄分布的理论，其犯罪曲线也与犯罪学理论中描述的"年龄届满"相符。③根据该理论，中国的现象可以通过以下方式进行解释：当中国婴儿潮时期出生的人成长为青少年时，青少年群体的总体数量会增加，进而会导致青少年犯罪总量的升高；中国当时犯罪人数的年龄分布恰恰与人口统计数据相契合。1965 年到 1987 年之间，中国 14 岁至 25 岁的公民人数从 1200 万激增至 2720 万。而在该时期之后，同一年龄段的人口数量随即下降了 500 万左右。④

从人口出生数据便可以推测出青少年犯罪的趋势。至 20 世纪 80 年代后期，关于青少年犯罪的数据已然开始下降。从那时开始，青少年犯罪就不断减少，截至 2002 年，青少年犯罪的总量仅是 20 世纪 80 年代的一半。从犯罪总量上来看，1988 年由 14 岁至 25 岁的犯罪人实施的犯罪数量占到犯罪总

① See e. g. , C. Goring, *The English Convict*, Montclair, New Jersey: Patterson Smith, 1913.

② A. Blumstein & J. Cohen, "Estimation of Individual Crime Rates from Arrest Records", *Journal of Criminal Law and Criminology*, 70 (1979): 561 – 585.

③ M. R. Gottfredson & T. Hirschi, *A General Theory of Crime*, Palo Alto, California: Stanford University Press, 1990, p. 131.

④ Blumstein & Cohen, "Estimation of Individual Crime Rates from Arrest Records", p. 383.

数的 76%，在 2001 年这一比例已经下降到 42%。从 1985 年到 2001 年，未成年犯罪人占所有犯罪人总数的比例已经由 24% 减半，下降到 12%。[①] 从这个角度来看，那些忧心于青少年犯罪和中国转型的言论在很大程度上仅仅是道德恐慌的结果。在道德恐慌与犯罪数量激增这两种理论中，究竟哪种反映的是中国的真实情况呢？为了回答这一问题，笔者需要以更加批判的态度重新审视中国的犯罪率。

一、犯罪黑数：中国犯罪现象中隐藏的数据

犯罪黑数是指那些未能体现在统计数据内、但实际发生的犯罪案件数量。正如每一位犯罪学家所知的那样，犯罪统计数据并不能全面反映客观真实。造成这种现象的原因在于，有关犯罪案件的统计数据大多来自于警察机关和法院，而这些数据在记录方式上很有可能受到一些政治因素的影响。换言之，"犯罪问题"在一定程度上是社会因素及政治因素共同构建的一个概念。官方统计数据不仅无法容纳犯罪现象的整个画面，其所呈现的部分也是带有体系性偏见的。[②]在司法系统语境中的"事实"，通常已经对现实发生的情况进行了加工。更进一步讲，这种对数据的处理方式使得我们很难将一国国内的统计数据与其他国家进行比较。与此同时，犯罪黑数存在的另一个原因在于，在案件发生之后，人们并不总会选择报案。中国的犯罪学家们已经意识到了这一点，他们已经试图通过改良研究方法来提高研究成果的可信度。

我们首先来看警察机关提供的数据。国际刑警组织在 20

① 方在庆、王慧：《2001 年的社会治安》，载汝信、陆学艺、李培林主编：《2002 年中国社会形势预测与分析》，社会科学文献出版社 2002 年版，第 22—23 页。

② M. Maguire, "Crime Statistics, Patterns and Trends: Changing Perceptions and Their Implications", in M. Maguire, R. Morgan & R. Reiner eds., *The Oxford Handbook of Criminology*, Oxford, UK: Clarendon Press, 1994, pp. 233–291.

世纪80年代早期的数据显示，中国与西方工业化国家在报案率方面的比例为1∶140。几年之后，中国官方统计数据中的报案率虽然有所上升，但它与西方国家相比，其比例仍然仅仅达到1∶60。①考虑到数据的统计质量，这项比较只能为我们提供一些粗略的信息，即中国的犯罪问题或许并不像通常所描述的那么严重。

图1显示的是中国自1981年以来的犯罪数量。1981年，中国的犯罪数量出现较大增长，20世纪80年代末期，这一上升趋势达到一个高峰，并在21世纪伊始又达到一个前所未有的高度。在过去20年间，中国的犯罪总量几乎翻了四倍，其中一些类型的犯罪案件增长尤为明显。例如，1981年记录在案的抢劫案件数量为2万件左右，到了2001年这一数字已经达到了惊人的35万件，在20年间增长了16倍之多。如果我们以刑罚威慑论的视角来看待这一数据，必然会要求国家采取更为严厉的刑罚手段以打击犯罪行为。事实上，从公安机关到社会媒体，从行政机构到普罗大众，这种观点在中国已经被视为"常识"。国内外媒体时常向公众渲染出这样一种氛围，即中国的犯罪现象已经失控，犯罪率畸高。与此同时，中国也时常被拿来与具有高犯罪率的其他转型社会相类比。自从柏林墙坍塌之后，包括俄罗斯、波兰、匈牙利和爱沙尼亚等在内的许多国家都曾出现犯罪率激增的现象，而这些国家常常被用来与中国相较。目前来看，在这些国家中，一些国家的犯罪率已经恢复稳定，而另一些国家则依然面临着犯罪数量不断上涨的趋势。②中国的犯罪行为是否真如这些国家那样也存在激增的现象？针对这一问题，

---

① B. Bakken, "Crime, Juvenile Delinquency and Deterrence Policy in China", *Australian Journal of Chinese Affairs*, 7（1993）：29–58. See also Blumstein & Cohen, "Estimation of Individual Crime Rates from Arrest Records", p. 380.

② G. Barclay, C. Tavares & A. Siddique, "International Comparisons of Criminal Justice Statistics 1999", *Home Office Statistical Bulletin*, 5（2001）：3.

联合国的统计数据给出了截然相反的结论。

图 1　中国官方统计犯罪率（每 10 万人）（1981 年—2001 年）

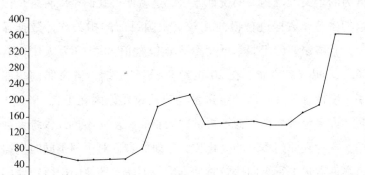

数据来源：中国法律年鉴，1988 年至 2002 年。

中国的犯罪率增长在其起始点上远低于地处东欧的前苏联国家。在 20 世纪 80 年代早期的"犯罪高峰"中，中国的犯罪率仅为每 10 万人中 80 名犯罪分子。这一数字在 1984 年下降至 50 名，而后又在 1991 年反弹至 210 名。在此之后的数年间，中国的犯罪率不断下降，直到 21 世纪之后才又上涨至 350 名。由于重新界定了盗窃罪的入罪门槛，中国的犯罪率在 1997 年达到了每 10 万人中有约 131.5 名犯罪分子。[①] 根据联合国针对 68 个国家的犯罪率的统计数据，那些将中国描绘成高犯罪率的观点近乎危言耸听。事实上，中国的犯罪率远低于世界其他国家（参见表 1）。尽管自 1997 年之后，中国的犯罪率不断上升，并在几年后达到一个高峰，这段时期统计数据显示的犯罪率仍然相对较低。然而，尽管这些数据令人吃惊，它们同时也具有迷惑性。

一国的犯罪总量在很大程度上取决于当地盗窃罪的数量。

---

① 《1999 年中国法律年鉴》，中国法律年鉴社 1999 年版，第 1029、1034 页。

事实上，在各个国家，盗窃罪始终占到全部犯罪数量的大部分。然而，目前在国际范围内，尚没有一个普遍通行的对盗窃行为的定义以及相关的统计方法，这就使得我们难以将各个国家的盗窃罪数据进行横向比较。中国目前的相关统计数据显示，其盗窃罪的犯罪率低得令人难以置信，每10万人中仅有86.2人犯有盗窃罪。在20世纪90年代中期，盗窃罪的犯罪率一度持续下降，而产生这种趋势的重要原因在于自1992年起，许多轻微盗窃行为不再被视为犯罪，从而不再计入统计数据。这种入罪门槛上的变化加大了研究者们对中国不同时期盗窃案件数量进行纵向比较时的难度。因此，即便中国盗窃罪的犯罪率居于世界较低水平，这一数据的统计学意义并不大。统计差异在"重大盗窃"这一概念上反映得尤为明显：在中国，重大盗窃行为占到全部盗窃案件的44%，而类似行为在加拿大和芬兰的比例仅为0.3%，在比利时却又高达97.3%。很明显，数据上的差异是由于统计方式的不同而造成的。

表1　中国的犯罪率和联合国犯罪趋势调查（1995年—1997年）

	中国	中国的排位	中值	平均值
犯罪总量	131.5	67（总67个国家）	2161	3569
盗窃	86.2	56（总62个国家）	633	1030
重大盗窃	36.6	22（总33个国家）	87	350
抢劫	11.5	53（总68个国家）	46	276
故意伤害	5.6	57（总59个国家）	99	222
强奸	3.3	47.5（总66个国家）	6	14
杀人	2.1	37（总64个国家）	2.7	6.8

数据来源：第六次联合国犯罪趋势和刑事司法运作情况调查报告草案，1995年至1997年。

中国的暴力犯罪似乎同样呈现出不断增长的趋势。如图2所示，自1997年起，中国抢劫罪的报案率出现井喷现象。官方统计数据表明，故意伤害案件同样增长较快，与之相比，杀人案件则只有轻微增幅，而强奸案件保持不变或有所减少。就抢劫罪而言，尽管在 1997 年这类案件数量尚未达到顶峰，但其快速增长的趋势在当时已初露端倪。1997 年中国抢劫罪的犯罪率为每 10 万人中有 11.5 名犯罪人，仍然处于联合国统计数据中的最低水平。如果我们单纯比较数值，则当年在世界范围内，抢劫罪犯罪率的中间值是 46 人，而在当年联合国选取的调查样本中，平均每 10 万人中就有 276 人犯有抢劫罪。众所周知，杀人案件更适宜用于进行比较研究，而此类案件在中国较为严重。从数据上看，1981 年中国杀人案件为 9600 件，到 2000 年案件数量已经涨至 2.84 万件。自 20 世纪 80 年代末起，中国的杀人案件犯罪率略有上升。就完成形态的故意杀人罪而言，1990 年的犯罪率为每 10 万人中有 1.9 人，2003 年这一数字仅略微上升至 2.1 人。[①] 相比而言，南非的杀人罪的犯罪率最高，为每 10 万人中 60 人。中国近期出现的犯罪率增长部分由于更为精确的统计方式，但是官方统计数据仍然大致上保持稳定。然而有证据表明，除了定期公布的针对杀人罪的官方统计数据外，公安部还同时留存一份内部数据。公安部的一份出版物中引用了一些"还未正式公布"数据，这些数据涉及 2000 年到 2003 年间的杀人罪的犯罪率。这些文件中显示的数字要比已公布的官方数据高出一倍之多。[②] 其中，2002 年杀人案件数量高达 5.25 万件，刚好是官方公开数据的 2 倍。根据内部数据，当年的杀人罪犯罪率高达每 10 万人中有 4.2 名犯罪人。通过该数据我们可以预估出 2003 年杀人案件大约为 4.85 万件。从这个角度来看，

---

① 《1991 年中国法律年鉴》，中国法律年鉴社 1991 年版，第 942、952 页。另参见《2003 年中国法律年鉴》，中国法律年鉴社 2003 年版，第 1327、1331 页。

② 秦立强主编：《社会稳定的安全阀：中国犯罪预警与社会治安评价》，中国人民公安大学出版社 2004 年版，第 77 页、第 82—83 页。

我们似乎遭遇了数据统计上的"烟雾弹",然而笔者仍然能够通过其他方式获得较为精确的数据。

图2　中国暴力犯罪数量（1988年—2001年）

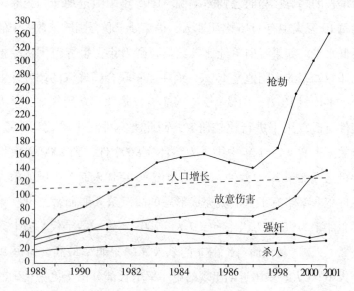

注：案件数以"千"为单位，人口以"千万"为单位

数据来源：中国法律年鉴，1989年至2002年。

二、研究中国犯罪率的其他途径

由于各国在定义犯罪时存在差异，犯罪学家们试图寻找其他途径来弥补官方统计数据的不足，或对其准确性进行检验。目前来看，研究者们仍然难以对中国犯罪数量中的黑数部分进行精确评估。但是与其依赖于警察机关提供的模糊数据，笔者选择通过加害人和被害人方面的数据来获得更为准确的犯罪数据。目前已经有两类研究采用了这一思路，一类是国际自我犯罪汇报调查，另一类是被害人调查。第一类调查的研究对象是一年期内公民个人的犯罪和违法行为的数量，这些行为无论是否被警方知晓，均会被纳入调查范围之内。自我犯罪汇报研究的着眼点在犯罪人。1987 年曾有一项调查采用了这一方法，并对中国上海、日本和美国的有关个人犯罪报告的庞大数据进行了比较。研究结果表明，与日本相比，美国的社会越轨行为更为普遍；同时，在中国，报告自己实施了犯罪行为的青少年数量要远低于日本。在有关盗窃案件的数据统计中，有 20.7% 的美国受访者报告他们曾经实施了一定程度的盗窃行为，而在日本和中国仅有 6.6% 和 0.9% 的受访者承认他们在过去的 12 个月中作出过相同的行为。[①]一些国际调查研究显示，当面对"你是否曾经实施过某种犯罪行为"的问题时，有 80% 至 90% 的受访者选择了"有"。如果将这个问题的时间段设定为"过去一年"，则作出肯定回答的受访者比例会下降到 50% 至 80% 之间。[②]近期一项针对上海地区违法行为的自我汇报研究显示，只有 29% 的青少年承认在过去一年中曾实施某种违法行为。在澳大利亚的布里斯班，这一数据为 65%。[③]尽管该调查显示出，当时上海地区的犯罪数量要高于 1987 年，但从总量上来看，这一地区通过自我汇报得出的犯罪数量仍处于世界低位。

另一项影响力更大的研究是国际犯罪被害人调查（International Crime Victims Survey, ICVS）。从 20 世纪 80 年代末开始，ICVS 已经在国际范围内被视为犯罪监测和进行相关比较研究的有效方法。这项调查成功避免了警方统计方式、犯罪定

---

① 邬庆祥：《日本、美国和我国上海地区青少年罪错原因的比较分析》，载《中国青少年犯罪研究年鉴》（1987·首卷），春秋出版社 1987 年版，第 540—544 页。

② G. Newman ed. , *United Nations Global Report on Crime and Justice*, Oxford, UK: Oxford University Press, 1999, p. 16.

③ Wei Zhigang, *A Comparative Study of Juvenile Delinquency and Juvenile Justice in Shanghai, China and Brisbane, Australia*, Doctoral dissertation, Griffith University, Brisbane, 2002, p. 117.

义和实践操作所造成的研究障碍。①在确定研究地区之后，
ICVS 会选取具有代表性的调查样本，其统计出的犯罪率普遍
高于被调查地区的官方数据。②该研究发现，相比于世界其他
地区，包括中国在内的亚洲国家无论在受害率还是在自我犯罪
报告率上均普遍较低。根据 ICVS 的统计数据，在这些地区，
只有约 1/5 的暴力案件会引起警方的关注。③中国自 1993 年起
同意参与 ICVS，并于次年 5 月接受了这项调查。④ 尽管北京的
四个城区和一个郊区难以代表整个中国，但是 ICVS 具有标准
化的随机抽样程序，并对 2000 名居民进行了大规模访谈，这
些使该调查得以提供一份比警方数据更为精确的统计结果。然
而该调查也有一个缺陷，即它依赖于官方的户口统计。在北京
居住有约数百万的流动人口，由于这些人大多没有当地户口，
使得 ICVS 在进行样本选取时无法将他们涵盖其中。然而人类
学和犯罪学的研究证据表明，这类人群恰恰更容易成为犯罪行
为所侵害的对象，⑤这种统计样本上的缺陷使得 ICVS 调查结果
的可信度被削弱。截至 20 世纪 80 年代末，流动人口已经占到
北京市总人口的 1/5，而在 ICVS 进行调查的 1994 年，这一比

---

①　L. I. Shelley, *Crime and Modernization: The Impact of Industrialization and Urbanization on Crime*, Carbondale, Illinois, USA: Southern Illinois University Press, 1982.

②　G. Newman ed. , *United Nations Global Report on Crime and Justice*, p. xiv.

③　Ibid. , p. 26, 42.

④　U. Zvekic & A. Alvazzi Del Frate eds. , *Criminal Victimization in the Developing World*, United Nations Interregional Crime and Justice Research Institute, Report no. 55, Rome, Italy: United Nations Interregional Crime and Justice Research Institute (UNCRI), 1995.

⑤　麻国安:《中国的流动人口与犯罪》，中国方正出版社 2000 年版; see also Shukai Zhao, "Criminality and The Policing of Migrant Workers" (transl. Andrew Kipnis), *China Journal*, 1 (2000): 101 - 110; Zhang Li, *Strangers in the City: Reconfigurations of Space, Power, and Social Networks within China's Floating Population*, Palo Alto, CA: Stanford University Press, 2001。

例甚至更高。①

ICVS 的调查研究显示，北京的受访者中有 12.6% 承认在过去一年中曾经历过该调查中所列举的某种犯罪的侵害。② 尽管这一数据远高于中国官方的统计，但它仍然证明中国的犯罪率低于国际平均水平。以北京为代表的中国在所有接受调查的发展中国家中受害率最低，同时中国的受害率也低于任何接受调查的工业化国家，唯一的一个例外是自行车盗窃（这一类别后来从中国盗窃罪的官方统计数据中被剔除了）。在所有的犯罪类别中，北京的受害率几乎低于任何接受 ICVS 调查的地区。北京城区的受害率要高于郊区。如果提高样本总量中郊区居民的比例，那么北京市总体受害率会更低。需要再次说明的是，由于未能涉及流动人口，此次调查结果具有重大缺陷。除了相比官方统计而言更加精确以外，此次 ICVS 调查仍然存在较大偏差。

尽管存在一些偏差，ICVS 此次调查仍然揭示了一些有趣的现象。比如，在一年之内仅有 0.5% 的北京受访者曾遭遇抢劫之类的犯罪。这一数字是所有发展中国家的最低值，即便将发达国家计算在内，该数字仍然偏低。由此可以证明在中国，抢劫罪的犯罪率较低是一个事实，即便抢劫罪在中国官方统计数据中曾出现犯罪高峰，与世界其他地区相比，中国该类犯罪的数量仍然相对较低。

ICVS 还对过去一年中的性侵害案件进行了统计。③ 报告表明北京受访者中遭受此类犯罪侵害的比例为 2.4%。尽管比例较低，但需要注意的是在性犯罪中约仅有 1/10 的案件会被报

---

① Cheng Li, "Surplus Rural Labourers and Internal Migration in China", in B. Bakken ed., *Migration in China*, Copenhagen, Denmark: Nordic Institute of Asian Studies (NIAS) Press, 1998, p. 48.

② G. Newman ed., *United Nations Global Report on Crime and Justice*, p. 79.

③ Ibid., p. 19, 41, 73.

告给警方。由此可以推测，尽管许多侵害行为已经构成犯罪，多数北京市女性居民仍然不愿在受到性侵害时向警方报案。在这一类案件的犯罪率中，只有雅加达和开罗的数据低于北京。考虑到不愿报案的情况以及对流动人口的忽视，这一数字背后可能隐藏着大量的未报案的性侵害案件。尽管调查结果与警方公布的报告基本一致，但 ICVS 报告显示，受到此类犯罪行为侵害并且向警方报案的人并不愿意对警方的工作作出积极评价。这项调查结果与警方公布的结论相符，但是这也表明在现实生活中，遭受犯罪行为侵害的人们似乎对警方的介入持消极态度。尽管有关中国加害人和受害人的调查存在诸多缺陷，我们仍然能够从中得出中国犯罪率较低的结论，而这一结论与官方统计数据呈现的结果一致。

三、中国官方公布的犯罪率中的社会结构

从以上的分析可以看出，尽管一些观察家认为中国犯罪数量急剧增长，但与其他国家和地区相比，中国实际上尚未出现犯罪率畸高的情况。中国的犯罪数量在过去 20 年中的确增长较快，但是基于之前的分析，近期出现的犯罪峰值着实令人费解。这种增长似乎并非是街头犯罪增多所致，它更像是统计方法改良和警方执法能力增强的结果。①

犯罪学家们已经意识到，以警方所掌握的案件情况来推测犯罪现象的实际情况是存在问题的。与侦查人员和犯罪受害人所知的案件数量相比，官方公布的犯罪统计数据仅仅呈现出冰山一角。无论在中国还是世界其他地区，绝大多数的案件最后

---

① 方在庆、王慧：《2001 年的社会治安》，载汝信、陆学艺、李培林主编：《2002 年中国社会形势预测与分析》，社会科学文献出版社 2002 年版，第 221 页。

都未能报案。[①] 1997 年进行的一项关于中国当前问题的全国性研究显示，在所有已知的案件中，有 80% 的案件报告给了警方，而在全部报案案件中，仅有 30% 的案件最终被警方记录在案。换言之，相对于已知的案件量，官方统计的数据只占到其中的 24%，而即便在这 24% 中也只有 37% 的案件最终得以告破。[②]

中国的犯罪数据统计方法已经发生了较大改进。在研究过程中，中国学者们引入了一个名为"精确度"的统计概念，并试图以这一概念为基础对官方统计数据加以修正。通过使用新的统计方法，学者们为 1989 年的犯罪峰值提供了有力解释。根据该方法，1988 年时犯罪统计数据的精确度仅为 29%，到了 1990 年这一数值已经提升至约 59%。这种转变在图 1 中有所体现。[③] 与此同时，许多国际统计数据中涉及的罪名并未出现在中国的犯罪数量统计中。[④] 1989 年的犯罪量激增很可能是警力加强和精确统计共同作用的结果，而自 1991 年以来的犯罪数量下降则是由于中国在 1992 年重新定义了犯罪的概念并删除了部分罪名。

有一个因素对于进一步了解犯罪率至关重要。在 20 世纪 90 年代初期，中国将警察工作"商业化"，出现了"合约警务"（Contract Policing）的概念。这意味着公安干警在"严打"运动中的成绩会与其薪金直接挂钩。为了理解第二轮犯罪高潮，笔者需要对案件侦破率进行进一步研究。犯罪学家们通常将"警

---

① M. Maguire, "Crime Statistics, Patterns and Trends: Changing Perceptions and Their Implications".

② 戴宜生：《治安策论》，重庆出版社 1994 年版。

③ Ibid., p. 5.

④ Wei Zhigang, *A Comparative Study of Juvenile Delinquency and Juvenile Justice in Shanghai, China and Brisbane, Australia*, p. 21.

察不作为"视为报案率低的主要原因之一。①然而在中国，公安机关却表现得相当活跃，他们目标明确，期望通过压缩犯罪案件总量以及宣扬破案技巧来"优化"犯罪统计数据。在这一背景下，"严打"运动很快转变成一场公安机关避免自己被追责的运动。当警察的待遇与其破案率挂钩时，他们理性的做法是通过降低报案量来达到收入最大化的效果。这种理性计算的后果是，警方获知的或"真实存在的"犯罪数量与记录在案的数据相去甚远。在"严打"运动期间，警察更倾向于接手那些易于侦破的简单案件。而一旦警察无法完成被分派的任务，则有可能面临减薪甚至处罚等后果。这种制度设计的结果就是警察会以收入为出发点来安排其警务活动，这是"合约警务"和"薪金激励"机制下难以避免的后果，同时这也意味着一种"数据腐败"。倡导改革的公安干警们已经对这种机制提出抗议。他们认为这种制度安排将损及警察队伍的专业化程度，降低国家准确搜集社会秩序方面相关数据的能力，并将因此阻碍国家对刑事政策的执行情况作出准确判断。

以强奸案件为例。强奸罪在中国的报案率相对降低，这种现象很有可能是因为强奸案件较难侦破，从而使得警察不愿意接手。有关这一问题的一个典型案例是中国妇女联合会旗下《中国妇女报》报道的"小丽案"。该报道力图通过这个案件暴露出中国流动人口中的女性权益保护问题。"小丽"（化名）是一名外地移民，她遭到了雇主的强奸，然而在她向警方报告这一案件后，警方却未予立案。②

①　M. Findlay, *The Globalization of Crime*, Cambridge, UK: University Press, 2000, p. 144.

②　参见《中国妇女报》，"在 2001 年 11 月和 12 月的两个月间，这份报纸对这一案件进行了多方位报道"，载 http://www.china-woman.com/fhqy.htm。请特别留意该报纸在星期四的"妇女权益"专栏中的报道，载 http://www.china-women.com.gb/2001，最后访问日期：2002 年 2 月 20 日。

　　"严打"运动通常有三项数据层面的目标：减少犯罪案件总量，提高逮捕率，以及提升官方公布的破案率。为实现这些目标，警方更倾向于接手那些容易抓捕到犯罪嫌疑人的案件。各地公安机关有时会以新的罪名反复逮捕过去的罪犯，或者将目标集中在轻微刑事案件而非重大案件上，这样做的目的都是为了提升逮捕率。犯罪率似乎与破案率紧密相连。事实上，如图3所示，后者对于前者有直接影响。犯罪率与破案率形成联动机制，高犯罪率意味着低破案率，反之亦然。

图 3　破案率（在全部已报案案件中的百分比）

和每 10 万人中的案件量（1981 年—2001 年）

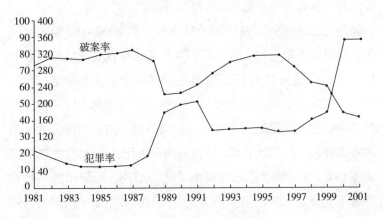

部分数据来源：中国法律年鉴，1988 年至 2000 年。

　　犯罪率上的波动并不能准确反映犯罪的实际情况，它们更多的是各种激励机制作用下的结果。在 20 世纪 80 年代，破案率持续增长，并于 1987 年达到了 81.3% 的高位。从 1989 年起这一数字开始快速下降，同样的情形在 1997 年及之后的几年中也出现了。2001 年，中国刑事案件的破案率降至最低值，在所有已立案的案件中，仅有42.9%的案件最终得以侦破。① 在一定程度上，犯罪数量的上升确实会导致破案率的下降。然而报案率与破案率之间的关系并非是独立的犯罪数量与其因变量（破案率）之间的关系。破案率直接并独立地影响报案率的公布数值，而官方公布的破案率与警察实际的侦破案件的能力关联甚微。收入激励机制的迷惑性作用越来越明显，最终，在20世纪90年代一场针对警察腐败的运动中，这一机制被废除。有犯罪学证据表明，将犯罪率与破案率挂钩有可能导致腐败。针对中国香港特别行政区的研究结果显示，在警察腐败得到有效抑制的情况下，该地区的报案率会上升，而羁押率则会有所下降。由此看来，中国在20世纪90年代快速上涨的犯罪率更可能意味着较少的警察腐败而并非犯罪案件总量的增加。②

换言之，尽管官方公布的数据显示在2000年，中国出现了犯罪率的大幅上涨，并不能因此推断出中国实际的犯罪数量增多了。在过去25年间，中国犯罪率的增长较为稳定，期间并未出现太大波动。毫无疑问，中国与世界其他地区一样，其现实中的犯罪总量远高于官方公布的数据。然而即便将这一因素考虑在内，中国的犯罪率仍然处于国际低位。自我犯罪汇报调查和ICVS的调查结果都证明了这一结论。尽管中国内外存在着不同声音，但中国并未面临着严峻的高犯罪率问题。当然这并不意味着中国目前的犯罪问题无关痛痒。从之前的分析可以看出，尽管与官方公布的数据相比，笔者目前持有的研究数据可能更为可信，但是后者仍然未能将更容易成为犯罪被害人的流动人口考虑在内。

考虑到中国庞大的人口基数，中国犯罪数量的相对增长仍

---

① 《2001年全国公安机关立案的刑事案件分类统计表》，载《公安研究》2002年第6期。

② J. Vagg, "Policing Hong Kong", *Policing and Society*, 3 (1991): 235–247.

较为显著。尽管在未来中国可能将会面临犯罪数量激增的问题，然而就目前的情况来看，我们很难将当前的严刑政策与刑罚威慑论者所持的犯罪率畸高的言论联系起来。中国相对较低的犯罪率既无法解释包括广泛适用死刑在内的严刑政策，也无法为其提供正当化依据。许多中国人误以为高犯罪率是中国采用严刑峻法的理由，并认为中国共产党早期在马克思主义理论指导下采用的轻缓刑罚不切实际。然而，我们即便忽视威慑理论自身固有的缺陷，目前也无法找出充足证据以证明中国存在高犯罪率，而将高犯罪率进一步视为严刑正当化的理由就更站不住脚了。

四、中国的严刑体制

彼得·斯皮伦伯格（Pieter Spierenburg）曾认为，中世纪欧洲通过引入民族国家的概念，缓和了社会中针对犯罪行为的激烈情绪，并由此降低了对残酷刑罚和暴力（控制手段）的使用。在过去几个世纪中，欧洲社会对于血祭和暴力的认可度不断降低，与此同时，社会对于苦难的敏感度则不断上升。[1]这种敏感度也扩展至对暴力（控制手段）和（残酷）刑罚的使用上。通过剥夺民众的复仇权利，民族国家使暴力的使用不断文明化，并逐渐将复仇纳入到法律条文的规制之下。大量针对中世纪及现代化早期的欧洲犯罪、暴力、刑罚问题的实证研究已经证实了这一进程。[2]公众敏感度的转变与其对现代化进程的普遍感知密切相关，但是斯氏提醒我们不能对这一进程进行机械的理解。毕竟，（作为欧洲国家的）法国也直到 20 世

---

[1] P. Spierenburg, *The Spectacle of Suffering: Executions and the Evolution of Repression: From a Preindustrial Metropolis to the European Experience*, Cambridge, UK: Cambridge University Press, 1984.

[2] E. A. Johnson & E. H. Monkkonen, *The Civilization of Crime*, Urbana, IL: University of Illinois Press, 1996.

纪才废除了公开斩首。有观点将现代化进程中的社会敏感性转变看作是清晰的线性发展，但是斯氏并不赞同这一观点，他认为转变的过程伴随着持续性的冲突。中国的历史背景也许与欧洲社会不同，但我们仍然可以在其中找到与西方历史进程中相类似的冲突。

中国皇权时期存在着野蛮的刑罚，其中以凌迟尤甚。尽管自秦朝起中国已经形成了由不同行刑方式组成的死刑体系，但在当时，酷刑的实际使用率并不如想象中那么高。[1]在酷刑之外，中国古代的刑罚体系中还广泛存在着宽缓与灵活的特性，信奉儒家的统治者时常表现出"仁慈"的一面。与同时期的欧洲国家相比，中国皇权传统下的刑罚未必更加残酷。当前已经有研究结果表明，相对于传统中国，同时期欧洲对于极刑和酷刑的适用更为频繁。[2]从这个角度来看，儒家传统道德观念似乎发挥了刑罚文明化的作用，它所倡导的理念与法律人道主义的观念相类似，与严刑峻法的思想则是南辕北辙。然而儒家思想受到了中国古代其他学派的强烈冲击，其中之一就是法家思想，法家以严刑峻法为其思想核心。可以看出，中国的严刑措施确有历史延续性，但是这种延续性并不能完全解释中国今天的严刑政策。

也许与中国目前的情况存在矛盾的是，马克思主义亦表现出人道主义倾向，而中国的共产主义者曾将死刑视为严酷刑罚并主张逐步废除。在 1956 年的第八次中国共产党全国代表大会上，时任总理刘少奇代表中国共产党向大会做了报告，在报

---

① D. Bodde & C. Morris, *Law in Imperial China*, Cambridge, MA: Harvard University Press, 1967, pp. 141 – 142.

② J. Bourgon, "Chinese Executions: Visualising Their Differences with European Supplices", *European Journal of East Asian Studies*, 1 (2003): 153 – 184.

告中他主张在未来废除死刑。[1]自 1950 年以来的中国法学教科书也表达出逐步废除死刑的倾向，并强调在现阶段死刑只能适用于极少数案件。思想改造和行为矫正被视为更有效的对抗犯罪的手段。尽管中国马克思主义者并不倾向于适用死刑，这一刑罚却始终被视为是"当前发展阶段"的必需品，又或者是"乱世用重典"的体现。

毛泽东坚决反对剥夺人民群众的暴力，即反对国家垄断暴力的使用权。他将死刑视为抗击反革命分子的工具。但是毛泽东也认为，死刑的适用必须要慎重，并且只能将其应用于打击"罪大恶极的地方恶霸和恶势力"。[2] 即便如此，毛泽东认为人民有权报复其压迫者，并认为死刑的执行有助于平息民众的报复情绪。对于那种认为农民运动超出限度的观点，毛泽东持否定观点。他支持农民反抗地主的压迫，并认为在农村地区制造一段时期的恐怖是反抗地主阶级的必要措施。[3]在之后对抗反革命势力的斗争中，毛泽东反复强调通过对罪大恶极的反革命分子执行死刑来平息民愤。[4]"文化大革命"本身也可被视为是对人民暴力的使用。毛泽东思想中以死刑平息民愤的观点似乎仍存在于中国法律思想之中。一份有关中国农村地区"土溜子"的报告总结道，"他们其中一些罪大恶极的人应该被处

---

① Shaoqi Liu, "Political Report at the Eighth National Congress of the Communist Party of China", in *Selected Works of Liu Shaoqi*, 2, Beijing, China: Foreign Languages Press, 1956/1991, p. 243. See also Shaochuan Leng, *Justice in Communist China: A Survey of the Judicial System of the Chinese People's Republic*, Dobbs Ferry, NY: Oceana, 1967, pp. 50 – 51, p. 167.

② Zedong Mao, "Report on An Investigation of the Peasant Movement in Hunan", in *Selected Works of Mao Zedong*, 1, Beijing, China: Foreign Languages Press, 1927/1967, p. 38.

③ Ibid., p. 29.

④ Zedong Mao, "Strike Surely, Accurately and Relentlessly in Suppressing Counter – Revolutionaries", in *Selected Works of Mao Zedong*, 5, Beijing, China: Foreign Languages Press, 1951/1977, p. 56.

决以平息民愤"。^①这种思想延续至今，其表现就是对严刑和死刑的支持。

邓小平在 1978 年成为中国新一代领导人之后，曾有机会扭转这种局面。然而实际情况并非如此。在 1976 年毛泽东去世后，邓小平并未降低中国刑罚体系的严苛性，与之相反，中国对于死刑的使用在持续增长。自 1978 年的经济和法律领域改革开始，8 年之内死刑的执行数量大致翻了 3 倍。^② 从 20 世纪 50 年代中期到 60 年代中期，中国死刑的执行数量远低于邓小平时期。邓小平关于严刑的预防效应的依赖，不仅区别于中国早期马克思主义者，同时也与当今世界知名学者安德鲁·阿什沃斯（Andrew Ashworth）的犯罪学观点相左。阿氏认为："如果刑事政策期待通过刑罚来实现预防效果，那么政策本身似乎看错了方向。"^③事实上，中国学者们现在也已经承认"无法证明（死刑在预防犯罪方面的）有效性"。^④ 自从 20 世纪 70 年代改革伊始，严厉或者严刑以及"严打"就成为了中国刑罚适用的教义。^⑤ 严刑本身成为刑事政策的核心观点，而邓小平则成为这一政策的主导者。

邓小平自 20 世纪 70 年代后期就开始将严刑视为中国法制改革的基本方略。他不断强调死刑的重要性，并将死刑的

① 许谦生：《河北荆州地区农村"土溜子"犯罪调查》，载《1987 年中国青少年犯罪年鉴》，春秋出版社 1988 年版，第 157 页。

② A. Scobell，"The Death Penalty in Post - Mao China"，*China Quarterly*，9（1990）：503 - 520.

③ A. Ashworth，*Sentencing and Criminal Justice*（3rd ed.），London：Butterworths，2000，p. 25.

④ "China Law Experts Advise Less Use of Death Penalty"，*Reuters News*，10 August 2004，Factiva doc. no. LBA0000020040810e08aOO5hg.

⑤ S. Trevaskes，*Courts and Criminal Justice in Contemporary China*，Lanham：Rowman and Littlefield，2007.

执行视为进行群众教育时不可或缺的手段。①在经历了"文化大革命"持续数年的法律空白和滥用私刑之后，邓小平并未倡导死刑的轻缓适用。与之相反，他认为重新建立起来的法院体系对犯罪分子过于手软。他直接要求加强对死刑的适用，并将其范围扩展至盗窃、腐败、累犯以及其他不曾适用死刑的犯罪。邓小平还主张将死刑适用于那些组织、利用会道门、邪教组织以及利用迷信实施犯罪行为的犯罪分子。②在今天，中国有将近70种罪名可以被判处死刑，而在实践中这个数字可能更大。

我们很难将邓小平加强死刑适用的行为归因于青少年犯罪所引发的道德恐慌，因为对邓小平而言，问题的关键在于如何长期对抗经济犯罪和腐败行为等不正之风。邓小平将经济类犯罪视为对现代化进程及执政党权力的挑战。他主张采用从重、从快、从严的打击犯罪的措施，并且要求对犯罪人使用严刑峻法。与此同时，邓小平也不断对党内同志强调对待犯罪分子不能纸上谈兵。③

在过去20年中，尽管大多数被处决的罪犯确实犯有重罪，但是其中也有一部分人是因为偷车、盗墓、抢包、小额盗窃等轻微犯罪而被处决。在一起案件中，被告人甚至因为摸女性臀部而被判处死刑。这一现象在累犯中尤为明显，即便他们犯的是轻罪，许多人最后也被执行了死刑。尽管目前

---

① Zhou Daonan, Sun Changli, Zhang Sihan, "Yi Fa Cong Zhongkuai Dachu Yanzhong de Xingshi Fanzui"，载《人民日报》1981年6月25日。（因未查到此中文文献，此处保留原文注释。——译者注）

② X. Deng, "Speech Given at the Meeting of a Standing Committee of the Political Bureau of the Central Committee, 17 January 1986", in *Fundamental Issues in Present - day*, *China* Beijing: Foreign Languages Press, 1987, p. 137.

③ Xiaoping Deng, "Combat Economic Crime, Speech Held on April 10, 1982", in *Selected Works of Deng Xiaoping 1975 - 1982*, Beijing: Foreign Languages Press, 1984, p. 381.

已经有规制死刑执行的新的法律框架，邓小平采取的实践策略仍在许多方面保留了"文革"时期的严刑特征。对于毛泽东时期与邓小平时期在法律观念上的差异，我们或许可以通过"广场化"和"剧场化"这两个词加以概括，前者用于形容毛泽东时期在公共广场审理案件或进行宣判，后者则用于描述邓小平时期采取的法庭审判的戏剧性特征。毛泽东是一位传统的民粹主义者，他主张保留群众的反抗权。邓小平的"现代性"体现在他主张以国家强权来取代群众复仇。从这个角度来看，毛泽东和邓小平的理念并不完全一致。但不论在哪个时期，严刑思想既体现于毛泽东的公共广场上，也保留在了邓小平的法庭中。

邓小平时期的犯罪"严打"运动的显著特征在于强调威慑力与严刑峻法。这种特征映射出的是那种认为社会主义能够彻底消灭犯罪的传统信条。在邓小平时期，常见的一种观点是"只有严刑峻法才能消灭犯罪"。旧时期将罪犯游街示众的做法现在仍然存在，公审公判亦不罕见。通过这些活动，政府的目标不仅仅在于宣示自己的权力，同时也在于在节庆期间为公众维护社会安宁。这就是所谓的"杀鸡儆猴"，其本质是假设这种行为可以成功威慑到潜在的犯罪人。

通过将猴子作为实验对象，犯罪学研究已经证明这种威慑的作用并不会持久，"杀鸡儆猴"的有效期并不长久。[1]即便如此，中国政府仍然将死刑视为遏制犯罪增长的有效手段。这一现象产生的原因可能在于，处于转型期的社会对于道德

---

[1] D. P. Phillips, "The Deterrent Effect of Capital Punishment: New Evidence on an Old Controversy", *American Journal of Sociology*, 86（1980）：139 - 148；W. C. Bailey & R. D. Peterson, "Murder and Capital Punishment: A Monthly Time - Series Analysis of Execution Publicity", *American Sociological Review*, 5（1989）：722 - 743；S. Stack, "Publicized Execution and Homicide 1950 - 1980", *American Sociological Review*, 52（1987）：532 - 540.

恐慌引发犯罪行为存在恐惧，而道德恐慌正是培育"刑罚民粹主义"必要条件之一。正如在许多西方国家所看到的那样，倡导刑罚民粹主义可能有利于在政治上占领制高点，但是这种思想对于强化刑罚效用而言却并无助益。[①] 在中国，社会对于"严打"运动的热衷使得政府试图以此在转型时期的动荡环境中寻求民众的支持。政府通过"严打"向民众证明它在努力消除经济改革过程中所产生的负面效应。然而事实证明，"严打"运动并不能真正减少犯罪，这种以扩大刑罚网来遏制犯罪的做法，其实际效果值得质疑。

在当今中国，刑罚民粹主义根基深厚，群众基础广泛。公安部曾在15，000名群众中进行调查，其结果显示：大多数受访者认为当前国家打击犯罪的力度比较合适或略显不足；有近60%的受访者认为当前立法过于宽缓；只有2%的受访者认为现行法律过于严苛。[②]需要指出的是，大多数社会中都存在着要求严刑的民众呼声。[③]然而这种态度并不一定意味着一种无可转圜的"民众意愿"，事实上它很容易发生转变。

ICVS的调查曾涉及多国针对刑罚的态度，这项调查再次印证了中国的重刑观念。在此项调查中，受访者被要求就一个案件发表意见。在该案中，一名21岁的男子盗窃了一台彩色电视机，之前他已经实施过一次类似犯罪行为。针对这位犯罪嫌疑人，ICVS给出的刑罚选项包括有期徒刑、社区服务、缓刑、罚金刑及其他。除美国以外，其他工业化国家的民众均更倾向于社区服务。发展中国家的受访者则倾向于有期徒刑。在

---

① J. V. Roberts et al., *Penal Populism and Public Opinion：Lessons from Five Countries*, Oxford：Oxford University Press, 2003.

② 中华人民共和国公安部主编：《您感觉安全吗?》，北京：群众出版社1992年版。

③ J. V. Roberts et al., *Penal Populism and Public Opinion：Lessons from Five Countries.*

58 个受访国家中，中国是选择刑种最重的国家，约 84% 的中国受访者支持有期徒刑。乌干达与津巴布韦分列第二位、第三位，其受访者对有期徒刑的支持率分别为 80% 和 79%。西班牙只有 7% 的受访者支持有期徒刑，然而这一比例在美国高达 56%。当支持有期徒刑的受访者被问及具体刑期时，坦桑尼亚是其中刑罚最重的国家，其民众支持的平均刑期是 87 个月；博茨瓦纳列第二位，平均刑期是 75 个月；柬埔寨以 61 个月的平均刑期位列第三；中国列第四，平均刑期是 51 个月。只有 2% 的中国民众支持罚金刑，另有 4% 支持其他刑罚，而"其他"中包括死刑。针对中国民众的调查显示，相对于女性，男性的重刑倾向略轻。①

　　一个奇特的现象是，公安机关内部对于"严打"运动并不是十分热衷。对于这种将打击犯罪的特殊策略转换为常用的、全国性政策的做法，许多警察予以谴责。持续性的"严打"运动已经使公安干警们疲于奔命。这种将"严打"运动常规化的做法还使得犯罪人掌握了警方打击犯罪活动的规律，并据此变更自己的作案行为。许多人认为这些"严打"运动对警察职业有害而无益。"严打"运动本身并不能减少犯罪，与之相反，它们使得犯罪人更加残暴，从而将会进一步提升警察执行任务的危险性。自中华人民共和国成立以来，公安干警的遇害人数不断上升，从中体现出的是犯罪行为残酷程度的不断升级。在 1949 年到 1980 年的 31 年间，官方统计显示共有 1026 名警察遇害。在 1981 年到 1998 年的 17 年间，这一数字上升到 4800 名。如果我们沿着这一路径继续观察，则会发现

---

①　P. Mayhew & J. van Kesteren, "Cross National Attitudes to Punishment", in J. Roberts & M. Hough eds., *Changing Public Views of Punishment*, Cullompton: Willan Publishing, 2003.

在这之后的 20 年间约有 6500 名警察在执行公务期间被杀害。①
仅 2001 年一年就有 443 名警察在执行公务时被杀，这一高死
亡率反映出暴力犯罪的犯罪率在不断上升。②犯罪学家们早已
指出死刑与犯罪行为残酷化之间存在联系。针对"严打"运
动中滥用死刑这一现象的谴责逐渐获得了中国法律界的支持。
越来越多的法律人认为加重刑罚既没有效果又不科学，许多中
国学者也注意到了国际研究中显示出的犯罪行为残酷化的现
象。③跨国研究已经为死刑导致犯罪行为残酷化这一论点提供
了证据。④中国最近爆发了一些反对警察野蛮执法的事件，警
察队伍的执法措施、态度和方式亟待现代化改革。然而在今
天，仍然有人在羁押期间因为警察的管理活动而死亡。美国的
研究数据表明，在一些致命的警匪对战中，普通民众的死伤率
要高于警察，两者的比例大约在 5∶1。⑤在此方面，中国的数
据不得而知。

许多中国民众对于社会的无序状态（"乱"）存有根深蒂
固的恐惧，因而他们对政府维持法律秩序并严厉打击违法行为
的做法表示高度支持。1995 年中国社会科学院法学所在 5000

---

① S. Feng, "Crime and Crime Control in a Changing China", in J. Liu, L.
Zhang & S. F. Messner eds. , *Crime and Social Control in a Changing China*, Westport：
Greenwood, 2001, p. 125.

② "BBC Monitoring Asia Pacific – Political", 25 January 2002.

③ B. Bakken, *The Exemplary Society：Human Improvement, Social Control, and the
Dangers of Modernity*; W. J. Bowers & G. Pierce, "Deterrence or Brutalization：What is the
Effect of Executions?", *Crime and Delinquency*, 26 (1980)：453 – 484; J. K. Cochran, M.
B. Chamlin & M. Seth, "Deterrence or Brutalization – An Impact Assessment of Oklahoma's
Return to Capital Punishment", *Criminology*, 1 (1994)：107 – 134; "China Law Experts Ad-
vise Less Use of Death Penalty"; J. M. Shepherd, "Deterrence versus Brutalization：Capital
Punishment's Different Impacts among States", *Michigan Law Review*, 2 (2005)：203 – 256.

④ D. Archer & R. Gartner, *Violence and Crime in Cross – National Perspective*,
New Haven：Yale University Press, 1984.

⑤ A. Kobler, "Police Homicide in a Democracy", in R. Lundman ed. , *Police
Behaviour*, New York：Oxford University Press, 1980.

名民众中就死刑态度议题进行了调研，其中体现的民众情绪值得深思。①该调查显示出民众对于死刑的高支持率。在美国严刑存在着广泛的民众基础，②从国际标准来看，美国民众对于死刑的支持率相当高。美国实证研究所（Field Institute）的调查数据显示，美国民众对死刑的支持率高达68%，反对率为26%，另有6%的受访者对此没有看法。③中国的调查数据则显示了更高的支持率。总体来说，仅有不到0.8%的受访者认为应当废除死刑，其余99.2%左右的受访者均表示支持死刑，只是在适用程度上有所差异。在支持保留死刑的受访者中，仅有3%的人认为应当限缩死刑的适用范围，而1/4的死刑支持者认为应当更加频繁的适用死刑。有趣的是，受访者中男性与女性、城市与农村之间的差异并不明显。然而令人惊讶的是，受过高等教育的人似乎更倾向于支持死刑。在所有接受过高等教育的受访者中，有超过30%的人认为应当提高死刑的适用频率。司法机关中的受访者尽管并不倾向于频繁使用死刑，但他们也不支持完全废除死刑。目前看来，军队中的受访者是死刑的最热衷的支持者，其中约43%的人认为应当扩大死刑适用范围。受访者中的富人阶层更支持废除死刑，他们中只有6%的受访者要求扩大死刑适用率。在美国，社会下层的黑人受访者更倾向于废除死刑，他们通常也是这一刑罚所针对的对象。在中国，相对于其他南方边境，云南的少数民族更容易成为毒品犯罪的打击对象，而文化程度较低的人中很多是流浪人员或移民，这两者通常是公安机关的关注对象。许多富人则是

---

① 胡云腾：《存与废：死刑基本理论研究》，中国检察出版社2000年版，第361—346页。

② J. Q. Whitman, *Harsh Justice: Criminal Punishment and the Widening Divide between America and Europe*, Oxford: OUP, 2003.

③ M. Kataoka, "Field Poll: State Support Remains Strong for Death Penalty", *The Press Enterprise*, 5 March 2004, at A01, Factiva doc. no. RVSD000020040306e03500011.

通过灰色交易发家，因此也容易成为打击目标。然而比较反常的是，高知识群体对于死刑的高支持率，在国际社会的调查中他们通常是最不支持死刑的群体。

当今中国知识分子对于死刑的支持，折射出一种将刑罚与国家同政党话语中的秩序与稳定相混同的现象。支持死刑似乎成为了一种精英理念，它似乎能够强化精英阶层的"素质"。这种支持也反映出一种被欧洲称之为"危险阶级"的恐惧。

德国的实证经验表明，民众对于死刑的态度高度依赖于国家自身所采取的措施。①战后德国宪法禁止死刑，随后在1958年到1974年的短短16年间，德国社会对于死刑的支持率就从80%下降到44%。特别值得注意的是，知识分子对于死刑的支持率从1950年的69%下降到1980年的14%。即便是那些在纳粹时期支持死刑的群体也转变了态度，1980年他们对于死刑的支持率已经下降到27%。与战时的情形相反，现在德国社会中的知识分子成为反对死刑的力量。②德国的经验表明，在得知死刑反人道且无效时，民众的观念很容易转向自由主义的刑罚观。

如果中国现在转变态度并宣传死刑的无效性，那么在中国社会也能够看到类似的发展趋势。换言之，德国的经验证明，如果一国政府改变他们目前对死刑的倚重，社会民众特别是精英团体完全能够受到教育从而转变观念。ICVS的调查结果证实了这一观点，该调查的一个重要发现是，民众观点通常反映并支持已有的刑罚传统。③中国作为一个在其他方面有所增益

---

① 经作者同意，此处有删节。——译者注

② K. -H. Reuband, "Sanktionsverlangen im Wandel: Die Einstellung zur Todesstrafe in der Bundesrepublik Deutschland seit 1950" (Changes in Sanctioning: Death Penalty in the Federal Republic of Germany since 1950), *köiner Zeitschrift für Soziologie und Sozialpsychologie*, 32 (1980): 535–558.

③ P. Mayhew & J. van Dijk, *Criminal Victimisation in Eleven Industrialized Countries: Key Findings from the 1996 International Crime Victimisation Surveys.*

并强调精神文明的国家，似乎太过关注之前的道德崩坏，并太过依赖于严刑峻法。尽管中国学者中目前鲜有死刑全面废除论者，但其中已有声音要求限制死刑的适用，并在更广泛的意义上降低刑罚的严苛度。①中国目前又出现了"逐步废除死刑"的声音。②

五、展望中国未来犯罪和刑罚③

随着犯罪数量的不断上升，相对于使用严刑进行镇压，对法制和社会进行改革才能更好地解决当前问题。中国目前传统犯罪行为的发案率仍然较低，因此中国无须对其作出激烈反应。相反，相较于这些传统犯罪行为，中国应当更关注腐败问题和有组织犯罪。然而解决这些问题的关键并不在于严刑峻法。当前的严刑政策不仅使得犯罪行为本身更加野蛮，同时也在总体上使犯罪问题更加严重。中国应当确立一种法治文化，而非严刑文化。当前，中国社会存在着两种值得注意的暗流：其一是社会不平等的加剧，其二是对法治理念的违背。这两者无疑与未来可能发生的犯罪增长紧密相关。公众对于政权的支持通常根源于该政权维持社会秩序的能力，因而当今中国普遍存在着对严刑峻法的支持。因此，中国社会对于犯罪的应对措施很容易就会超出打击犯罪这一目标。犯罪打击手段必须仰仗于政权的合法性，以及该政权在社会急速变革时期维护社会和道德秩序的能力。

---

① 参见胡云腾：《存与废：死刑基本理论研究》，中国检察出版社 2000 年版。另参见陈云生：《反酷刑：当代中国的法治和人权保护》，社会科学文献出版社 2000 年版。

② "China Law Experts Advise Less Use of Death Penalty".

③ 经作者同意，结论处有删节。——译者注

方法论革新

犯罪与控制之冥思：
中美理念比较[*]

曹立群[**]　弗朗西斯·卡伦[***]　文

裴炜　王倩云　孙杨　译

简目

一、理念的分化与重合

（一）中美差异

（二）相似性的来源

（三）研究策略

二、研究方法

（一）样本选取

＊　Liqun Cao and Francis T. Cullen, "Thinking about Crime and Control：A Comparative Study of Chinese and American Ideology", *International Criminal Justice Review*, 11（2001）：58 - 81. 本文的翻译与出版已获得作者及出版社授权。

＊＊　曹立群，1993 年获辛辛那提大学社会学博士学位，现任加拿大安大略理工大学社会人文学院终身教授。研究领域包括比较研究、犯罪学理论、警察执法等。著有 *Major Criminological Theories：Concepts and Measurement*，与周愫娴合著《犯罪学理论与实证》（中），合作主编 *The Routledge Handbook of Chinese Criminology* 和 *Lessons of International/Comparative Criminology/Criminal Justice*。

＊＊＊　弗朗西斯·卡伦，1979 年获哥伦比亚大学社会与教育学博士学位，现任美国辛辛那提大学刑事司法学教授。合著 *Rethinking Crime and Deviance Theory：The Emergence of a Structuring Tradition* 和 *Correctional Theory：Context and Consequences*，合作主编 *Contemporary Criminological Theory* 和 *The Oxford Handbook of Criminological Theory*。

（二）量具

三、调研结果

（一）整体结果

（二）犯罪及刑事司法理念

四、探讨

（一）对中国犯罪理念的评估

（二）跨文化的比较

（三）对未来研究的启示

美国的犯罪学家在跨文化研究上已浸淫多年。近些年来，比较研究有显著增长的趋势，其中最令人感兴趣的发展之一是，研究者们通过实地观察得出了一些研究成果，这些成果揭示了某些国家犯罪和刑事司法制度的本质。而过去，在这些国家获取资料是受到严格限制的。中国正是这些国家中的一个，长期以来她并没有得到犯罪学家的关注，直到 20 世纪 80 年代中国才逐渐向学术调查和交流打开大门。这种变化使得学术研究不再局限于书本资料，也得益于亲临其境的切身感受。①

正如笔者之前预期的那样，多数研究大都试图解读中国民众对于人类行为（特别是对于犯罪行为）的认知，以及这些

---

① G. Frederick Allen, "Reforming Criminals in China: Implications for Corrections in the West", *International Journal of Comparative and Applied Criminal Justice*, 11 (1987): 77 – 86; Phyllis Jo. Baunach, "Reflections on a Chinese Odyssey", *The Criminologist*, 5 (1989): 6 – 7, 11 – 12; Dorothy H. Bracey, "The System of Justice and the Concept of Human Nature in the People's Republic of China", *Justice Quarterly*, 2 (1985): 139 – 144; James Brady, *Justice and Politics in People's China: Legal Order or Continuing Revolution?* New York: Academic Press, 1982; Liqun Cao and Charles Hou, "A Comparison of Confidence in the Police in China and in the United States", *Journal of Criminal Justice*, 29 (2001): 87 – 99; John P. Clark and Shirley M. Clark, "Crime in China: As We Saw It", *Justice Quarterly*, 2 (1985): 104 – 110; Daniel J. Curran and Sandra Cook, "Growing Fears, Rising Crime: Juveniles and China's Justice System", *Crime and Delinquency*, 39 [1993 (b)]: 296 – 315; Michael R. Dutton, *Policing and Punishment in China*, London: Cambridge University Press, 1992; Todd D. Epp, "The New Code of Criminal Procedure in the People's Republic of China: Protection, Problems, and Predictions", *International Journal of Comparative and Applied Criminal Justice*, 8 (1984): 43 – 53; George T. Felkenes, "Criminal Justice in the People's Republic of China: A System of Contradictions", *Judicature*, 6 (1986): 345 – 352; Charles R. Fenwick , "Crime in Post – Mao China: Toward the Construction of an Integrated Social Systems Theory", *International Journal of Comparative and Applied Criminal Justice*, 11 (1987): 177 – 192; Paul C. Friday, "Crime and Crime Prevention in China: A Challenge to the Development – Crime Nexus", *Journal of Contemporary Criminal Justice*, 14 (1998): 296 – 314; Charles C. Frost, "Possible Negative Effects of Economic Modernization Perceived by the Public Security Apparatus in the People's Republic of China", *International Journal of Comparative and Applied Criminal Justice*, 13 (1989): 41 – 52; Lee – Jan Jan, "Deterrence as Social Control in the United States and China", *International Journal of Comparative and Applied Criminal Justice*, 7 (1983): 195 – 200; Elmer H. Johnson, "The People's Republic of China: Possibilities for Comparative Criminology", *International Journal of Comparative and Applied Criminal Justice*, 7 (1983): 151 – 156; Elmer H. Johnson, "Incarceration in the People's Republic of China: Functions and Implications", *International Journal of Comparative and Applied Criminal Justice*, 8 (1984): 141 – 151; J. R. Lasley, "The Impact of the Rodney King Incident on Citizen Attitudes toward Police", *Policing and Society*, 3 (1994): 245 – 255; ShaoChuan Leng and Hungdah Chiu, *Criminal Justice in Post – Mao China*, Albany: SUNY Press, 1985; Martin King Whyte, "Social Control and Rehabilitation in Urban China", in Susan E. Martin et al. , eds. , *New Directions in the Rehabilitation of Criminal Offenders*, Washington, DC: National Academy Press, 1981, pp. 304 – 327.

认知对于塑造中国刑事司法体系组织和运作的影响。① 在描绘中国人对犯罪和控制的思维方面，学者们对文化和政治传统如何引发中美两国犯罪学理念差异的问题上，提供了丰富、深刻的见解。即便如此，由于这些研究大多采用定性分析，这些见解具有局限性，并有待于深入论证。

首先，正如特罗耶（Troyer）和罗杰克（Rojek）② 指出的那样，在中国进行访问研究的犯罪学学者们必须克服来自官方"形象管理"（impression management）的干扰，他们从中国学术著作、对官员的访谈、参观刑事司法机构、实地观察以及与中国民众的谈话中获取信息，然而基于这些信息得出的结论可能有失偏颇，因此需要进一步调查。③ 特别值得注意的是，相对于官方观点，学者们应当对中国民众对于犯罪和刑事司法的观念进行系统性研究。

其次，在使用定性研究的数据时，犯罪学学者们倾向于将研究任务设定为从世界观层面上描绘中美两国在认识犯罪现象时的差异。这种研究方法的优势在于，它既可以反映出两种世界观之间的一致性，同时也可以反映出两者在核心理念上的差异。然而这种方法的不足之处在于，当面对不同国家在理解犯罪现象的差异时，它无法衡量这些差异是本质性的，还是仅仅是程度上的，或者只是微不足道的。

基于前人，尤其是特罗耶的研究，④ 笔者试图对上述研究成果中的缺陷加以弥补。第一，为了克服中国官方信息或者与

① Ronald J. Troyer, "Chinese Thinking about Crime and Social Control", in Ronald J. Troyer et al., eds., *Social Control in the People's Republic of China*, New York: Praeger, 1989, pp. 45 – 56.

② Ronald J. Troyer and Dean Rojek, "Introduction", in Ronald J. Troyer et al., eds., *Social Control in the People's Republic of China*, New York: Praeger, 1989, p. 7.

③ Ibid.

④ Troyer, "Chinese Thinking about Crime and Social Control".

民众随意交谈所获信息的局限性，笔者选择了中国大学生作为调查犯罪意识形态的研究样本。研究本想从普通民众中选取样本，但是笔者无法确定这种研究能否获得中国政府批准。目前已经有研究人员在中国进行过民意调查（比如1991年有关世界观的调查），但是调查中涉及的敏感信息受到了审查和复核。① 正如张乐宁和梅斯纳尔（Messner）所言，在中国进行研究时，必须要面对有赖于"政府协助"和"政治官员的积极参与"等"后勤问题"。② 而笔者与中国大学生的接触则没有引起官方注意，这就使得我们能够更为充分地与被调查者交流而不用担心被审查。实际上，在其他社会学研究项目中，也曾类似地使用过中国学生作为分析样本。③ 然而据笔者所知，此前有关中国的犯罪学的研究材料，主要来源于官方提供的或与中国民众随意交谈时所获取的信息，目前尚没有哪项针对犯罪理念的研究直接以大学生或其他社会公众成员为访谈对象。在近期的一项调查中，曹立群和侯崇文使用"世界价值观调查"（world values survey）的数据，针对中国民众对警察的信任度问题进行了调研，④ 但这项研究仅关注单一的研究项目，因而未能从普遍意义上对犯罪理念进行深入探讨。

第二，为了对"有关犯罪的思想理念"进行评估，笔者采用了多项目的调查方法，对与犯罪相关的多个事项的观点进行分析。与之前的研究不同，这种方法可以使笔者获得更广泛的反馈意见，尤其能够更为精准地衡量中美两国在犯罪理念质

① Cao & Hou, "A Comparison of Confidence in the Police in China and in the United States".

② Lening Zhang and Steven F. Messner, "Family Deviance and Delinquency in China", *Criminology*, 33 (1995): 368.

③ James McClenon, "Chinese and American Anomalous Experiences: The Role of Religiosity", *Sociological Analysis*, 51 (1990): 53 – 67.

④ Cao & Hou, "A Comparison of Confidence in the Police in China and in the United States".

与量方面的异同。

一、理念的分化与重合

(一) 中美差异

以往的研究表明，中国民众关于犯罪的观念主要建立在三项假设之上：首先，人类在其本质上具有社会属性；其次，社会教化后的意识决定行为方式；第三，作为社会产物，个人行为具有可塑性。据悉，即便程度和方式有所不同，这些假设均起源于儒家思想和共产主义理念，因而它们深植于中国文化之中。①

基于这些假设，犯罪现象被视为社会环境缺陷的产物。这些缺陷，如"文化大革命"的残余思想，或者西方媒体和利己主义的侵蚀，使得个体受到不道德的或是政治上错误的价值观的影响。简而言之，"坏的思想"将不可避免地导致"坏的行为"。针对这一问题的解决方法是多层次的，行为不端者的亲属、邻居、同事及老师应当在日常生活中非正式地及时矫正其错误的思想和行为。这种干预也可以通过"大众司法"（popular justice）的方式来进行，即当出现纠纷时，当地调解组织可以介入并在各当事人之间进行调解，解决矛盾、划分责任，并说服有错一方承认自己的错误。② 如果过错一方仍不悔改，那么公权力将会介入，并通过更为正式的程序和方式对违法之人进行道德重塑。

由此，刑事司法体系被视为一种教育改造的工具，它的任

---

① Troyer, "Chinese Thinking about Crime and Social Control".

② Troyer, "Chinese Thinking about Crime and Social Control"; John P. Clark, "Conflict Management outside the Courtrooms of China", in Ronald L. Troyer et al., eds., *Social Control in the People's Republic of China*, New York: Praeger, 1989, pp. 57–69.

务在于通过再教育犯罪人以培养其正确的、符合道德标准的思维方式。为达成这一目标，犯罪人所享有的正当程序保障极其有限；犯罪人能否被提前释放出狱，取决于他是否已经成功地接受了道德上的再教育。① 达顿（Dutton）认为，监狱系统将劳动视为培养"无产阶级意识"的教化手段。在教育改造体系中，人们不仅不应当惧怕国家权力，反而应当信奉它。正如达顿所言，"对于中国的社会主义者来说，监狱同法律一样是统治阶级权力的表现"。② 然而，与资本主义社会不同，"在社会主义社会中，监狱受无产阶级专政的领导，它为人民服务而非与人民对抗"。③

特罗耶曾经指出，在对犯罪行为的成因进行解释时，中国人很少关注犯罪人的个人因素，至少在官方的报道中如此。④ 考虑到中国文化中关于人类行为的假设以及被普遍接纳的社会主义理念，这种现象并不奇怪。然而，虽然社会主义理念被广为接纳，但是当中国人对犯罪成因进行解释时，"社会"因素并未占据很大篇幅。"这一现象值得注意"，特罗耶观察到除了家庭因素以外，"西方研究中关注的许多因素，比如失业等

① Troyer, "Chinese Thinking about Crime and Social Control"; see Francis A. Allen, *The Decline of the Rehabilitative Ideal: Penal Policy and Social Purpose*, New Haven, CT: Yale University Press, 1981, pp. 16 – 19; G. Frederick Allen, "Reforming Criminals in China: Implications for Corrections in the West"; Phyllis Jo. Baunach, "Reflections on a Chinese Odyssey"; Dorothy H. Bracey, "Like a Doctor to a Patient, like a Parent to a Child: Corrections in the People's Republic of China", *Prison Journal*, 58 (1988): 24 – 33; Daniel J. Curran and Sandra Cook, "Growing Fears, Rising Crime: Juveniles and China's Justice System"; John D. Hewitt et al., "Dealing with Juvenile Delinquency: The Re – education of the Delinquent in the People's Republic of China", in James C. Hackler, ed., *Official Responses to Problem Juveniles: Some International Reflections*, Onati, Spain: International Institute for the Sociology of Law, 1991, pp. 67 – 81; Martin King Whyte, "Social Control and Rehabilitation in Urban China".

② Michael R. Dutton., *Policing and Punishment in China*, p. 292.

③ Ibid.

④ Troyer, "Chinese Thinking about Crime and Social Control".

经济因素，在中国有关犯罪成因的解释中几乎未被提及。中国学术文献中对于犯罪团伙这一诱因也鲜有涉及"。① 与此同时，特罗耶对中国官员的访谈记录显示，官方解释倾向于将犯罪成因与导致中国出现错误价值观的因素联系起来，如"文化大革命"和"来自其他国家的负面影响"；或者将其与阻碍树立正确价值观的因素联系在一起，比如家庭教育或者法治教育的失败。②

尽管存在差异，中国与苏联实行"公开性"③ 政策前（pre - glasnost）对于越轨行为的解释十分相近。④ 两个国家均信奉共产主义理念，且两国犯罪学都将违法行为归咎于道德教育的失败。它们认为社会主义制度本身具有优越性，如果能将家庭与社会传统习惯中的缺陷予以剔除，那么将有可能建立一个没有犯罪的社会。⑤ 值得注意的是，这一理论完全否定了将犯罪现象归咎于共产主义或社会主义内在制度缺陷的可能性。⑥

由此，基于现有文献推测，中美两国民众对于犯罪的观念可能存在较大差异。首先，在解释犯罪行为的成因时，中国受访者可能更倾向于那些立足于社会层面的理论，特别是那些关

---

① Troyer, "Chinese Thinking about Crime and Social Control", p. 54.

② See George T. Felkenes, "Criminal Justice in the People's Republic of China: A System of Contradictions"; J. Hewitt et al., "Dealing with Juvenile Delinquency: The Re - education of the Delinquent in the People's Republic of China".

③ Glasnost（俄语，译为"公开性"），在此指的是20世纪80年代，前苏联领导人戈尔巴乔夫推行政治改革的一项重要政策，他于1985年任职后多次提出这一口号。pre - glasnost 可理解为苏联实行这一政策前的时期。——译者注

④ Francis T. Cullen and John B. Cullen, "The Soviet Model of Soviet Deviance", *Pacific Sociological Review*, 20（1977）: 389 - 410; James O. Finckenauer, "Juvenile Delinquency in the USSR: Social Structural Explanations", *International Journal of Comparative and Applied Criminal Justice*, 12（1988）: 73 - 80.

⑤ Troyer, "Chinese Thinking about Crime and Social Control".

⑥ Cullen & Cullen, "The Soviet Model of Soviet Deviance"; Finckenauer, "Juvenile Delinquency in the USSR: Social Structural Explanations".

注失败的社会化过程和不当的、非正式的控制手段的理论，如西方犯罪学学者所言的"社会约束理论"（social bond theory）①和"差别接触理论"（differential association theory）②。与之形成鲜明对比的是，由于美国文化中强烈的个人主义倾向，③ 美国民众在看待犯罪成因时可能更关注个人选择和犯罪成本等理论，如新古典主义理论说主张的"刑罚过轻"（lenient punishments）。当谈及社会因素时，美国民众则可能会考虑包括当前社会的政治经济体制等在内的多种成因，如经济不平等。换言之，美国民众对犯罪成因的分析并不局限于社会化不足和社会控制失败方面的理论，他们还会关注那些将犯罪归因于体制性

---

① "社会约束理论"（通常译为"社会联系理论"或"社会键理论"，本文作者认为此处使用"社会约束理论"更为合适，故此处采作者意见）的概念由特拉维斯·赫胥（Travis Hirschi）于 1969 年在其《越轨行为成因》（*Causes of Delinquency*）一书中提出，并同"遏制理论"、"控制理论"同属于"社会控制理论"（Social Control Theory）的一支。根据赫胥的定义，"社会约束"包括家庭联系、与社会规范以及机构之间的联系、参与社会活动以及对这些事物的信念。他认为人本身有犯罪倾向，通过加强四种社会键，即依附（attachment）、承诺（commitment）（通常译为"奉献"，此处同样采原作者意见译为"承诺"）、参与（involvement）和信念（belief），才能够控制这种倾向；社会键的缺失会导致犯罪行为的产生。——译者注

② 关于 differential association theory 存在多种翻译，常见的为"差别接触理论"与"不同联结理论"。这一理论最早由美国学者苏哲南（Sutherland）于 1939 提出。该理论认为个体通过与其他人接触来习得有关犯罪行为的价值观、态度、技巧以及动机。——译者注

③ Robert N. Bellah et al. , *Habits of the Heart*: *Individualism and Commitment in American Life*, Berkeley: University of California Press, 1985; Amitai Etzioni, *The Spirit of Community*: *Rights*, *Responsibilities*, *and the Communitarian Agenda*, New York: Crown, 1993; Herbert J. Gans, *Middle American Individualism*: *The Future of Liberal Democracy*, New York: The Free Press, 1988; V. Lee Hamilton and Joseph Sanders, *Everyday Justice*: *Responsibility and the Individual in Japan and the United States*, New Haven, CT: Yale University Press, 1992; V. Lee Hamilton et al. , "Punishment and the Individual in the United States and Japan", *Law and Society Review*, 22 (1988): 301 – 328; Joseph Sanders and V. Lee Hamilton, "Legal Cultures and Punishment Repertoires in Japan, Russia, and the United States", *Law and Society Review*, 26 (1992): 117 – 138.

缺陷的理论，并认为是这些缺陷导致了紧张①和社会不公正。

在矫正方面，我们预期中国民众可能更倾向于"社会改造理论"（rehabilitation）或者"道德再教育论"（moral reeducation）。他们可能较少关注正当程序权利和国家主导的矫正体系。与之相反，受到个人主义文化的影响，美国民众可能更支持惩罚性的和监禁性的矫正措施。② 出于对国家权力的质疑，③美国民众很可能会更加注重正当程序权利，并对强制实施的矫正措施持审慎态度。

（二）相似性的来源

如前所述，当前的比较研究倾向于强调中美两国民众理解犯罪时的差异，而很少探索二者可能存在的相似性。然而，许多研究已经表明，两国之间关于犯罪的观念也许并非存在着实质性的、南辕北辙的天壤之别。

第一，一般而言，先前的跨文化研究在发现美国犯罪理念独特之处的同时，④ 也关注到不同国家在对犯罪严重程度和相

---

① 这里的"紧张"是指犯罪学上的"紧张理论"，最先由美国犯罪学家莫顿（Robert K. Merton）于1938年提出，是指当合法手段实现目标的努力受到阻碍时，人们可能转向尝试非法手段以达到目的。——译者注

② 参见第 133 页注释③的如下内容：V. Hamilton & J. Sanders, 1992；V. Hamilton et al. , 1988；J. Sanders & V. Hamilton, 1992。

③ David H. Bayley, *Forces of Order：Police Behavior in Japan and the United States*, Berkeley：University of California Press, 1976；Seymour Martin Lipset and William Schneider, *The Confidence Gap：Business, Labor, and Government in the Public Mind*, New York：The Free Press, 1983.

④ James O. Finckenauer, *Russian Youth：Law, Deviance, and the Pursuit of Freedom*, New Brunswick, NJ：Transaction Publishers, 1995. 参见第 133 页注释③的如下内容：V. Hamilton & J. Sanders, 1992；V. Hamilton et al. , 1988；J. Sanders & V. Hamilton, 1992。

应处罚的等级划分上存在诸多共识。① 虽然有关犯罪严重性的观念可能由于其范围狭窄，因而体现出的文化差异性相对较小。例如，无法想象某国的公民会认为谋杀行为不如伤害行为严重；但是在分析不同国家有关犯罪和犯罪控制的观念时，本文希望提醒人们不应过分夸大这种差异性。

第二，尽管在试图通过多种途径强化理念认同，中国仍然处于现代化、城市化和经济改革的进程之中。随着中国的社会结构与美国等西方国家日渐趋同，其文化转型很有可能随之而来，而这也会辩证地引发其他社会结构的变革。作为上层建筑的一部分，笔者或许可以期待有关犯罪和刑事司法的观念也将随之改变，逐步超越共产主义思想的局限性，并在更宽广的范围内对政策和理念进行选择。②

第三，与前一点相关的是，中国近期的社会转型已然导致了犯罪行为和违法行为数量的上升。③ 这一现象可能导致有关犯罪的新认识的产生——是应该更加"保守"地要求国家加强控制，还是应该更加"开明"地承认经济和社会规划可能

---

① Fahed Al – Thakeb and Joseph E. Scott, "The Perceived Seriousness of Crime in the Middle East", *International Journal of Comparative and Applied Criminal Justice*, 5 (1981): 129 – 143; Sandra S. Evans & Joseph E. Scott, "The Seriousness of Crime Cross – Culturally: The Impact of Religiosity", *Criminology*, 22 (1984): 39 – 59; Graeme Newman, *Comparative Deviance: Perception and Law in Six Cultures*, New York: Elsevier, 1976; Julian V. Roberts, "Public Opinion, Crime, and Criminal Justice", in Micheal Tonry, ed., *Crime and Justice: A Review of Research – Vol.* 16, Chicago: University of Chicago Press, 1992, p. 136; Julian V. Roberts and Loretta J. Stalans, *Public Opinion, Crime, and Criminal Justice*, Boulder, CO: Westview, 1997, pp. 62 – 64; Mark Warr, "Public Perceptions of Crime and Punishment", in Joseph F. Sheley, ed., *Criminology: A Contemporary Handbook* (3rd ed.), Belmont, CA: Wadsworth, 2000, p. 19.

② See Francis Fukuyama, *The End of History and the Last Man*, New York: The Free Press, 1992.

③ Micheal R. Dutton and Tianfu Lee, "Missing the Target? Policing Strategies in the Period of Economic Reform", *Crime and Delinquency*, 39 (1993): 316 – 336.

存在诱发犯罪的潜在风险？任何一个选项都会带来犯罪观念的多样化，并反过来促使中美两国在理念上不断靠拢。

第四，另外一个需要注意的问题是，中国官员在接受美国犯罪学家访谈时表达的观点是否与中国民众有关犯罪的观念相符。美国有研究表明，在对待犯罪的态度上，民众与政策制定者及刑事司法官员并非全然不同。[1] 然而，在像中国这样较为压抑的社会秩序中，国家寻求的是意识形态的一致，因而在与西方学者交流等公开场合中，官员表达的观点很可能体现的是"党的路线"。这些表述与该国民众的真实想法是否契合是值得质疑的。在中国，民众也许并不完全赞同官方表述的犯罪理念，他们可能持有多样化的观点，这些观点甚至可能与美国民众相似。

第五，在进行比较研究时，美国民众的犯罪和矫正观念的某些特点可能会被夸大，而其余部分则可能被忽视。学者在进行跨文化比较时，往往强调美国观念中的独特之处。在本文的论题中，这些独特之处可能包括个人主义文化培植出的理念，这种理念将犯罪视为个人选择的结果，并将刑罚视为首选的矫正手段。跨文化的比较研究也许能够帮助学者们找到美国犯罪理念的关键之处，然而它也可能使学者们产生误解。事实上，

---

[1] S. D. Gottfredson et al. , "Conflict and Consensus about Criminal Justice in Maryland", in Nigel Walker and Mike Hough, eds. , *Public Attitudes to Sentencing*: *Surveys from Five Countries*, Aldershot, UK: Gower, 1988, pp. 16 – 55; Richard McCleary, et al. , "Effect of Legal Education and Work Experience on Perceptions of Crime Seriousness", *Social Problems*, 28（1991）: 276 – 289; Henry N. Pontell et al. , "Seriousness of Crimes: A Survey of the Nation's Chiefs of Police", *Journal of Criminal Justice*, 13（1985）: 1 – 13; Henry N. Pontell et al. , "White – Collar Crime Seriousness: Assessments by Police Chiefs and Regulatory Agency Investigators", *American Journal of Police*, 3（1983）: 1 – 16; Pamela J. Riley and Vicki M. Rose, "Public Opinion vs. Elite Opinion on Correctional Reform: Implications for Social Policy", *Journal of Criminal Justice*, 8（1980）: 345 – 356; Julian V. Roberts, "Public Opinion, Crime, and Criminal Justice", p. 135.

研究表明美国民众对于违法行为的成因和控制措施有着纷繁复杂的观点（比如说，他们不仅支持处罚罪犯，同时也支持改造罪犯）。① 与之相应，即便美国观念存在独特之处，其多元性也使得中美在犯罪理念上可能相重合。

（三）研究策略

简而言之，尽管先前的研究已经揭示出中美两国在犯罪理念上的差异，笔者仍有理由相信二者存在一定程度上的相似性。正如文章介绍部分所提及的，本次研究尝试对中美两国民众犯罪观念上的差异进行跨文化的定量分析，研究样本为两国的大学生。

先前关于犯罪理念的跨文化研究时常使用大学生作为样

---

① Brandon K. Applegate et al. , "Public Support for Correctional Treatment: The Continuing Appeal of the Rehabilitative Ideal", *Prison Journal*, 77 (1997): 237 – 258; Francis T. Cullen et al. , "Public Opinion about Punishment and Corrections", in Micheal Tonry, ed. , *Crime and Justice: A Review of Research*, Chicago: University of Chicago Press, 2000, pp. 1 – 79; Francis T. Cullen et al. , "Public Support for Correctional Rehabilitation: The Tenacity of the Rehabilitative Ideal", *Criminal Justice and Behavior*, 17 (1990): 6 – 18; Alexis M. Durham III. , "Public Opinion Regarding Sentences for Crime: Does it Exist?", *Journal of Criminal Justice*, 21 (1993): 1 – 11; Timothy J. Flanagan, "Reform or Punish: American's Views of the Correctional System", in Timothy J. Flanagan and Dennis R. Longmire, eds. , *Americans View Crime and Justice: A National Public Opinion Survey*, Thousand Oaks, CA: Sage, 1996, pp. 75 – 92; Richard C. McCorkle, "Punish and Rehabilitate? Public Attitudes toward Six Common Crimes", *Crime and Delinquency*, 39 (1993): 240 – 252; Julian V. Roberts and Loretta J. Stalans, *Public Opinion, Crime, and Criminal Justice*; Jody L. Sundt et al. , "The Tenacity of the Rehabilitative Ideal Revisited: Have Attitudes toward Offender Treatment Changed?", *Criminal Justice and Behavior*, 25 (1998): 426 – 442; Douglas R. Thomson and Anthony J. Rogona, "Popular Moderation versus Governmental Authoritarianism: An Interactionist View of Public Sentiments toward Criminal Sanctions", *Crime and Delinquency*, 33 (1987): 337 – 357.

本，这主要是出于获取数据便易度的考虑。① 如上所述，如果将研究对象设定为普通民众，笔者将无法确保这项调研能够获得中国政府的批准，或者不受审查。因此，本次研究选取中国大学生作为数据来源。

以大学生作为研究样本以解释犯罪理念，目前尚无法确定这种方法是否存在问题。在美国，大学生关于犯罪的观点与普通民众基本相符，因此可以将其作为民众的代表进行研究。例如，德姆（Durham）曾提到，"长期以来，关于犯罪严重程度的调查都选取大学生作为样本，这些研究将大学生的观点与社会特定团体以及普通民众的观点相比较，并未发现这几者之间存在实质性差异"。② 笔者此次的研究也显示，美国大学生的观点同样未与普通民众的观点相左。③

然而，中国是否也存在这种相似性仍是个未知数。一方面，相对于普通民众而言，中国大学生属于精英团体，中国人口各个年龄层中大约只有 5% 的人持有大学文凭。这种身份可能给中国大学生带来独特的经历，特别是使其接触到更多的西方观念，从而使他们不像美国大学生那样能够反映出普通民众的观点。然而从另一方面来看，中国大学生与普通民众一样受到公共文化的熏陶，他们在正规教育早期就已经接受系统的政治教育，并且其接触中国刑事司法体系的方式

---

① Fahed Al – Thakeb and Joseph E. Scott, "The Perceived Seriousness of Crime in the Middle East"; Sandra S. Evans & Joseph E. Scott, "The Seriousness of Crime Cross – Culturally: The Impact of Religiosity"; Philip L. Reichel and Andrzej Rzeplinski, "Student Views of Crime and Criminal Justice in Poland and the United States", *International Journal of Comparative and Applied Criminal Justice*, 13 (1989): 65 – 81.

② A. Durham III, "Public Opinion Regarding Sentences for Crime: Dose it Exit?".

③ B. Applegate et al., "Public Support for Correctional Treatment: The Continuing Appeal of the Rehabilitative Ideal"; F. Cullen et al., "Public Opinion about Punishment and Corrections".

也与大众无异，这些因素可能会缩小中国大学生与普通民众在观念上的差异。

二、研究方法

（一）样本选取

如前所述，本文选取中美两国大学生作为研究样本，对样本的调研均于 1988 年进行。需要指出的是，此项调研早于 1989 年政治风波。这个时间段的优越性在于，当时中国对于民众的监控并不严格，因此受访者可能更容易就犯罪以及政府的社会控制发表意见。①

然而在经过数年之后，笔者无法确知中美两国有关犯罪的观念是否已经发生较大转变。一般来说，除非在此期间连续发生一系列重大社会变革或政治事件。例如，美国在 20 世纪 60 年代至 20 世纪 70 年代早期出现的迷惘的一代，否则与政策相关的观念变化通常是渐进式的。② 在过去的 20 年间，除了偶尔的波动外，美国民众关于犯罪的观念基本保持稳定。③ 由于缺乏有关中国民众犯罪观念的调查数据，笔者很难估算这种观念是否已经发生改变。④ 然而，中国民众的犯罪理念保持稳定性是十分有可能的，因为在这一时期内没有出现过理念变革或者"法律社会化"的迹象。

如果中国人的态度发生了转变，那么在其中起到关键作用的很有可能是 1989 年政治风波。一般而言，具有高度社会曝

---

① Daniel J. Curran and Sandra Cook, "Growing Fears, Rising Crime: Juveniles and China's Justice System".

② Seymour Martin Lipset and William Schneider, *The Confidence Gap: Business, Labor, and Government in the Public Mind*.

③ F. Cullen et al., "Public Opinion about Punishment and Corrections"; J. Roberts & L. Stalans, *Public Opinion, Crime, and Criminal Justice*.

④ J. Finckenauer, *Russian Youth: Law, Deviance, and the Pursuit of Freedom*.

光率的事件①会影响政府对犯罪控制的态度，特别是当这些事件被同步直播时。因此，不能否认的是，1989 年政治风波的巨大影响力有可能导致民众质疑国家权力，并进而降低民众对刑事司法体系行使刑罚权的支持率。这种对于国家权力的大规模使用同样会使民众质疑刑罚政策的合法性。当然，民众也有可能变得更加支持这类打击犯罪的活动。目前已经有证据表明中国的犯罪数量正在不断上升，②而政府通过实施打击犯罪的措施，会相应地提升民众对它的支持率。再进一步讲，中国民众已经再次表现出强烈的爱国主义。在这一背景下，民众质疑国家政策的动机将有所减弱。

从更广泛的层面上来看，中国经历了持续的经济自由化进程，并不断向现代化迈进。全球化和世界经济一体化意味着政治边界的逐渐弱化，外来文化（特别是美国文化）不断对本国文化造成冲击。从这个意义上来说，这些冲击可能导致中国人在观念上与美国人日趋相似。然而这个过程也许是渐进的，因此可能无法在 10 年之内导致犯罪观念发生实质性的变革。对时尚元素（如牛仔裤）或者食物（如麦当劳）的态度也许较容易发生转变，而相比之下，民众对其政府应当如何应对犯罪的态度则会稳定得多。

最后，本文中的数据很有可能实质地反映出中国当前的犯罪理念。相对于变革，稳定性才是犯罪理念的特征。虽然目前无法确定在过去 10 年间发生的事件累加在一起能否对犯罪观念造成根本性影响，笔者意识到鉴于距离采集这些数据的时间

---

① J. R. Lasley, "The Impact of the Rodney King Incident on Citizen Attitudes toward Police".

② Liqun Cao and Yisheng Dai, "Inequality and Crime in China", in Jianhong Liu et al., eds., *Crime and Social Control in a Changing China*, Westport, CT: Greenwood, 2001, pp. 73 – 85; Michael R. Dutton and Tianfu Lee, "Missing the Target? Policing Strategies in the Period of Economic Reform".

较远，在运用它们进行分析时需要采取审慎的态度。但是，本研究至少能够为目前鲜有涉及的领域提供详细的信息，同时为以后的研究提供基础性数据。

美国的研究样本来自于一所位于美国中西部的大学的社会学入门课程学生。在参与该课程的 106 名大学生中，共有 101 人完成了调查问卷，完成比例为 95.3%。通过私人关系，笔者得以接触到中国的受访大学生。在一名中国朋友的协助下，本次研究从中国的两个地方选取了样本。所有样本中有 176 名受访者为南京某学院三个英语班的大学生；另有 146 名受访者来自生物和物理专业的两个班，包括一年级和二年级的大学生。为保持样本的多样性，本次研究还选取了来自于该校人类学和社会科学专业的 30 名受访者。同时，本次研究还联系了江苏某学院的 50 名大学生，其中有 27 名作出了回应。总体上，本次研究共收回 203 份调查问卷，占发放问卷总数的 89.8%。

表 1 反映的是中美两国样本在人口统计学上的特征。如其所示，美国的样本以女性居多，年龄偏低，多主修社会科学，多在城市地区长大，并且其父母大多受过教育。为了在多变量分析时能够确定这些差异因素的影响，除国籍以外，研究还将性别、年龄、专业（1 = 生物和物理学，0 = 其他）、出生地（1 = 城市，0 = 农村），以及父亲的受教育程度等信息作为变量进行统计。

表1　美国和中国大学生受访者在人类社会学上的特征

	美国		中国	
	数字	百分比	数字	百分比
性别				
女	49.0	48.5	43.0	21.5
男	52.0	51.5	157.0	78.5
民族/种族				
非白种人	10.0	9.9		
白种人	91.0	90.1		
汉族			199.0	99.0
非汉族			2.0	1.0
年龄				
10－19	73.0	72.3	69.0	34.3
20－29	25.0	24.8	120.0	59.7
30＋	3.0	3.0	12.0	6.0
受教育程度				
大学一年级	66.0	65.3	63.0	32.0
大学二年级	21.0	20.8	112.0	56.9
大学三年级＋	14.0	13.9	22.0	11.2
专业				
社会科学	51.0	56.7	14.0	7.9
生物科学	12.0	13.3	12.0	6.8
人类学	4.0	4.4	41.0	23.2
物理学	23.0	25.6	110.0	62.1
出生地				
农村	37.0	37.8	91.0	46.7
城市	61.0	62.2	104.0	53.3
父亲受教育程度				

（续表）

	美国		中国	
	数字	百分比	数字	百分比
未上学			9.0	4.9
少于 6 年教育			38.0	20.5
7 - 9 年教育	3.0	3.0	41.0	22.2
10 - 12 年教育	23.0	23.0	36.0	19.5
大学未毕业	25.0	25.0	10.0	5.4
大学毕业	21.0	21.0	51.0	27.6
研究生	28.0	28.0		

注：本表中包含的数据为四舍五入后的结果，因此各项百分比相加的结果可能不等于 100。

（二）量具

为衡量其犯罪理念，受访者需要对 45 个项目作出同意或者不同意的评价，并表明其同意或不同意的程度。这些项目分列在表 2 至表 6 中。为了对这些项目进行评估，本次调查采用 7 分评分制，从 1 分的"非常强烈的赞同"到 7 分的"非常强烈的反对"，中间分数意味着"不确定"。

调查问卷最初设计为英文。为方便中国受访者，这些问卷由本文中来自中国的作者翻译为中文。并且，中文翻译由一位通晓中文的社会学家和来自中国的一名语言学硕士进行校对，笔者根据他们的意见对这些问卷进行了修订，以提升问卷的明确性和调查的精准度。

更为重要的是，为使翻译版本与英文原文保持一致，研究者们采用目前通行的"概念翻译法"将这些用于衡量犯罪理念的指标翻译成中文。① 因此，在部分问题中，笔者对项目名称进行了微调，使之更符合中国受访者的文化背景和语言习惯。比如，"白领犯罪"（white - collar crime）在中文问卷中被翻译为"经济犯罪"（economical crime），"矫正"（rehabilitation）被翻译为"教育和改造"（education and transformation）。最后，笔者在中文问卷中删除了"种族主义"（racism）这一项目，这是因为在此次调研的两个城市中，该项目并非关键因素。

本次调研用于评估犯罪理念的指标来自于卡伦（Cullen）、拜纳姆（Bynum）、加勒特（Garrett）和格林（Greene）（1985）、弗拉纳根（Flanagan）和麦盖瑞（McGarrell）等人的研究。② 通过综合分析这 45 个指标，笔者可以描绘出中美两国民众对犯罪和刑事司法的一般性观念。笔者从以下 5 个方面分析受访者的观念：（1）犯罪成因；（2）犯罪控制；（3）监禁刑的使用；（4）矫正措施；（5）白领犯罪。每一大类下的

① Ruth B. McKay et al., "Translating Survey Questionnaires: Lessons Learned", *New Directions for Evaluation*, 70 (1996): 93 - 104; Oswald Werner and Donald T. Campbell, "Translating, Working through Interpreters, and the Problem of Decentering", in Raoul Narolland Ronald Cohen, eds., *A Handbook of Method in Cultural Anthropology*, New York: Columbia University Press, 1970, pp. 398 - 420.

② Sandra Lee Browning and Liqun Cao, "The Impact of Race on Criminal Justice Ideology", *Justice Quarterly*, 9 (1992): 686 - 699; Timothy S. Bynum et al., "Correlates of Legislative Crime Control Ideology", *Criminal Justice Policy Review*, 1 (1986): 253 - 267; R. Gregory Dunaway and Francis T. Cullen, "Explaining Crime Ideology: An Exploration of the Parental Socialization Perspective", *Crime and Delinquency*, 37 (1991): 536 - 554; Timothy J. Flanagan et al., "Ideology and Crime Control Policy Positions in a State Legislature", *Journal of Criminal Justice*, 17 (1989): 87 - 101; Mark S. Hamm, *Attitudes of Indiana Legislators toward Crime and Criminal Justice: A Report of the State Legislator Survey - 1986*, Terre Haute: Indiana State University, 1987; Mark S. Hamm, "The Conscience and Convenience of Sentencing Reform in Indiana", *Behavioral Sciences and the Law*, 7 (1989): 107 - 125; Edmound F. McGarrell and Timothy J. Flanagan, "Measuring and Explaining Legislator Crime Control Ideology", *Journal of Research in Crime and Delinquency*, 24 (1987): 102 - 118.

各项又分为保守观点和开明观点。具体指标参见表 2 至表 6。

多项目的犯罪理念评估方法能够衡量民众对多个事项的态度，并进一步揭示造成中美两国大学生受访者观念异同的影响因素。这一方法的局限性在于，这些项目是为衡量美国犯罪理念所设计的，它们主要用于对开明观点和保守观点进行区分。① 现在回想起来，这种政治学上的分类能否适用于中国仍存在疑问。② 例如，如果将中国现有制度的马克思主义或共产主义支持者，与民主制度和自由经济的拥护者进行区分，也许会对研究更有帮助。更进一步来讲，如果笔者能够针对中国犯罪理念的独特之处进行补充调研，那么这项研究会更加完整。例如，笔者可以询问受访者是否认为西方文化输入中国会引发犯罪，或者是否支持邻里间组成委员会来行使"大众司法"（通过半官方的组织来规范居民行为）；换言之，笔者可以在设计问卷时选取中国而非美国作为参照系。然而，选取中国作为参照系的方式能否比现有模式揭示出更多的文化差异，这本身就是一个实证问题。无论如何，这一问题都需要在将来的研究中进行进一步探索。

三、调研结果

表 2 至表 6 通过两种方式来展示调研结果。首先，对于每一项目，表格中均体现出中美两国大学生受访者选择同意（如非常强烈的同意、强烈同意、同意），不同意（非常强烈的不同意、强烈不同意、不同意），以及不确定的比例。其

---

① Francis T. Cullen and Keren E. Gilbert, *Reaffirming Rehabilitation*, Cincinnati: Anderson Publishing Company, 1982; Walter B. Miller, "Ideology and Criminal Justice Policy: Some Current Issues", *Journal of Criminal Law and Criminology*, 64 (1973): 141 – 162; Neal Shover and Werner J. Einstadter, *Analyzing American Corrections*, Belmont, CA: Wadsworth, 1988.

② 参见第 127 页注释①。

次，同样针对每一项目，笔者都会对包括国籍（中国与美国）、性别、年龄、专业、出生地及父亲受教育程度等在内的独立变量进行线性统计。在各表中，星号（＊）即表示国籍在回归方程中的影响巨大，$p < .05$。[1]

（一）整体结果

作为分析的第一步，笔者试图从整体上对中美两国大学生受访者在犯罪和刑事司法观念上的差异进行比较。此次调查共得出三组数据，研究结果显示，国别对于犯罪理念确有影响，但这些影响造成的差异大多（并非绝对）并非本质性的，而仅仅在程度上有所区别。

第一，笔者采用 t 检验[2]对 45 个项目逐一进行分析，以此评估它们在中美两国样本评分中的统计学意义。根据这一方式，全部项目中有 35 项具有统计学意义，占项目总数的 77.8%。正如在前文中提到的，为了避免国别以外的背景性因素影响调查结果，同时为了从各个角度衡量犯罪理念，笔者分

---

① 由于这是一项探索性的研究，研究者们决定对每一项目进行独立的线性分析以解释其在犯罪理念差异方面的影响力。相对于对个体项目进行研究，这项调查试图涵盖多个测量指数。这就意味着研究本身可能掩盖了许多国家在犯罪理念上的异同。由此，基于前人的研究参见 Browning & Cao, "The Impact of Race on Criminal Justice Ideology"; Bynum et al. , "Correlates of Legislative Crime Control Ideology"; Dunaway & Cullen, "Explaining Crime Ideology: An Exploration of the Parental Socialization Perspective"; Flanagan et al. , "Ideology and Crime Control Policy Positions in a state Legislature"。此项研究构建了一个包括 10 个项目在内的自由主义评估指数，以及同样包括 10 个项目在内的保守主义评估指数。在自由主义评估指数中，美国样本的显著性水平为 0.66，中国的为 0.61；在保守主义评估指数中，美国样本的显著性水平为 0.71，中国的为 0.73。在线性分析中，研究结果表明中国学生无论在自由主义或是保守主义层面均超过美国学生。为了对这一令人费解的现象进行解释，研究者们试图探索构成评估指数的这些项目的具体含义，并由此评估其中影响巨大的项目。由此，研究者们决定放弃通过评估指数的方式分析这些数据，而是就国籍对这 45 个项目的影响进行分析。

② "t 检验"是用于小样本的两个平均值差异程度的检验方法，是通过 t 分布理论来推断差异发生的概率，从而判定两个平均数的差异是否显著。——译者注

别对 45 个项目进行了回归分析。尽管多变量调查未能揭示出所有的重要内在联系，但笔者仍然发现国别对 28 个项目具有统计学上的意义，占项目总量的 62.2%。

第二，笔者计算出中美两国大学生受访者在 45 个项目中"同意"比例的平均差，计算结果为 14.5%，意味着两国大学生在看待犯罪和犯罪控制方面确实存在实质性差异。然而，并不能由这一计算结果就断言两国民众的犯罪理念截然相反。

第三，笔者衡量了中美两国大学生受访者在何种程度上会对同一项目作出同向性回答。一种虽不精确但却实用的衡量方法是，在同一项目的"同意—不确定—不同意"的标尺上，计算出两国大多数受访者作出同向性或异向性回答的次数。在符合以下条件时，笔者认为中美两国大学生受访者作出了同向性回答：（1）中美两组受访者中同意某一项目的人数均超过 50%，或者（2）中美两组受访者中不同意某一项目的人数均少于 50%。如果对同一项目，一组有超过 50% 的受访者同意，而另一组的同意率低于 50%，则认为两组受访者作出了异向性回答。通过这一策略，笔者发现中美两国受访者在 34 个项目上作出了同向性回答，占项目总数的 75.6%。这一发现再次证明，在大多数项目上，不同国别受访者的回答并不具有质上的差异（比如他们并非持有对立的或相异的观念），这种差异是程度上的（比如双方观点类似，只是在同意或不同意的程度上有所不同）。

（二）犯罪及刑事司法理念

如前所述，表 2 至表 6 对犯罪和刑事司法理念的五个方面进行了数据统计。通过分析这些数据，笔者可以深入了解中美两国大学生受访者在犯罪成因和控制措施上的观念差异。

表 2 反映的是大学生受访者对于犯罪成因的态度。该表显示，无论对犯罪成因的社会学解释在本质上是开明的或是保守

的，美国大学生受访者都更倾向于将犯罪问题归咎于社会。因此，美国大学生将犯罪视为社会秩序崩颓的副产品（见表2第2行、第3行），并且他们对开明观点项下的各个项目均表现出更高的同意率。

表2 美国和中国大学生受访者关于犯罪成因的态度（百分比）

	美国			中国		
	同意	不确定	不同意	同意	不确定	不同意
A. 保守观点						
当今犯罪率增长是因为社会变得宽容	50.0	23.0	27.0	32.0	12.3	55.7 *
当前犯罪活动如此猖獗的一个主要原因是年轻人并不懂得尊重权威	33.0	8.0	59.0	4.4	6.9	88.7 *
人们犯罪的一个主要原因是他们的成长环境中缺乏父母管束且没有受到适当的教育	54.0	17.0	29.0	45.0	12.9	42.1
大多数违法者之所以犯法是因为他们认为现在犯罪有利可图	33.0	15.0	52.0	42.4	19.2	38.4
B. 开明观点						

	美国			中国		
	同意	不确定	不同意	同意	不确定	不同意
我们有这么多犯罪行为的主要原因是我们的社会中仍然存在着贫穷和社会不公正现象	72.3	7.9	19.8	40.1	15.3	44.6 *
许多人犯罪的原因是因为他们在学校的考试中屡次不及格，受到挫折或千方百计都找不到工作	59.4	16.8	23.8	41.6	19.3	39.1
犯罪主要是社会病态的产物，如待业、教育不良、缺乏均等机会	69.0	15.0	16.0	63.9	12.9	23.3
人们犯法往往是受生活环境的影响，他们周围大多数朋友总是惹是生非、违法乱纪	66.0	22.0	12.0	53.5	13.9	32.7 *
大部分罪犯出自破裂和瓦解的家庭	41.6	30.7	27.7	32.7	37.6	29.7

*$p < .05$.

就后一项而言，美国大学生受访者强烈认为犯罪的根本成因在于社会不公正（见表 2 第 7 行），同时，犯罪人还受到在其居住地附近进行违法犯罪活动的犯罪团伙的影响（见表2第4行）①。

尽管存在这种总体趋势，但需要注意的是，中国大学生受访者并未全然忽视结构性因素在诱发违法行为时的作用。针对开明观点项下的各个选项，仍有众多中国大学生受访者将犯罪原因归结于中国社会的结构性缺陷。

表3反映的是大学生受访者关于社会控制的一般观点，它主要关注受访者是否认为解决非法行为的方法在于"犯罪控制"模式，这一模式强调加强法律的执行力度并支持严厉的刑罚，② 或者试图解决犯罪的"根本原因"。③ 总体上来看，中美两国大学生受访者都倾向于通过开明的社会改革方案来减少犯罪，同时他们也都支持对犯罪人施加刑罚（尽管针对青少年犯罪时并未出现这一倾向）。然而，两国样本中都只有少数受访者认为增加警察或监狱数量能够减少犯罪。

表3显示的所有差异中，有两项最为重要。首先，尽管中美两国大学生受访者在大部分问题中作出了同向的回答，但是中国大学生受访者较不信服刑事司法体系能够解决犯罪问题（见表3第8行和第13行），他们更支持社会性的犯罪控制手段（见表3第5行）。其次，在有关国家权力与正当程序权利关系的项目上，美国大学生受访者作出了不同的回答。一方面，相对于中国大学生受访者，他们更倾向于扩大警察权力，减少犯罪人的法律权利，以及提升对受害人的关注度（见表3第8行、第9行和第17行）。但在另一方面，尽管美国大学生

---

① 在问卷翻译成中文时，我们删除了第5项中的"种族主义"。由于项目表述上的差异，我们在进行结论分析时应保持警惕。即便如此，表2中结论仍表明美国大学生受访者更倾向于将犯罪归咎于不平等的结构性因素。

② Herbert L. Packer, *The Limits of the Criminal Sanction*, Stanford：Stanford University Press, 1968.

③ Elliott Currie, *Confronting Crime：An American Challenge*, New York：Pantheon, 1985；Elliott Currie, *Crime and Punishment in America*, New York：Metropolitan, 1998.

受访者明确支持死刑，但相对于中国大学生受访者而言，他们较少认为国家有剥夺他人生命的权力（见表3第20行）。

表4反映的是受访者对于监禁刑的使用和监禁条件的态度。两国样本再次表现出相似性。对于监禁刑的惩罚目的，中美两国大学生受访者均表示支持，但是从中我们仍然可以看出一些显著的差异。与中国大学生受访者相比而言，美国大学生受访者一反常态地反对使用短期监禁刑（第4项），他们较少关注在监狱服刑的犯人的权利（第6项），也不支持夫妻之间的探望（第9项），不过美国大学生受访者并不赞同监狱生活应当艰苦的观点（第5项和第7项）。

表3　美国和中国大学生受访者关于犯罪控制的观点（百分比）

	美国			中国		
	同意	不确定	不同意	同意	不确定	不同意
A. 广泛的社会控制政策						
保守观点：传统价值观						
减少犯罪的最佳途径是重新确立使我们国家成为伟大国家的传统价值观：艰苦耐劳、信仰宗教、尊重权威、严格遵守家庭和学校纪律	56.0	19.0	25.0	40.3	16.9	42.8
开明观点：扩张社会机制						

（续表）

	美国			中国		
	同意	不确定	不同意	同意	不确定	不同意
降低犯罪率的最好办法是扩展社会项目，使弱势人群能够得到更好的教育、工作培训以及平等的就业机会	66.3	11.9	21.8	75.9	11.8	12.3 *
B. 犯罪控制						
保守观点：强化控制手段						
我们需要招募更多的警察，并给予他们抓住罪犯的实权	35.0	28.0	37.0	23.6	17.7	58.6 *
当前罪犯享有了太多的法律权利	57.6	22.2	20.2	19.4	33.8	46.8 *
我们的法院对待青少年过于宽容	48.5	28.3	23.2	35.8	26.9	37.3
所有犯暴力罪的少年犯应该受到像成年人一样的审判，并给予与成人一样的惩罚	40.0	21.0	39.0	39.8	12.9	47.3
开明观点：关注根本原因						

	美国			中国		
	同意	不确定	不同意	同意	不确定	不同意
认为增加警察或兴建监狱就会降低犯罪率是不现实的	77.0	7.0	16.0	92.6	3.5	4.0*
除非我们解决对犯罪的根本诱因，如贫穷或社会不公正，否则犯罪率不会降低	75.2	18.8	5.9	74.6	9.5	15.9
C. 对受害人的关注						
如果我们真的关心犯罪受害人，我们应当确保抓住罪犯并给予他们严厉的刑罚	60.6	17.2	22.2	73.4	6.4	20.2
我们不应当把犯罪人看作是应当得到我们帮助的社会受害者，而应当更多地关注由于这些犯罪人而受到伤害的受害人	66.0	19.0	15.0	46.8	18.2	35.0*
D. 死刑						

（续表）

	美国			中国		
	同意	不确定	不同意	同意	不确定	不同意
我认为应该保留死刑，因为杀人者理应被杀	59.4	23.8	16.8	78.2	7.4	14.4
死刑应当被彻底废除，因为无论谁（包括国家在内）都没有剥夺他人生命的权力	15.8	20.8	63.4	6.9	5.4	87.6*

*$p < .05$.

表4　美国和中国大学生受访者对监狱的支持率（百分比）

	美国			中国		
	同意	不确定	不同意	同意	不确定	不同意
保守观点：支持惩罚性目标						
更严厉的监狱刑罚是必要的，只有这样才能让犯人知道犯罪无利可图，从而使他们不再犯罪	70.0	12.0	18.0	61.4	7.9	30.7
一般威慑						
严厉的惩罚能够起到威慑作用，使他人意识到无法通过犯罪获利，从而减少犯罪	59.4	20.8	19.8	53.0	13.4	33.7

	美国			中国		
	同意	不确定	不同意	同意	不确定	不同意
消除犯罪能力						
即便监狱不能阻止或改造罪犯，长期监禁仍是必要的，只有这样我们才能使惯犯和社会危险分子无法破坏社会治安	92.9	6.1	1.0	82.1	5.5	12.4
开明观点：反对监禁刑						
监禁刑应当尽量短，因为剥夺人的自由在我们社会里是非常严厉的惩罚	1.0	6.0	93.0	10.4	9.9	79.7*
监狱条件 保守观点：监狱应当艰苦						
尽管没有人会赞同残酷的、极端的惩罚，监狱仍应当是使犯罪受到应有惩罚的地方。毕竟，这是罪犯为自己犯罪行为而应付出的部分代价	52.5	19.2	28.3	80.7	5.0	14.4*

（续表）

	美国			中国		
	同意	不确定	不同意	同意	不确定	不同意
我们不应当过多关心服刑人的权利，因为他们从来不关心受他们侵害的受害人的权利	61.4	11.9	26.7	41.1	11.4	47.5 *
开明观点：监狱应当人道						
把犯人投入监狱的主要目的是剥夺他们的自由，而不是强迫他们生活在非人的和危险的环境中	64.9	16.5	18.6	46.3	15.4	38.3 *
大部分监狱的状况极为糟糕，唯一人道的事是采取措施为犯人改善居住环境	27.3	26.3	46.5	15.4	34.8	49.8
应该让犯人的配偶每年在狱中专设的周末会客室里和他们的亲人团聚，一起度过几个周末，这样可使家庭团聚	39.6	31.7	28.7	62.9	15.8	21.3 *

*$p < .05.$

154

表5 中的数据用于衡量中美大学生受访者对于矫正措施的支持度。两组受访者再次观点相近：他们都认为矫正措施的核心在于教育改造犯罪人（项目1至项目5），并且认为矫正机制是有效的（项目6、7和8）。然而与之前相同的是，两组受访者的回答同样存在差异。在这一组项目中，中国大学生受访者从整体上对教育改造犯罪人表现出极高的支持率，特别是当这种教育改造由国家主导时（项目9和项目10）。

最后，表6考察的是对比使人们不敢晚上在街上行走的刑事犯罪，大学生受访者对经济犯罪（白领犯罪）的严重性以及相关法律应对措施的观点。数据显示，与中国大学生受访者相比，美国大学生受访者很少将经济犯罪者（白领犯罪）视为严重犯罪，也很少支持对社会上层的罪犯采用严厉的刑罚（项目1、3和4）。与此同时，美国大学生受访者更倾向于认为经济犯罪者（白领罪犯）的"财力和权力"可能使其躲避法律的追究（项目4）。

表5 美国和中国大学生受访者对改造的观念（百分比）

	美国			中国		
	同意	不确定	不同意	同意	不确定	不同意
一般支持率						
改造罪犯与惩罚罪犯一样重要	78.0	5.0	17.0	78.2	4.5	17.3 *
接受教育改造并有悔改迹象的服刑人员应比拒绝改造的人早日获释	52.0	14.0	34.0	81.8	10.3	7.9 *
应发展监狱内的教育改造项目	65.0	24.0	11.0	84.7	9.9	5.4 *

（续表）

	美国			中国		
	同意	不确定	不同意	同意	不确定	不同意
如果我们停止改造少年犯，从而将他们从犯罪中拯救出来，那将是不负责任的	84.8	3.0	12.1	93.6	3.0	3.5 *
改造犯人的最好方式是对他们进行职业培训和教育	61.0	29.0	10.0	63.4	14.4	22.3
改造的有效性：它有用吗？						
改造罪犯没有效果	17.0	31.0	52.0	8.9	18.2	72.9 *
改造少年犯没有效果	10.0	16.0	74.0	6.4	9.4	84.2 *
降低我们社会犯罪率的唯一方法是惩罚犯罪分子，而不是改造他们	23.2	15.2	61.6	17.7	6.9	75.4 *
国家执行的矫正保守观点						
国家有权强迫所有罪犯接受改造	59.0	20.0	21.0	89.2	3.0	7.9 *
开明观点						

（续表）

	美国			中国		
	同意	不确定	不同意	同意	不确定	不同意
接受监狱教育改造应该完全出于自愿，只有愿意受帮助的人才应该接受改造	44.4	10.1	45.5	11.4	8.5	80.1

$*p < .05.$

表6　美国和中国大学生受访者对白领犯罪和街头犯罪的态度（百分比）

	美国			中国		
	同意	不确定	不同意	同意	不确定	不同意
保守观点						
经济犯罪（白领犯罪）会对社会造成危害，而刑事犯罪（如抢劫）危害更大，因为刑事犯罪使人们不敢晚上在街上行走	58.0	10.0	32.0	26.1	7.9	66.0*
一般来说，刑事犯罪（如抢劫、打人）理应比经济罪犯（白领罪犯）的刑期长	24.8	8.9	66.3	17.2	23.2	59.6

	美国			中国		
	同意	不确定	不同意	同意	不确定	不同意
既然经济犯罪分子（白领罪犯）通常不伤害别人，他们就不应当受到像一般犯人一样的惩罚	12.0	5.0	83.0	3.0	2.0	95.0 *
开明观点						
经济犯罪分子（白领罪犯）之所以不进监狱，是因为他们有权力和财力来避免逮捕、起诉或者被判重刑	85.1	3.0	11.9	51.7	13.4	34.8 *
我们对经济犯罪分子（白领罪犯）应该像对在街上偷钱的人一样给予严厉的惩罚	71.0	13.0	16.0	82.2	2.5	15.3 *

*p < .05.

四、探讨

（一）对中国犯罪理念的评估

通过本次调查笔者获取了一系列数据，它们确认并拓展了犯罪学学者们在观察中国刑事司法制度、采访中国官员和阅读已有材料时得出的结论。令人惊讶的是，这些数据表明中国大学生受访者确如其他研究中经常描述的那样，认为罪犯是可以改造的，并且他们将教育改造犯罪人视为矫正措施的首要目标。①

然而这一发现并不意味着中国大学生受访者更支持较为宽缓的矫正程序。事实上，有约4/5的受访者认为监狱生活应当艰苦。与此同时，除了强调改造之外，绝大多数受访者都支持使用严刑峻法来起到阻吓和隔离的效果。

本次调研中最重大的发现与犯罪成因相关。采访中国政府和刑事司法领域的官员使犯罪学专家们认为中国将犯罪现象首先归咎于社会化的不足以及西方社会的腐蚀。② 如休伊特（Hewitt）等人发现的那样，中国大学生对于犯罪成因的理解与赫胥（Hirschi）的社会约束理论相似，这套社会心理学理论通常不会关注造成非法行为的社会结构性因素。③ 同样地，怪罪"西方影响"的观点意味着犯罪成因是外源性的而非自生的。

在研究样本中，许多中国大学生受访者的观念已经超越了官方的犯罪理念。其中最显著的例子是，有超过3/5的受访者认为犯罪源于失业、教育不良、缺乏社会机遇等社会弊病。事

---

① Francis A. Allen, *The Decline of the Rehabilitative Ideal: Penal Policy and Social Purpose*; G. Frederick Allen, "Reforming Criminals in China: Implications for Corrections in the West"; Phyllis Jo. Baunach, "Reflections on a Chinese Odyssey"; Dorothy H. Bracey, "Like a Doctor to a Patient, Like a Parent to a Child: Corrections in the People's Republic of China"; Daniel J. Curran and Sandra Cook, "Growing Fears, Rising Crime: Juveniles and China's Justice System"; J. Hewitt et al., "Dealing with Juvenile Delinquency: The Re – education of the Delinquent in the People's Republic of China"; Troyer, "Chinese Thinking about Crime and Social Control".

② J. Hewitt et al., "Dealing with Juvenile Delinquency: The Re – education of the Delinquent in the People's Republic of China"; Troyer, "Chinese Thinking about Crime and Social Control".

③ Troyer, "Chinese Thinking about Crime and Social Control".

实上，相对于那种认为犯罪源于社会化不足或家庭教育不足的观点，更多的受访者可能将犯罪现象归因于社会结构性因素。基于此，未来对于中国犯罪理念的研究都应当留意官方理念的局限性，并且不能直接假设中国民众在理解犯罪现象时不考虑社会结构或社会秩序。

（二）跨文化的比较

研究数据也表明，中美两国受访者在认识犯罪和犯罪控制上具有相似性。尽管两国受访者在关注重点上存在差异，但是如果用文氏图（Venn Diagram）① 来分别描绘两国受访者的观点，就会发现重合度远大于离散的部分。

两个国家最显著的特征是它们的犯罪理念都很复杂。之前的研究表明，美国民众对于犯罪成因和社会控制的观点具有多元性。例如，他们会同时支持惩罚和矫正。② 这种多元性同样存在于中国大学生受访者的观念中。与广为流传的呆板的"政党理念"的形象相反，中国大学生实际上支持多维度的犯罪学理念，他们认为犯罪的成因多种多样，控制犯罪需要改造与惩罚并举。

但是，国别的不同仍然会塑造出一国国民在犯罪理念上的独特之处。以中美两国对经济犯罪（白领犯罪）的回答为例

---

① 文氏图又称维恩图、范氏图等，由英国哲学家和数学家约翰·维恩（John Venn）于 1881 年发明，用于在不太严格的意义下表示集合，从而展示不同的失误群组之间的大致的数学或逻辑关系。——译者注

② F. Cullen et al., "Attribution, Salience, and Attitudes toward Criminal Sanctioning", *Criminal Justice and Behavior*, 12（1985）：305 – 331；F. Cullen et al., "Public Support for Correctional Rehabilitation: The Tenacity of the Rehabilitative Ideal"；David Duffee & R. Richard Ritti, "Correctional Policy and Public Values", *Criminology*, 14（1977）：449 – 459；Julian V. Roberts, "Public Opinion, Crime, and Criminal Justice", pp. 99 – 180；Julian V. Roberts and Loretta J. Stalans, *Public Opinion, Crime, and Criminal Justice*；Douglas R. Thomson and Anthony J. Rogona, "Popular Moderation versus Governmental Authoritarianism: An Interactionist View of Public Sentiments toward Criminal Sanctions".

（参见表6）。尽管美国大学生受访者对富裕阶层通过其掌握的资源以逃避刑罚的现象有所警觉，但他们并不像中国大学生受访者那样认为这些犯罪更加严重。这也许是因为在中国，经济犯罪（白领犯罪）通常侵害的是国有企业而非犯罪人私有企业的利益，从而使得中国大学生受访者对这类犯罪更加反感。

然而更为重要的是，美国大学生受访者在面对国家权力时，表现出颇为矛盾的态度，这一点在中国大学生受访者中并不明显。美国大学生受访者似乎希望国家权力既扩张又受到限制。一方面，与中国大学生受访者相比，美国大学生受访者更支持扩张国家权力以抓住罪犯，他们认为罪犯享有了过多的权利（特别是与受害人相比而言），并且支持长期监禁刑。但在另一方面，一旦罪犯处于国家控制之中，美国大学生受访者又会降低对国家的信任度，[1] 他们反对艰苦的监狱生活，以及由国家主导的治疗矫正措施。与之相反，中国大学生受访者则表现出对国家权力的信任，他们支持国家主导的强制性改造计划，并认可政府通过死刑剥夺他人生命的权力。[2]

（三）对未来研究的启示

由于数据的性质，本研究还只是一个起步。笔者希望它对犯罪理念的跨文化研究起到两个相互关联的启示性作用。首先，为了深入理解不同社会对犯罪及刑事司法的观念，定性研究至关重要。即便如此，笔者们的研究表明，定量分析有潜力发掘不同文化之间的差异程度，同时也便于发现这些理念中的重合部分。

---

[1]　David H. Bayley, *Forces of Order: Police Behavior in Japan and the United States*; Francis T. Cullen and Keren E. Gilbert, *Reaffirming Rehabilitation*.

[2]　这也许是在1989年政治风波之后，中国学生对国家权力更加谨慎。然而，尽管这种谨慎适用于政府对政治犯的控制，它对传统犯罪是否同样适用，我们不得而知。

其次，尽管存在例外，^① 跨文化的定量研究在对于不同罪名严重性的评估方面是主流。这种方法揭示了不同社会在为犯罪严重性划分等级时的共性，^② 但是这种研究方法还没有被用来解释民众对犯罪和刑事司法的整体观念。笔者希望本项研究已经展现了多项目研究方法的优势，这个优势体现在单国研究和多国的比较中。

---

① V. Lee Hamilton and Joseph Sanders, *Everyday Justice: Responsibility and the Individual in Japan and the United States.*

② Julian V. Roberts and Loretta J. Stalans, *Public Opinion, Crime, and Criminal Justice*; Mark Warr, "Public Perceptions of Crime and Punishment".

威权主义的合法性与非正规做法：
中国与俄罗斯的法官、律师和政府[*]

小彼得·所罗门^{**}　文

王倩云　裴炜　孙杨　译

简目

一、作为比较对象的民法法系国家

二、俄罗斯法官：正规的制度保护和非正规的实践做法

三、俄罗斯律师：逆境求生

四、中国的法官与律师：团队成员与局外人

五、中俄比较以及非正规实践操作的效力

几个世纪以来，威权主义国家的领导人在面对法官和律师等司法工作人员时，一直面临着一个困境。威权主义意味着中

---

　　* Peter H. Solomon Jr, "Authoritarian Legality and Informal Practices: Judges, Lawyers and the State in Russia and China", *Communist and Post - Communist Studies*, 4 (2010): 351 - 362. 本文的翻译与出版已获得作者及出版社授权。感谢阿列克谢 (Alexei Trochev) 与诶琳娜 (Elena Maltseva) 的帮助，同时感谢尤金 (Eugene Huskey)、刘思达 (Sida Liu) 与卢肯 (Lucan Way) 的评论。

　　** 小彼得·所罗门，哥伦比亚大学博士，加拿大多伦多大学政治学院名誉教授，专注于苏联及后苏联政治研究以及不同国家刑事司法中的政策研究。目前研究方向包括现代俄罗斯与乌克兰的司法、法制改革，威权主义政体以及转型政体中的法庭、法律及政策。著有 *Soviet Criminologists and Criminal Policy* 和 *Criminal Justice Policy, from Research to Reform* 以及 *Soviet Criminal Justice under Stalin*。

央集权以及国家决策者形成一致意见以达成期望的能力。但是为了确保刑事司法领域及其他司法领域有效且正当的运作，一个国家至少要具有表面上看起来独立的、能够确保被告人及其他诉讼参与者得到公平对待的法院系统。即便法院并没有权力处理特别重大的事务，它们所拥有的有限的自治权也可以对政府领导人的决策产生制衡。这一点对于威权主义领导人而言并不容易接受。正如笔者在其他文章中所解释过的，领导人对这一情况有两种解决办法：或者设立明显依赖于政治机关的法院体系，让法官和律师在这样的体系中履行职能；或者给予法院自治权却不给予实际权力，并将处理重大问题的权力赋予其他能够为政府所控制的裁判机构。威权政府领导人可能在两种情况下授予法院和律师自治的权利：一是将这种权利建立在个案的基础上，并使这一权利随时有可能被限缩；二是在实践中这种权利可能由于领导人与下级官员的行为而发生妥协。①

上文中所提及的后一种情况意味着在建立司法或机构自治的同时，在其实践操作中引入非正规的和不透明的监管，而这种做法自21世纪以来越来越普遍。后冷战时代越来越重视民主模式下的法治，与此同时，中央领导集团以外的公职人员要求将新的甚至是自由主义的价值观引入威权主义国家。② 此外，在全球经济一体化的背景下，包括世界银行在内的国际经济参与者对于司法制度的属性和质量都有所要求，这些要求通过各国签署的国际规范与条约体现出来。因而，很多威权主义领导人面临着达到这些要求的压力。事实上，比较研究指出，一个威权国家的经济等事务与西方民主世界的联系越紧密，该

---

① Peter H. Solomon, "Courts and Judges in Authoritarian Regimes", in *World Politics* 60, no. (2007): 122–145.

② Anne-Marie Slaughter, *A New World Order*, Princeton and Oxford: Princeton University Press, 2009.

国政府维持既有统治模式的成本就越高。① 笔者将对此作出进一步解释。

除非一国经济能够自给自足，并且与他国存在最小程度的联系，否则该国领导人迟早要面对上文提及的法律制度方面的要求。然而，满足这些要求可能会牺牲掉一部分既有政权的政治权力，而这正是该体制中的决策者和官员所不愿看到的。为了应对这一问题，许多国家的领导人可能采取这样一种策略，即一方面通过建立或改革正规的机构以满足国际标准和国外投资者对该国的要求，另一方面则纵容削弱这些机构效力的行为甚至直接进行削弱，并且通过采取一系列非正规的实践做法来维持其对社会的控制。

笔者认为，这一方法正是俄罗斯联邦在苏联解体后采取的措施，并且有迹象表明中国也在采取类似的措施。② 俄罗斯和中国代表着两种不同的威权主义政体。在中国的政党制度下几乎不存在政治竞争以及强势的国家政府，其面临的挑战主要来自于国家规模的大小和管理下级官员时的困难程度。解体后的俄罗斯联邦施行的则是混合型政体，这一体制佯装民主但实际上限制国内的政治竞争，采取专制的方式来管理市民社会。③然而近些年来，两个国家都开始发展资本主义和私人经济，他们与世界经济之间发生的联系已经紧密到使其必须重视外界对

---

① Steven Levitsky and Lucan A. Way, "Competitive Authoritarianism: International Linkage, Organizational Power, and the Fate of Hybrid Regimes", Paper Prepared for the Annual Meeting of the American Political Science Association, Chicago, August 30 – September 2, 2006.

② 刘思达将这一现象描述为通过"地方化"进程适应全球制度。他认为对于非正式规则的适用使得中国法官偏离了其应当承担的正式任务，所以他们的日常工作"与其应当起到的作用基本没有联系"。See Sida Liu, "Beyond Global Convergence: Conflicts of Legitimacy in a Chinese Lower Court", *Law & Social Inquiry* 31, no. 1 (2006): 75 – 106.

③ Ol'ga Kryshtanovskaya and Stephen White, "The Sovietization of Russian Politics", *Post – Soviet Affairs* 25, no. 4 (2009): 283 – 309.

本国法律与司法机构的评估意见。简而言之，出于经济政策的原因，同时为了增强其统治的正当性，建立现代化的法律秩序无论对俄罗斯还是对中国来说都具有重要意义。①

在分析俄罗斯与中国的法律机构时，笔者着重关注的是法官、律师，特别是刑事案件的辩护律师。虽然法官需要独立于政治领导人而享有自治权，他们仍受雇于政府。无论在民主国家还是威权国家，法官都面临着各种制约因素，其中就包括民法法系国家中司法官僚机构的影响。律师常常被视为社会成员之一，是市民社会的组成部分。然而，律师行业的职能在现代社会具有天生的公共属性，并且需要由政府进行某种程度的管制。正如人们所见，即便在民主世界，英美律师不受约束的"自由"也仅仅是一种表象。德国律师以国家为中心且受到良好的规制，于是这种模式成为了主流，这些律师既服务于法院又服务于委托人。现代威权主义国家通常倾向于沿袭德国模式，特别是1878年之前普鲁士所采取的极端社会控制模式。

这篇文章首先就民法法系和欧洲模式下法官与国家的关系、律师与国家的关系进行简要分析，这一分析将为评估近代俄罗斯和中国的实践提供比较对象。随后，文章就俄罗斯法官和律师的真实状况进行分析，并对中国政府官员管理法官和律师的情况进行介绍。笔者将尝试将法律和正式机构中的改革措施与限制其效力的非正规做法进行对比，并对这些实践做法的渊源提出质疑。另外，笔者也会试图寻找法官和律师在两个国家中地位的相似之处，并思考他们与国家政权之间是如何相互强化的。

---

① 关于威权统治者授权给法院的原因，请参阅 Tamir Moustafa, *The Struggle for Constitutional Power*, Vol. 65, Cambridge: Cambridge University Press, 2007, 特别是第二章。这并不意味着一国发展经济与吸引投资是追求法律和司法改革的仅有原因，而是这两个因素常常为威权领导人作出改革决定起到重要作用。

一、作为比较对象的民法法系国家

欧洲传统民法法系国家中，法官与政府以及律师与政府的关系都与普通法系国家存在很大区别。相对于后者，民法法系中的这些关系更适合作为分析俄罗斯和中国情况的参照对象。

在欧洲，以及沿袭欧洲法律传统的其他国家（包括大多数南美国家和日本），法官在司法体系内部发展事业，该体系以官僚层级模式进行构建，并在这一模式下进行对法官的聘任、评估、行业规制和拔擢等活动。各个国家中政府介入司法系统并监管司法事务的程度有所不同。因而，具有重要职能的司法委员会可能由法官主导，亦可能由司法系统以外的人员主导。当然，作为一项基本原则，民主国家至少非常尊重司法体系内的人员，法官终身任职，并且享有优厚的工资及退休金作为保障。然而作为个体的法官仍然受到严重制约，这一现象在较低级别法院的法官中尤为明显。一方面，民法法系的法律传统阻碍了法官对法律进行自发的、发散的解释。另一方面，即便享有自由裁量权，法官们也应当遵循由上级法院作出或认可的权威性法律解释。简而言之，在普通法系中，个体法官有权对法律进行解释，并且通过判例造法。民法法系则与此不同，法官要谨小慎微。这种现象背后的理念是，相较于创造力，民法法系的学者们更重视法律的公平和确定性。[1]

在不同国家的不同政治制度中，低级别法院的法官所面对的压力也有所不同。智利、日本以及前苏联（不同的政权类

---

[1] John Henry Merryman, *The Civil Law Tradition: An Introduction to the Legal Systems of Europe and Latin America*, 2nd edition, Stanford: Stanford University Press, 2007; Carlo Guarnieri, Patrizia Pederzoli and Cheryl A. Thomas, *The Power of Judges*, Oxford: Oxford University Press, 2002; John Bell, *Judiciaries within Europe: A Comparative Review*, No. 47, Cambridge: Cambridge University Press, 2006.

型和阶段）的法官在决定采取何种行为时面临巨大的限制，并且体制中存在一些常规性的处罚法官的做法，包括将法官调任至不理想的职位，甚至在其问题严重或屡教不改时将其开除。在法国与日本，那种将年轻法官与政治立场和政治团体（包括工会）联系起来的做法颇受争议。总体看来，联邦德国司法机构的官僚运行达到了一种合理的平衡；至少在司法体系内部很少出现对现有制度的抨击。拥有民主制度的民法法系国家还存在另一项基本规则，即法官不会无缘无故被开除，多数情况下法官终身制得到了遵循。①

欧洲大陆国家的律师与政府的关系也有其特色。特别是成为远东国家效仿对象的德国，"法律职业者通过与政府的关系定义自身或者被定义"。② 在德国的多数州，如实行专制主义的普鲁士，法律职业最初由州政府创立管理，并且在设立之初隶属于公务员系统。这样的制度设计是自然而然的，因为州政府在律师行业出现之前就已经存在了，而且那时并没有传统的

---

① L. Hilbink, *Judges Beyond Politics in Democracy and Dictatorship: Lessons from Chile*, Cambridge and New York: Cambridge University Press, 2007; David O'Brien and Yasuo Ohkoshi, "Stifling Judicial Independence from within: The Japanese judiciary", and Todd S. Foglesong, "The Dynamics of Judicial (In) Dependence", in P. Russell and O'Brien, D., eds., *Judicial Independence*, Charlottesville and London: University Press of Virginia, 2001, pp. 37 – 61; Frank K. Upham, "Political Lackeys or Faithful Public Servants? Two Views of the Japanese Judiciary", *Law & Social Inquiry* 30, no. 2 (2005): 421 – 455; Jr., Peter H. Solomon, "Judicial Power in Authoritarian States: the Russian Experience", in T. Ginsburg and T. Moustafa, eds., *Rule by Law: The Politics of Courts in Authoritarian Regimes*, Cambridge: Cambridge University Press, 2008, pp. 261 – 282.

② T. Halliday and L. Karpik, eds., *Lawyers and the Rise of Western Political Liberalism: Europe and North America from the Eighteenth to Twentieth Centuries*, Oxford: Clarendon Press, 1997, p. 5; Dietrich Rueschemeyer, "Comparing Legal Professions: A State – centered Approach", in R. Abel, ed., *Lawyers in Society* 3: *Comparative Theories*, Berkeley: University of California Press, 1989, pp. 289 – 321.

工会。① 此外，州政府官员过去将律师视为其专制统治和自身利益的潜在威胁，其原因在于：一方面，律师们可以并且经常凭借其集体力量为自由主义而战；另一方面，在法律施行的层面，律师本身被视为麻烦的源头。② 正如当时一位作家所写，"一位活跃的律师将会并且应当一直干预警方与检察官的工作"，这就是人们对律师的印象，至少是在律师职业出现之初的印象。③ 在普鲁士，过去的律师并不仅仅是政府的工具，在刑事审判中他们还是法庭的工作人员，这一设置旨在避免律师完全站在其客户一方。虽然对律师的这一看法在改革后的纠问式诉讼模式中有一定合理性，但它可以并且确实在道德与法律上向辩护律师施加了很多限制（包括禁止参与政治活动）。

德国在 1878 年对法律职业进行了重大改革，将律师协会从政府的手中"解放"了出来。通过这一改革，大多数刑事辩护律师成为了私人企业家。同时，改革还取消了对律师数量和出身的限制。现在律师的收费由法令加以规定（区别于此前由司法部命令决定的做法）；律师协会和商会可以进行一定程度的自治；由"荣誉法庭"（honour courts）负责监督适用

---

① D. Rueschemeyer, "State, Capitalism, and the Organization of Legal Counsel: Examining an Extreme Case—The Prussian Bar, 1700 – 1914", in T. Halliday and L. Karpik, eds., *Lawyers and the Rise of Western Political Liberalism: Europe and North America from the Eighteenth to Twentieth Centuries*, Oxford: Clarendon Press, 1997, pp. 207 – 228; D. Rueschemeyer, *Lawyers and Their Society: A Comparative Study of the Legal Profession in Germany and in the United States*, Cambridge: Harvard University Press, 1973.

② Halliday and Karpik, eds., *Lawyers and the Rise of Western Political Liberalism: Europe and North America from the Eighteenth to Twentieth Centuries*; M. Feeley, T. Halliday and L. Karpik, eds., *Fighting for Political Freedom: Comparative Studies of the Legal Complex and Political Change*, Oxford: Hart Publishing, 2008.

③ A. Ramberg, "The Role of An Independent Legal Profession in Establishing and Upholding the Rule of Law: a Swedish Perspective", in F. Neate and H. Nielsen, eds., *The World Rule of Law Movement and Russian Legal Reform*, Moscow: Iustitsinform, pp. 87 – 95.

行业规范，这一法庭由法律行业内的 4 名法官和 3 名律师构成。自 1878 年以来，这种由地方法院和律师商会管理律师，并且在部分法律领域内对律师执业辅以地理限制的模式一直延续至今。① 类似的组织关系地方化同样发生在法国和意大利，但这两个国家的律师拥有比德国律师更高的地位。

与此同时，20 世纪的德国仍然存在将辩护律师视为法庭工作人员的观点，这种观点认为辩护律师应服务于更大的目标，即同时服务于司法体制的运行和客户利益。在德国律师"解放"之后的历史中，法律职业者在针对律师持续的负面态度中与旧有观点及方法的影响中摇摆不定。然而，德国那些"陈旧"观点和方法的构成要素在当今的俄罗斯和中国仍然存在，只是程度不同而已。

二、俄罗斯法官：正规的制度保护和非正规的实践做法

在前苏联的大部分历史时期中，法官公开依附于当地政党领袖与上级法官及司法官员。每 5 年法官将被重新任命，他们仅享有中等薪资水平，辅之以一些不固定的福利，并且要面临持续性的评估和监控。此外，法官（至少作为苏维埃共产党

---

① Rueschemeyer, "State, Capitalism, and the Organization of Legal Counsel: Examining an Extreme Case—The Prussian Bar, 1700 – 1914"; H. Siegrist, "Public of Fice or Free Profession? Germany Attorneys in the Nineteenth and Early Twentieth Centuries", in G. Cocks and K. Jaruausch, eds., *German Professions: 1800 – 1950*, New York: Oxford University Press, pp. 46 – 65; K. Ledford, "Lawyers and the Limits of Liberalism: the German Bar in the Weimar Republic", in T. Halliday and L. Karpik, eds., *Lawyers and the Rise of Western Political Liberalism: Europe and North America from the Eighteenth to Twentieth Centuries*, Oxford: Clarendon Press, 1997, pp. 229 – 265; Katarzyna Gromek – Broc, "The Legal Profession in the European Union—A Comparative Analysis of Four Member States", *Liverpool Law Review* 24, no. 1 – 2 (2002): 109 – 130.

党员的法官）被要求协助同志们实施法律以打击犯罪。

自 1989 年以来俄罗斯启动了长达 18 年的司法改革，这一司法改革旨在建立类似于欧洲民法法系国家由来已久的司法独立制度。自 1993 年起俄罗斯开始实施法官终身制，法官自任命起满 3 年后即可享受这一待遇，直到达到退休年龄。想要开除法官必须基于一定原因，并且这一决定只能由成立于 1989 年的司法资格委员会中的法官作出。在普京执政期间，法官的报酬丰厚，报酬形式主要是薪金而并非其他奖励。与此同时，大多数法院自身也能在当地获得足够的支持。司法体系获得了管理法院的权力，并且一般法院的审理权扩展至敏感案件，如对政府行为进行司法审查。同时，法官作为司法官员的一部分，仍然需要接受常规评估，并且不能违背行业规范等，但这正如已经看到的那样，在欧洲对于法官裁量权进行限制很常见。①

这些在法律和司法机构设置中发生的转变，反映出俄罗斯司法制度回归正轨的改革目标，以及该国政治领导人对于建立运作良好的审判系统的认可。尽管叶利钦政府将拥有自主权的法院系统视为民主化的一部分，但普京政府的主要出发点则是使俄罗斯能吸收更多的国内外投资（不只是商事法庭，各个法庭均能够从此受益）。② 在普京统治初期，他要求经济发展与贸易部就司法改革议题出谋划策，并对在诉讼方面可能对特殊投资造成的影响进行评估。同时，俄罗斯政府在引入具体改革措施方面与世界银行合作密切，其采纳的方案包括实现商事

① Jr. , P. H. Solomon and T. G. Foglesong, *Courts and Transition in Russia: The Challenge of Judicial Reform*, Boulder: Westview, 2000; Jr. , Peter H. Solomon, "Assessing the Courts in Russia: Parameters of Progress under Putin", *Demokratizatsiya* 16, no. 1 (2008): 63 – 74.

② Jr. , Peter H. Solomon, "Putin's Judicial Reform: Making Judges Accountable as well as Independent", *E. Eur. Const. Rev*, 11 (2002): 101 – 107.

法庭现代化以及公布多数法院的审理意见等。

尽管在法律和司法机构方面政府提出了大刀阔斧的改革方案，事实却是在前苏联解体之后，法院对于法律的真正实施是通过非正规的做法实现的。这使得政府或有权势的个人可以影响法院的工作，并且使得法官除了要忠于法律、忠于上级法院的判决结果以外，还要面对来自外界的多重压力。

非正规的实践做法主要源于两个因素：一是法院院长拥有过多的权力；二是长久以来形成的对法官行为的期待。正是这种非正规的实践做法破坏了法律为法官提供的保护。法院院长仍然控制着一些额外福利（批准度假、帮助获得住房以及帮助孩子进入学校或幼儿园），他们还负责对法官进行评估，并以此左右法官的个人发展。另外，法院院长还可以决定何时对法官进行纪律处分，以及采用何种方式进行处分——是通过非正规方式进行，还是通过法官资格委员会这一正规方式进行，处分包括基于一定原因的免职。除此之外，在很大程度上，法官只有证明自己有能力当好组织的一员才能得到法院院长的赏识。这些能力通常包括能够高效地解决分配给他的案件；不会作出有较大争议的判决，比如那些可能被上诉或者得罪庭外有权势的人的判决；能够避免作出无罪判决，以及以非正式审前会议的方式帮助检察院检验案件的准备情况以避免庭上出现尴尬情况，使执法机关特别是检察院满意；在某些情况下院长会对某些敏感案件提出意见，审理该案件的法官应当能够听取这些意见。①

根据相关法律规定，法官的层级与人事关系由司法资格委员会管理，只有司法资格委员会能够对法官施以包括免职在内

① Jr. , P. H. Solomon, "Informal Practices in Russian Justice: Probing the Limits of Post – soviet Reform", in F. Feldbrugge, ed. , *Rule, Europe and the Rule of Law*, Leiden, Martinus Nijhoff, 2007, pp. 79 – 92.

的正式纪律处分。这种制度设计的目的在于保护法官免受法院院长的干预。然而在现实中，当院长（非委员会成员）决定处理某种行为时，其具有更强的话语权。通常情况下，州法院院长会事先就其关心的事项与地区法院院长进行沟通。由于司法资格委员会通常由地区法院的一名法官领导，因而该法院院长可以对委员会施加影响。更有甚者，虽然开除法官必须基于一定原因，但是有关这些原因的规定通常模糊并且琐碎，这就使得院长可以轻易地在这些原因中找到开除某位法官的借口。①

俄罗斯的法院院长一直作为"老板"而存在，他一边掌管着自己的辖区，一边代表着法院与外界进行沟通，这其中就包括与地方政府进行私下交易，而地方政府的支持对于法院来说具有重要意义。俄罗斯的改革者们对法院院长的职责产生了质疑，并在2002年取消了对其的终身任职制度，取而代之的是两个分别为期6年的任期。这一结果与最初的提议相去甚远，改革之初的方案是法院院长采取轮流制，由同一法院的法官选举产生，每期任职3年。实际上，院长的选择由总统及其工作人员负责，地区领导人也可以发表意见。在这里可以肯定的是，正式的选举过程可以分为很多阶段：首先由司法资格委员会进行资格审查；接下来由联邦总统的代表与当地政府进行沟通；之后由相关高级法院进行审查（最高法院或高级商事法院），并最后由总统行政办公室进行包括安全审查在内的审查。② 这一程序不仅用来选任法院院长，还用来任命所有的法官，特别是高

---

① Jr., P. H. Solomon, "Threats of Judicial Counter Reform in Putin's Russia", in K. Hendley, ed., *Remaking the Role of Law: Commercial Law in Russia and the CIS*, Huntington, N. Y: Juris, 2007, pp. 1–40.

② A. Trochev, "Judicial Selection in Russia: towards Accountability and Centralization", in K. Malleson and P. Russell, eds., *Appointing Judges in an Age of Judicial Power: Critical Perspectives from around the World*, Toronto: University of Toronto Press, 2006, pp. 375–394.

级或最高商事法院的法官。这一程序通常持续一年。

那么，司法系统的这套运行机制能否让俄罗斯的领导人满意呢？在形式上，俄罗斯拥有独立的法院系统，法官也没有受到来自政府司法部门的过多限制，并且还被保护起来以免受来自外界的压力。事实上，在大多数情况下法官可以自己做主，通常不用特意避免某些行为。但是当案件偶尔涉及有权势的人时，情况又会如何呢？面对这种情况，通常的模式是相关政府官员或商人会求见法院院长，而该院长则会相应地把案件交由一位合作的法官审理［有一部分法官被称为"口袋法官"（pocket judges）］。或者至少法院院长会向某位审理该案件的法官"传话"。为了满足一些境外投资的改革项目所提出的要求，一些法院引进了案件随机分配机制。

俄罗斯于2002年在地区法院引入了陪审团制度，用于处理部分严重刑事案件，并试图改变传统做法中法官对于检察机关需求的遵从。在引入陪审团制度之后，无罪判决率从原先的1%上升到了15%。即便有1/3的无罪判决被最高法院推翻并被发回重审，陪审团作出的大多数无罪判决是成立的。这就为政府首脑制造了一个问题：陪审团制度意味着将权力从倾向于作出有罪判决的法官移交给了随时准备违背政府利益的陪审员。随之而来的是，俄罗斯政府企图在幕后操纵陪审员，或者通过其他法外方式影响陪审员的行为。最终在2008年12月，政府以一纸政令缩小了适用陪审团制度的案件范围。[1]

---

① S. Thaman, "Jury Trial and Adversary Procedure in Russia: Reform of Soviet Inquisitorial procedure or Democratic Window – dressing?", in G. Smith, and R. Sharlet, eds., *Russia and its Constitution: Promise and Political Reality*, Leiden: Martinus Nijhoff, Leiden, 2008, pp. 141 – 180; Solomon, "Threats of Judicial Counter Reform in Putin's Russia"; N. Kovalev, "Lay Adjudication Reforms in the Transition Criminal Justice Systems of the Commonwealth of Independent States", unpublished Ph. D. Dissertation, Faculty of Law, Queen's University (Belfast), 2007.

法官需要对那些非正规的规则加以了解，并且不时地遵守院长的指示。这些行为的后果是一些法官时常为了自身的利益而规避现有规则。在俄罗斯，虽然一些法官，特别是商事案件的法官，确实收受报酬，甚至在当事人提出某些类似于快速审理案件的要求时，主动索要钱财，但是司法腐败并没有公众想象得那么严重。①

这些法外的非正规的实践做法（规则、制度）在法律实施过程和世界各地的法院中均扮演着举足轻重的角色。后苏维埃时代的俄罗斯的不同之处就在于，其非正式规则对于正常途径和制度的破坏程度，正规与非正规做法之间的差距可能在普京执政期间变得更加严重。一项民意调查显示大部分民众同意这一结论。②

三、俄罗斯律师：逆境求生

在前苏联晚期以及解体之后，俄罗斯律师面临着像其德国（普鲁士）同行在19世纪70年代所面临的问题。在过去的几十年间（自20世纪30年代后期以来），律师的工作围绕政府运行，他们的工作环境由政府决定并进行监督，甚至由政府掌控；他们在刑事诉讼中所起的作用也非常有限。从外部控制中被解放出来，并且获得新的权力与权利，这是大多数律师的目标，而戈尔巴乔夫和叶利钦时期的社会变动为这两个目标的实现提供了可能性。与此同时，一方面律师数量急剧增加，另一方面出现了自发形成的新做法和机制，二者结合在一起，造成了系统失调与权力真空。普京上台后抓住这一机会创设了新的

---

① G. Eniutina, "Korruptsiia v sudebnykh organakyh", unpublished, Moscow, 2001.

② V. L. Rimskii, "Kak grazhdane i predprinimateli otsenivaiut sudei i sudy", unpublished, INDEM, Moscow, 2008.

规则。虽然对于完全的行业自治有所妥协，2002 年进行的律师协会改组和律师权利的增加仍然超出了保守者们的预计，但这也为未来的冲突埋下了隐患。

包括列宁在内的布尔什维克党人对律师的态度很矛盾，他们并未期望律师能够对苏联的未来产生重要的作用。在苏维埃政权的前 20 年，国家对于律师的培养不断减弱，对律师的管理也并未受到政府的重视。20 世纪 30 年代中期，政府作出了复兴传统法律秩序的决定，因而法律职业者的境况得到了改变，短短几年之间，律师的管理方案就开始实施了。①

律师的管理由司法部负责，但多数的行政管理由各地律师学会（或律师协会）负责。法律法规列明了（律师的）教育背景要求、工作方式、收费数额（包括为穷人服务的义务）以及道德标准，但是一些具体决策是由律师学会特别是其常务委员会负责的，比如学会的规模、准入机制和对律师行为的规制。地区律师学会常务委员会委员由其成员匿名投票产生，所以得到当地共产党领导人的支持并不意味着一定能够成功当选，但学会的管理人员主要是由委员会自己任命的。虽然学会成员与其领导人负责管理律师的日常事务，他们也要面临来自司法部（由莫斯科官员和各地区代表组成的小团体）和各地党委的监督与紧密控制。虽然苏联的地方律师学会相较于其他公共机构已经有更多的自主权，他们仍然是国家管理律师的一种渠道。②

与之相类似，律师在刑事诉讼中所起的作用也是很有限

---

① E. Huskey, *Russian Lawyers and the Soviet State：The Origins and Development of the Soviet Bar 1917－1939*, Princeton：Princeton University Press, 1986; William Pomeranz, "Profession or Estate? The Case of the Russian Pre－revolutionary 'Advokatura'", *The Slavonic and East European Review*, 77 (1999)：240－268.

② E. Huskey, "The Limits to Institutional Autonomy in the Soviet Union：The Case of the Advokatura", *Europe－Asia Studies* 34, no. 2 (1982)：200－227; A. Kruglov, ed., *Sovetskaia advokatura：zadachi i deiatelnosti*, Moscow：Iurlit, 1968; G. Anashkin, ed., *Advokatura v SSSR*, Moscow：Iurlit, 1971.

的。在大多数刑事案件中，律师在侦查阶段基本接触不到卷宗或者他的委托人。此外，由于案件的审理是由法官主导的，律师的主要职责就是争取轻缓的刑罚。辩护律师不能私自进行调查取证，如果他们想正式询问证人，必须得到侦查员或者法官的批准。诚然，在纠问制与新纠问制的传统中，寻找事实真相是侦查人员（或者预审法官）的职责，而大多数人认为辩护律师与此无关。在前苏联时期，检察官与法官期望律师能够为政府利益服务，避免采用激烈的方式为其委托人辩护。类似于作为"国家公务员"的普鲁士律师，前苏联律师必须服从国家利益，否则将面临由检察官或法官投诉而导致的纪律处分。出庭的检察官不仅负责起诉被告人，还要负责监督诉讼程序依照法律规定进行，这就使得他们有权对违规的律师进行控诉。法官可以通过"补充判决"（*chastnoe opredelenie*）来控诉过于热心或采用法官不喜欢的辩护策略的律师。①

随着经济的不断私有化，在戈尔巴乔夫和叶利钦执政时期，律师的职责和社会对于法律服务的需求有了巨大的改变。这些改变先是私下进行的，继而变得自发，最后获得了政府的批准。这些变化使得律师数量出现了近乎于失控的激增。当律师们第一次为建立一个国家性的组织而努力时，他们取得的关键性成就是创立了区域性乃至全国性的律师协会，而政府也勉强接受了这些协会。这些协会中最成功的当属由加桑·米尔佐耶夫（Gasan Mirzoev）②创立的俄罗斯律师公会，这个公会的

① E. Huskey, "The Politics of the Soviet Criminal Process: Expanding the Right to Counsel in Pre-trial Proceedings", *Am. J. Comp. L.*, 34 (1986): 93 - 112; Jr. P. H. Solomon, "The Criminal Procedure Code of 2001: Will It Make Russian Justice More Fair?", in W. Pridemore, ed., *Ruling Russia: Crime, Law and Justice in a Changing Society*, London: Rowan and Littlefield, 2005, pp. 77 - 100.

② 加桑·米尔佐耶夫是全俄公共组织"世界人权与幸福生活律师团"协调委员会主席，俄罗斯律师研究院院长，并于1993年至今担任律师联盟委员会"莫斯科司法中心"主席。参见2010年8月31日，http://antiracism - info. org.

主要客户为富有的商人而不是贫困的违法者，并且该公会的部分成员来自于执法机构，这些政府官员被公会蕴藏的新的机会吸引而来。就司法部而言，为了维持对律师的管理，它坚持掌管给新律师颁发执照的权力，并强迫律师提供法律援助。一时间，众多律师选择与司法部官员合作，一方面在部门官员的帮助和保护下避免为执业活动纳税，同时另一方面也可以对新进律师的数量和素质加以控制。这一模式的棘手之处在于，当律师向司法部寻求帮助时，随着时间的推移，司法部所采取的方法变得更具侵略性、更傲慢并且更单边主导。①

在 20 世纪 90 年代，俄罗斯进行了一系列设立律师协会（*advokatura*）的努力，这些律师协会可能有助于规制律师行为，并在行业内部设置基本准则。然而律师之间存在不同利益及分歧，更不用说加上政府官员。这种分歧的后果是产生了僵局，这一僵局只能由普京政府的一纸命令打破，由此还产生了各方力量关于律师协会妥协之下的 2002 年法律。同样在 20 世纪 90 年代，一场冗长且功能不明的论战开始了，这场论战的焦点是当时新颁布的刑事诉讼法。论战的一个主要战场是在多大程度上引入对抗制（另一个主要论题为是否要完全抛弃新纠问制），可以看出这一论战的结果将影响律师们在刑事诉讼中的地位和权利。②

在俄罗斯，重组后的律师协会降低了律师团体和其他类似

---

① P. A. Jordan, *Defending Rights in Russia: Lawyers, the State, and Legal Reform in the Post - Soviet Era*, Vancouver: University of British Columbia Press, 2005（chapter 3）; E. Huskey, "Between Citizen and State: The Soviet Bar（Advokatura）under Gorbachev", *Colum. J. Transnat'l L.*, 28（1990）: 95 - 116.

② Jordan, *Defending Rights in Russia: Lawyers, the State, and Legal Reform in the Post - Soviet Era*; E. Huskey, "The Bar's Triumph or Shame? The Founding of Chambers of Advocates in Putin's Russia", in F. Feldbrugge and R. Sharlet, eds., *Public Policy and Law in Russia: In Search of a United Political and Legal Space*, Leiden: Martinus Nijhoff, 2005, pp. 149 - 168.

团体的级别，将这些团体定义为仅为工作需要而存在的组织形式。除此以外，重组后的律协将管理律师事务所的责任交给了国家和各地的律师"商会"（palaty），这就使得沙皇式的机构得以复兴。法律职业者在满足各种必要条件后，需要在司法部注册才能成为律师（律师商会负责审查）。但在注册之后，由商会负责对律师进行培训、管理，并且负责处理在国家指定的刑事案件以及法规规定的部分民事案件中提供免费法律援助服务。"律协"（或律师商会体系）在法条中被定义为"一个独立的非政府组织，根植于市民社会而非国家政府"。此外，律师有权参加协会、组织，并且有权自己设立协会。尽管政府仍然拥有监管律师的权力，但这种权力相较于苏联时代已经有所弱化。政府部门的官员可以自行决定为律师提供帮助，比如帮助其获得价格合理的办公区域。每个律师协会的成员自行选举4名人员组成委员会，再由委员会成员选出一名任期4年的主席。行业内部处分的首次审查由资格委员会负责，其运作模式就如拥有行业以外人员的法官资格委员会处理法官行业内部处分的案件一样。区域性的资格委员会由13名人员构成，其中包括7名律师（多数）、2名司法部官员、2名法官以及2名当地立法机关代表（有时由法学教授出任）。倡导律师行业完全自律的人们曾经反对律师行业以外的人参与资格委员会事务，但这些外行人的参与可能提升资格委员会的正当性，并且协助委员会作出大胆且有争议性的决定。资格委员会作出的决定可以由协会的委员会进行审议，之后该决定还可被上诉至法院。①

在政府控制下增加的自治权给俄罗斯律师带来了一些实

---

① P. A. Jordan, *Defending Rights in Russia: Lawyers, the State, and Legal Reform in the Post - Soviet Era*; E. Huskey, "Between Citizen and State: The Soviet Bar (Advokatura) under Gorbachev".

惠，这些实惠与他们作为律师所获得的权利改善相得益彰。俄罗斯《2001 年刑事诉讼法》采用了对抗制诉讼模式，同时对新纠问制弃之不用。根据这一改革，所有的证据需要在法庭上进行质证，而卷宗本身也不能再作为证据使用。所有的证据都需要律师当庭对证人进行质证，这一过程不再仅由法官主导。前置侦查得以保留，但在其中引入了对抗性元素。此外，自 1990 年起，犯罪嫌疑人在被逮捕后的短期内可以会见律师，并且律师可以出席所有讯问。律师还拥有调查取证权，以及在前置侦查阶段有权接触部分案卷，但是侦查人员将不再担负搜集证明被告人无罪证据的义务。此外，陪审团制度的引入也给杰出的律师提供了新的机会以运用他们的辩论技巧，并以此获得其希望的判决结果。①

简而言之，律师协会的改革与刑事诉讼规则的修订在正规层面上改善了律师的工作条件，与 20 世纪 90 年代相比这个集体获得了更多的自治权，作为个体的律师也拥有了更多的权力和责任。然而一个关键问题还是没有得到解答：律师的工作到底得到了多大程度上的改善呢？

在当前的俄罗斯，部分律师对法律援助怨声载道，怨言之一是认为其承担法律援助义务无法获得充足的补偿。② 另一些律师仍然在为法律实践的组织和管理进行斗争。但更为严重的问题存在于刑事辩护律师的作用和权利中。

首先，大多数律师意识到目前刑事诉讼程序仍然偏向于控方，因而他们在刑事辩护过程中依然面临着巨大的困境。这一困境包括在审前阶段律师的报酬较低，以及虽然具有调查取证

---

① Solomon，"The Criminal Procedure Code of 2001：Will It Make Russian Justice More Fair？".

② Advokat，"Komu nuzhna gosudarstvennaia advokatura？"，Advokat，issue 10，2006.

的权利，律师们仍然需要获得侦查人员或者法官批准才能使用收集到的证据的事实。另外，很多法官和检察官仍然希望律师能够在庭审中与他们"合作"，有一些法官甚至仍然期望律师能听从他们的指示。总之，对抗制这一新制度的精髓尚未被刑事诉讼参与者吸纳，这对于辩护律师以及被告人来说是不利的。

除此之外，还有其他因素可能会使情况变得更糟。在俄罗斯的部分地区，有迹象表明警察、检察官与法官对律师仍然抱有一种敌对态度，这种态度与改革之前相比甚至有过之而无不及。对于律师群体而言，无论是来自于警方的迫害或攻击，还是来自法官的斥责都在增加。例如，行业法官可能通过补充性判决的方式来启动对律师的违纪听证。在过去那段时间甚至存在对律师的虚假起诉，特别是当律师抱怨来自其他诉讼参与者的苛待时。自20世纪90年代中期以来关于对律师进行虚假追诉的报道屡见不鲜，直到2005年，俄罗斯律师公会委员会才听取了两名律师对这一问题的看法，其中一名律师表示这种行为是"对于律师权利的大肆侵犯"。①

至少在如莫斯科和圣彼得堡的几个主要地区，律师商会的资格委员会表现得中立、坚决，并且能防止其会员律师被检察官和法官报复。有一个例子可以充分证明这一点：有一位律师以存在利益冲突为由申请一名法官回避，然而这一行为惹怒了该法官而对其进行指控。而自从2005年起，莫斯科律师协会（商会）的资格委员会清除了针对这名律师的所有指控。因为虽然这名律师在提交这一回避申请以及其他申请时比较强硬，但所有程序都是正确的。而且这名律师还将案件审理过程通过

① Jordan, *Defending Rights in Russia: Lawyers, the State, and Legal Reform in the Post - Soviet Era*, pp. 131 - 135, 163 - 177; Iu Stetskovskii, *Advokatura i gosudarstvo*, Moscow: Iurist, 2007, pp. 331 - 343, 358 - 366.

摄像记录了下来，这些记录表明了该法官的无理以及律师申请法官回避的合法性。相较于俄罗斯大多数法院的判决结果，委员会的意见更加详细，而且论证也更加严密。当时委员会主席是知名律师瑞兹尼柯（Genri Reznik），他是莫斯科律师协会主席。此外，委员会有一位成员是著名的司法改革家和前莫斯科市法院法官谢尔盖·帕申（Sergei Pashin），他代表莫斯科市立法机关出席了此次听证。①

可能对于莫斯科和圣彼得堡的委员会来说，近年来他们所面临的压力主要来自于政府，由于一些律师在刑事审判一审中为巨头霍多尔科夫斯基（Mikhail Khodorkovsky）进行了辩护，政府为了泄愤，曾多次尝试对这些律师进行报复。他们通过向负责律师注册的联邦登记机构（Federal Registration Service）和检察机关进行投诉，导致 10 名律师在 2003 年至 2005 年间受到行业违纪审查，其中大部分投诉要求撤销其律师资格。在对投诉进行了严格审查之后，具有管辖权的资格委员会驳回了所有申请。② 在这一事件中，正式机构（各地律师协会的资格委员会）行使了他们的权力，而且代表政府的一方没有采用其他手段赢得诉讼。③

莫斯科和圣彼得堡的律师商会中有众多有影响力的律师，

---

① Moscow Advocates' Chamber, "Obzor distsiplinarnoi praktiki Soveta Advokatskoi palaty goroda, Moskvy", Advokat, issue 10, 2006; Moscow Bar Association, "Conclusions of the Qualifications Commission of the Bar Association of the City of Moscow in the Disciplinary Proceeding of Attorney P. ", May 20, 2005, unpublished.

② Tsentr sodeistviia mehdunarodnoi zashchite, "O presledovanii advokatov M. B. Khodorkovskogo i P. L. Lebedeva", 2006, unpublished report; Khodorkovsky website, "Ataka na advokatov", 2006, chronicle, www. khodorkovsky. ru.

③ 在霍多尔科夫斯基一案中受到迫害的律师，卡琳娜·莫斯卡连科（Karina Moskalenko），多次面临无法继续执业的危险，甚至遭遇下毒事件。但莫斯卡连科的争议性活动（俄罗斯政府的观点）仍然继续，并且还代理了波利特科斯卡亚（Politkovskaia）的案件。此外，她还将大量案件上诉至位于斯特拉斯堡的欧洲人权法院，包括两个涉及霍多尔科夫斯基的案件。

这些律师一直在为加强律师行业自治而努力，更不用提还有一些像谢尔盖·帕申这样有社会影响力的人为他们做外援。笔者不知道偏远地区的律师协会是否也能保护律师免受来自警方、检察机关与法院的报复和攻击。总体来说，律师协会的资格委员会具有一定的积极作用，自2006年以来各地委员会已经根据900多个投诉对大约4000件行业违纪案件进行了审查。在这些案件的审查结果中，有100多位律师丧失了执业资格，部分律师则受到了警告。①

在霍多尔科夫斯基一案中莫斯科和圣彼得堡委员会未能有效约束律师的行为，这使得普京在其总统任期届满之前提出了最后一项议案，即要求负责律师注册的官员可以在不经有管辖权的委员会同意的情况下就申请法院撤销该律师的注册资格。然而，由于存在大量反对意见，包含这一提议的草案并未得到下议院的批准。在2009年初期产生了一些新的规制律师行为的措施，包括在审前羁押阶段对律师与其客户对话进行录像的提议。②

简而言之，俄罗斯律师在执业过程中仍然可能面临着巨大的压力，特别是当他们在法庭上表现非常积极，或者完全采用对抗制模式进行辩护时。新颁布的刑事诉讼法可能提倡这些行为，但法官、检察官等负责法律实施的其他官员则不以为然，因为这一方面与他们在传统上对律师的定位不同，同时也与他们的现实利益相悖。地区律师协会拥有较多的自治权，特别是在对律师的违纪审查方面，这使得协会有能力保护其律师免受

---

① St. Petersburg Advocates' Chambers, 2006. 在由于行为不当而被撤销职业资格的律师数量达到100时，每年被撤销职业资格的律师数量与每年被除名的法官数量基本持平，在2005年时被除名的法官总数达到93。

② A. Snezhkina, "Prezident porbil zashchite", *Gazeta. ru* 8 May 2008; L. Nikitinskii, "Poslednaia podpis presizenta", *Novaia gazeta*, 23 June 2008; K. Katanian, "Zashchita bez zashchity: Zakonodateli prodolzhaiu 'komsharit' advokatury", *Ad vokatskaia gazeta*, issue 3, 2009.

报复。然而并非所有的律师协会都能提供此类保护，同时这种保护也并不能体现在方方面面，比如当律师遭受到来自警方的骚扰以及来自检方的起诉时。① 同时，一国的政治环境越倾向于威权主义（以及对一国执法人员的问责较弱时），律师遭受报复的可能性就越大。在这种情况下，同法官团体一样，律师团体虽然获得了比前苏联时代更多的自主权，他们仍然面临着各种试图使其行为符合外部期望的潜在规则。

四、中国的法官与律师：团队成员与局外人

中国是一个由动态的市场化经济与未经过改革的威权政府所组成的结合体。虽然中国法院与法官的地位与独立相去甚远，并且它"根植于"政治秩序中（与俄罗斯不同，中国并没有采用完全意义上的司法独立），中国对世界经济的参与（包括 2001 年加入世界贸易组织）一方面使它对部分部门法进行了调整（如知识产权、贸易和海关），另一方面对法律和司法体系进行了改革。套用一位观察员的话语，这些改变旨在使中国法院"在西方世界眼里显得理性并具有专业素养"。② 然而，对于非正规实践操作的保留和鼓励使得法官需要关注政

---

① 在 2008 年秋季，检察官在决定起诉律师时不再需要得到法官的批准，这一行为使律师在面对来自侦查人员的报复时不能得到有效保护。议院的议员似乎认为需要高级侦查人员同意才能对律师进行追诉的要求已经为律师提供了足够的保护，然而律师却不这么认为。See V. Khamraev, "Za zashchitnikov zatupilis s raznykh storon", *Kommersant*, 9 April 2009.

② Liu, "Beyond Global Convergence: Conflicts of Legitimacy in a Chinese Lower Court". 关于实体法在经济方面作出的改变以及对国际法规定的"选择适用"，see P. B. Potter, "China and the International Legal System: Challenges of Participation", *The China Quarterly* 191, no. 1 (2007): 699 – 715; Julia Ya Qin, "Trade, Investment and Beyond: the Impact of WTO Accession on the Chinese Legal System", *The China Quarterly* 191 (2007): 720 – 741。本杰明·利伯曼（Benjamin Liebman）就经济发展与国际关系对中国在司法行政和其他在解决公民纠纷方面的创新方面产生的作用提出了质疑。See B. L. Liebman, "China's Courts: Restricted Reform", *The China Quarterly*, 191 (2007): 620 – 638.

府的利益，并且与其保持一致。律师的处境也不算好，尽管法律有所规定，但律师们仍被要求与法律执行部门合作，而不是进行有意义的辩护。

首先，法官与其他机关之间存在着明显的从属关系。地方"负责对法官的任命、审核、拔擢以及处理，特别是处于领导地位的官员"。检察院负责监督司法运行，法院也需要依赖地方财政。政府对于案件的干预也时有发生，特别是涉及经济和政治的案件，且这种干预常常是决断性的。但法官在大多数案件中可以自己作出决定。①

与此同时，作为个体的法官很难犯错误。一方面，所有简单的刑事案件由合议庭负责，通常由 3 名法官或 2 名法官与 1 名人民陪审员组成。另一方面，当遇到重大案件时，合议庭需要直接咨询院长，或者通过院长将案件提交给由该法院最好的法官所组成的审判委员会。当案件比较重大或者法官面临来自社会的巨大压力时，为了保证作出的判决不被发回重审，法官们也经常向上级法院的法官咨询。对案件判决结果的发回重审不仅仅影响对法官的评估，实际上也许会导致其待遇的降低！这种动态的由集体决定案件的情况被一名观察员描述为在中国的法庭上，"法律程序与实际的决策制定之间仅有极微弱的联系"。②

在处理普通案件时，部分法院的法官确实尝试作出公正的、合法的判决，并且随着接受过法律教育的法官比例的增

---

① R. Peerenboom, *China's Long March toward Rule of Law*, Cambridge：Cambridge University Press, 2002, pp. 280 – 343；Hualin Fu, "Putting China's Judiciary into Perspective：is it Independent, Competent, and Fair?", in E. Jensen and T. Heller, eds., *Beyond Common Knowledge：Empirical Approaches to the Rule of Law*, Stanford：Stanford University Press, pp. 193 – 219.

② Liu, "Beyond Global Convergence：Conflicts of Legitimacy in a Chinese Lower Court"；Peerenboom, *China's Long March toward Rule of Law*.

加，以及转行做法官的前公务员或退休官员比例的减少，越来越多的法官试图作出公正的、合法的判决。① 尽管如此，政策有可能将这种萌芽淹没。其中一个例证就是被称为"严打"的打击犯罪的运动（从 2001 年开始）。这些运动针对特定犯罪行为和犯罪人，如经济犯罪，但它们导致了一些严重的后果，包括扩大了犯罪人的范围以及对案件过快的、不探求细节的审理。尽管法官们已经被要求不应一直作出法定最高刑罚的判决，但是这种情况仍然时常发生。这主要是因为法官需要避免因为缺乏政治敏感性而受到处罚。"严打"运动的宣传效果比法律的实施效果更重要，且"严打"的目的就是明确公共道德和社会规范。有些审判是作为"宣判大会"在当地体育场进行的，法官在数万人面前宣布犯罪人的刑罚，而民众则为每一个死刑判决鼓掌。②

中国近期并没有鼓励司法机构独立审理案件并对其判决负责的倾向。为了克服法院在审理案件时遇到的问题，中国已经在上诉至上级法院这一正常程序之外设立了个案指导制度，这一制度基于审判监督权，使检察官和高级法官能够对案件判决结果进行抗诉和复审。在一些人的眼中，这些制度可以打击腐败和地方保护主义（多出现在民事和商事案件中），但监督性的复审也可能在启动程序和适用过程中被滥用。③

即便是在 1996 年，刑事案件中律师的作用和规范法律职业者的方式都有了很大的改变，但是同法官类似，中国的律

---

① C. Hawes, "Improving the Quality of the Judiciary in China: Recent Reforms to the Procedures for Appointing, Promoting, and Discharging Judges", in K. Malleson and P. Russell, eds., *Appointing Judges in an Age of Judicial Power: Critical Perspectives from around the World*, Toronto: University of Toronto Press, pp. 395 – 419.

② S. Trevaskes, "Severe and Swift Justice in China", *British Journal of Criminology* 47, no. 1 (2007): 23 – 41.

③ R. Peerenboom, "Judicial Independence and Judicial Accountability: An Empirical Study of Individual Case Supervision", *The China Journal*, 55 (2006): 67 – 92.

师，特别是刑事辩护律师，仍然拥有强烈的与法律执行机构配合的动机。再次需要说明的是，体制改革是为了使中国与世界接轨，然而这些改革都被一些非正规的实践操作破坏了，这其中就包括在政治纵容下法律执行人员对于正规规则的抵制。

同俄罗斯相比，中国律师行业的发展更显缓慢。在国民党统治下的民国时期，中国只有极少的律师，在共产党执政的早期同样如此；1957年，中国只有2500名全职律师，分属19个不同的地区律师协会。对于律师的培养直到1980年才起步，当时律师的执照颁发、工作与规制都直接由司法部掌管。1996年时，律师在刑事案件中所起的作用仍然非常有限，完全无法参与审前阶段，而警察对于任何犯罪嫌疑人都可以无限期羁押。律师只有在审判阶段才能参与案件，并且根据法律规定，律师在开庭前的7天之内才会受到指派。他们既没有权利也没有资源对案件事实进行调查，并且大多数情况下，律师在审判阶段所起的作用也只是作出请求从轻或减轻处罚的辩护。审判不公开进行，上诉的机会也是有限的。更有甚者，警察、检察官和法官组成"铁三角"，将辩护律师视为来自外界制造麻烦的人并将其边缘化，而不是将律师视为同行进行合作。[①]

中国在1996年作出了两项调整，其一是颁布了新的《律师法》，其二是对《刑事诉讼法》作出了重要的修改，这两项改革措施都是为了改善辩护律师的境遇。一方面，《律师法》重新定义了律师的责任与工作方面的组织方式，该法律加强了律师行为准则，推进了法律援助工作。《律师法》还对全国律师协会在各地区分会的设立和授权加以认可。另一方面，新修

① Peerenboom, *China's Long March toward Rule of Law*, pp. 343 - 393; T. C. Halliday and Sida Liu, "Birth of a Liberal Moment? Looking through a One - way Mirror at Lawyers' Defense of Criminal Defendants in China", in M. Feeleyand L. Karpik, eds., *Fighting for Political Freedom*, Oxford: Hart Publishing, 1997, pp. 65 - 107.

订的《刑事诉讼法》赋予了律师新的重要权利，包括在侦查阶段会见客户、调查取证、要求辩方证人出庭作证以及在审判中发挥积极作用等。这些规定均类似于对抗制诉讼模式中律师应当发挥的作用。然而在实践中，即便这些改变在切实地发生，其速度也很缓慢。[①]

律师协会及其在各地的分支机构按照计划切实地建立起来了，但大多数分支机构的力量过于微弱，以至于它们不能执行律师行业管理中的一些关键职能。这些职能包括颁发律师执业资格证、对资格证进行年检、对律师收费和对法律援助进行规定等，而且对律师进行行业内部纪律处分的权力仍然由司法部掌握。[②]

除上述问题以外，警方和检察院并不欢迎真正活跃的辩护律师，并且还时常在其工作中阻挠律师的工作。1997年某省警察机关的一份报告中要求警察在处理辩护人意见时，"能不满足就不满足，能拖延就拖延"。麦宜生（Ethan Michelson）在其报告中称，在2004年，律师在日常工作中仍然会受到各种阻碍，其中主要包括"三难"，即取证难、会见难、阅卷难。此外，律师还要面对法官对其辩护意见不予理睬，或者警方破坏证据或威胁证人等情况，[③] 而这些还不是问题的全部。

尽职尽责为客户辩护的律师也会面临来自警方的行动，甚至有时会遭遇针对他们的刑事立案和侦查。有时，这些针对律师的刑事立案是基于所谓的"铁锤306"，即1997年《刑法》

---

① Peerenboom, *China's Long March toward Rule of Law*, pp. 343 – 393; T. C. Halliday and Sida Liu, "Birth of a Liberal Moment? Looking through a One – way Mirror at Lawyers' Defense of Criminal Defendants in China".

② Peerenboom, *China's Long March toward Rule of Law*, p. 353.

③ Halliday and Liu, "Birth of a Liberal Moment? Looking through a One – way Mirror at Lawyers' Defense of Criminal Defendants in China"; E. Michelson, "Lawyers, Political Embeddedness, and Institutional Continuity in China's Transition from Socialism 1", *American Journal of Sociology* 113, no. 2 (2007): 352 – 414.

的第 306 条，"当律师帮助被告人毁灭、伪造证据或者引诱被告人犯伪证罪时，律师可被追诉"。那些建议客户收回迫于压力而作出供述的律师，或者那些要求排除非法证据的律师更容易受到打压。简言之，警方和检察官能够容忍遵循传统模式的律师，并将其视为"外部烦恼"，但那些尽力为客户辩护的律师则要面临真正的迫害或追诉。①

在很多案例中，律师及其朋友都试图通过律师协会提供的互联网资源寻求帮助，这种令人欣喜的现象表明律师的职业认同感正在上升，他们逐渐变得团结一致。但总体上来说，刑事辩护律师的境遇还是非常困难的，1997 年的改革承诺未能彻底实现。《刑法》中新规定的权力和权利在实践中并没有熟人网络有效，这就使事先有过执法经验的律师具有一定的优势。②

中国政府目前还没有释放出在庭审中需要适格律师的信号。正相反，上文提到的为打击某几类特殊犯罪所进行的"严打"运动证明政府并不需要有效的辩护。毫无疑问的是，当"严打"大行其道时，辩护律师是没有任何机会为其客户提供帮助的。简化和加速后的刑事审判程序以及树立示范性判决和刑罚的主张，使得为被告人进行减轻或从轻刑罚的辩护也失去了意义，更不用说对指控提出异议。③

中国刑事诉讼法的进一步变化可能正在酝酿之中，但仅仅是法律的变化能在多大程度上改变传统观念对律师的限制，能在多大程度上减少警方与检方对律师的报复，这些问题的答案仍然不甚明了。为了使律师们成为刑事诉讼程序的参与者，需

---

① Michelson, "Lawyers, Political Embeddedness, and Institutional Continuity in China's Transition from Socialism 1"; Halliday and Liu, "Birth of a Liberal Moment? Looking through a One-way Mirror at Lawyers' Defense of Criminal Defendants in China".

② Ibid., Michelson.

③ 参见第 189 页注释①。

要改变警察、检察官和法官的工作准则和评估制度，但并没有证据表明这三方以及他们的上级单位希望改变当前的刑事司法体制。

五、中俄比较以及非正规实践操作的效力

世界各地在正规做法之外都存在着非正规的实践操作，然而各国中后者对于前者的作用却并不一样，有些能够巩固正规做法，而另一些却呈现削弱正规做法的态势。两者之间的相互作用在法律事实和司法运行方面更为显著，因而西方国家对于这一过程中的非正规实践操作甚为关注。[①] 即便如此，有些国家的非正规做法还是比其他国家发展的更多，或者说比其他国家在更大程度上背离了正式做法。阿莉娜·莱德妮娃（Alena Ledeneva）的分析表明，在当前阶段，一个发达的非正规实践体系加之对法律和正规系统存在的漠视使得这两方之间的矛盾愈发严重。与此同时，两种模式的混合以及主要参与者的利益就变得尤为重要。其次，莱德妮娃的实证分析证明，在苏联时代之后的俄罗斯，法律的适用在政府的非正规做法以及经济发展中起到了越来越重要的作用，这一进步有助于抑制孤立法官的做法，并有助于放权给律师。[②]

前苏联的境况与共产主义下的中国类似，非正规做法在公共生活中总是扮演着重要角色（如关系），并且公众和精英阶层都已经习惯了法律规定的正式做法与日常生活存在较大差距。[③]

[①] J. Eisenstein and H. Jacob, *Felony Justice: An Organizational Analysis of Criminal Courts*, Boston: Little Brown, 1977; D. McBarnet, *Crime, Compliance and Control*, Dartmouth: Ashgate, 2004, part two; R. Ericson, *Reproducing Order: A Study in Police Patrol Work*, Toronto: University of Toronto Press, 1982.

[②] A. Ledeneva, *How Russia Really Works: The Informal Practices that Shaped Post - Soviet Politics and Business*, Ithaca: Cornell University Press, 2006.

[③] A. Ledeneva, "Blat and Guanxi: Informal Practices in Russia and China", *Comparative Studies in Society and History* 50, no. 1 (2008): 1 - 27.

然而与此同时，司法方面的非正规实践操作在很大程度上为正式做法提供了支持，因为后者明确表明其服务于国家利益。法官和律师通过自己的方式服务于国家，而正规体系在对他们的职责、事业和激励机制作出规定的同时，也为非正规做法留出了余地。诚然，宪法条文主张司法独立以及被告人具有在庭审过程中获得律师辩护的权利，然而对大部分学者来说，这些主张既不能代表基本权利，也不是社会主义制度的真实写照。

在前苏联解体之后的俄罗斯和具有特色社会主义的中国，为了形成一个可以接纳司法独立、充分自治且能在对抗制诉讼中发挥作用的律师团体的司法框架，正式机构已经开始在作出改变，而俄罗斯的改变要大于中国。在这一新时期，过去的非正式规则，即那种为了保证法官服务于权力阶级和同行利益，以及律师无法干扰警方和检方工作而设立的体系，获得了新的意义和内涵。不可否认的是，非正式规则的延续乃至更广泛得到使用折射出参与者的切身利益，这其中就包括司法部领导、警察局长、检察官以及地方政府官员等。与此同时，面对改革的反对声音，以及与之相反的对于法制改革创新的广泛倡导，两国领导人都加以容忍，而这种容忍本身就意味着政府成为了上述问题产生的辅助原因。

中国和俄罗斯都存在对司法改革和对更加平衡的、对抗性的刑事诉讼制度的反对，而在很大程度上，这种反对来自于司法部门和司法体系内部，即来自于与实施新政策相关的官员。并且，这种反对反映出政府官员对于创新思维方式的正常抵制，更不用说这种创新还涉及对于其自身职责的重新定位。然而，正如人们所看到的，官员的这些行为得到了政府领导人的支持。

俄罗斯和中国都有证据表明尽管并不利于法律的实施，政府领导人已经开始利用法律来谋求自己的利益，而这种行为又使得他们的下属也敢于做同样的事情。因而，在石油巨头霍多尔科夫斯基的案件中，俄罗斯的领导人通过直接或间接的方式凌驾于法律之上，先是利用权力影响追诉，其后又对那些为这位名人提供辩护的律师们启动了行业纪律处分。对尤科斯石油公司的起诉和"严打"活动都说明了俄罗斯和中国的领导人对于法律和司法改革的犹疑。对法律和法庭进行改善没有问题，但前提是它们能够可靠地服务于领导人的需要。此外，领导人的举动证明，即便曾宣言要维护公正的审判，他们仍然将法院和司法系统视为可随时被用于打击犯罪与政敌的"政府强制部门"。①

对于中国与俄罗斯而言，在形式上建立一个值得信任的法律体系和具有独立性的法院系统有助于促进市场经济的增长。尽管在实践中，这样一个基于民主合法性的政治体系是为威权体制所服务的，但俄罗斯在其正式宪法条文中明确记载了这一体系的民主性。截至 2009 年，俄罗斯与中国相比，其正式法律规定与非正式实践做法之间的鸿沟比中国要大得多，但这主要是因为俄罗斯比中国更进一步改革了其法律和司法体系，并有更深层次的理由在实践中保留过去的制度。

人们很容易歪曲领导人的意图或夸大他们的伪善程度。然而，现有的证据已能够证明在领导人自身或者国家利益未牵涉其中时，他们还是希望法院能进行公正的审理。并且两国领导人也并不希望警方和法院对地方政府或商业领域作出过多回应，因为这意味着除了领导人之外，还会产生其他的权力中心。（回想一下，斯大林将法律作为一种加强集权的工具。）但是威权主义国家领导人也确实重视，并且经常强调要建立一套能够在需要时服务于他们利益的法律体系，因而许多改革措

---

① Steven Levitsky and Lucan A. Way，"Competitive Authoritarianism: International Linkage, Organizational Power, and the Fate of Hybrid Regimes".

施要作出妥协。

本文的出发点是威权主义国家的领导人希望能够融入世界经济，因此他们意图建立一套至少在外部特征上满足国际标准的法律秩序，但这套法律秩序还要辅之以能够使其服务于领导人及官员的非正式规则。俄罗斯和中国在 20 世纪 90 年代以及新世纪的第一个十年中的做法充分说明了这一点，这也与包括白俄罗斯和一些中亚国家在内的前共产主义国家的做法类似，它们既避免了政治变革又避免了全球化的影响。白俄罗斯在设立正式的独立法院与自治律师协会方面进展不大，因而正式机构和非正式做法之间的差距也就很小。① 在格鲁吉亚这样一个部分领土缺乏管理权力的混合体，正式司法机构（包括律师协会）的权力非常有限，以致它在司法行政方面完全依靠非正式规则。② 在这里，后者取代了正式机构，而并不仅仅是两者之间存在矛盾那么简单。对这一问题的思考如能超越共产主义国家与前共产主义国家的范围，比如与新加坡等国作对比，那么结论将会更为准确。

最后，俄罗斯也好，中国也罢，对于律师协会的改革与司法改革是齐头并进的，这也就意味着这些国家的律师无法在不久的将来就变成推进社会自由的斗士。可以肯定的是，在这些新兴市场经济国家，大量的律师都忙于个人的致富，特别是一些年轻的律师，不再像其前辈一样为了争取自由而献身。但更为重要的一个原因是威权环境这一现实，在这一语境下，民间社会活动难以获得支持，类似于律师协会的社会组织也处于政府的监控之下。欲使律师成为推动变革的力量，制度本身需要先进行变革。至少在俄罗斯，律师已经开始占据权力位置，新

---

① N. I. Martinovich, *Advokatura Belarusi: istoriia i sovremennost*, Minsk: Tesei, 2002.

② C. Waters, *Counsel in the Caucasus: Professionalization and Law*, in Georgia, Leiden: Martinus Nijhoff, 2004.

总统德米特里·梅德韦杰夫（Dmitrii Medvedev）在担任总统前就是执业律师。他似乎很关注司法，并已经启动了一系列改革措施，包括加强法律援助等。① 在若干年之后，如果俄罗斯仍然未回到民主的轨道上，或许俄罗斯的律师们能够成为领导人团体中的突出部分，并且能够促进自由在俄罗斯这一威权体制中的进一步发展。②

---

① Jr. , P. H. Solomon, "President Medvedev and the Courts: the Start of a New Era?", in J. L. Black, ed. , *Russia from Putin to Medvedev*, Ottawa: Penumbra Press, 2009.

② P. Barenboim et al. , "Advokatura kak katalizator pravovoi reformy", in P. Barenboim, ed. , *Pravovaia reforma XXI veka i advokatura*, Moscow: Iustitsinform, 2007.

中国特色的庭审剧：比较分析中国电影业折射出的司法程序[*]

史蒂芬·麦金泰尔[**]　文

孙杨　王倩云　裴炜　译

简目

---

　* Stephen Mcintyre，"Courtroom Drama with Chinese Characteristics：A Comparative Approach to Legal Process in Chinese Cinema"，*University of Pennsylvania East Asia Law Review*，8（2013）：1-19. 本文的翻译与出版已获得作者及出版社授权。作者在此要感谢郭俊鸿教授对本文提出的宝贵意见和鼓励。同样感谢出席、参加肯塔基大学举办的 2011 年肯塔基州外文大会的专家学者，作者在会上演讲了本文的早期版本。

　** 史蒂芬·麦金泰尔，获杜克大学法学院 J. D.、杜克大学中东研究硕士学位、杨伯翰大学中文专业学士学位；现为美国美迈斯律师事务所（O'Melveny & Myers）洛杉矶分所的律师，任职于诉讼部，专业领域为反垄断与竞争、医疗保健；精通汉语，通过美国评定汉语水平的最高测试，是中国法律和政治方面的专家。

以往有关"法律与影视作品"的学术研究重点关注的是好莱坞电影，与此不同，本文将分析中国电影界中涉及法律题材的电影。本文认为中国电影在刻画法庭时不是单纯对西方传统的模仿，而是借助一种历史悠久的、本土的传统"公案"（court case）题材来加以表现。

与好莱坞影片类似，公案剧也抓住了法律审判中的戏剧性和叙事性潜能。但是，好莱坞庭审剧将观影者置于陪审员的视角中，感受庭审对抗中产生的剧情冲突，而公案剧则避免一切反面的描述，重点展现对明显有罪之人的惩罚。传统公案剧刻画出明确的道德感和司法的惩罚性，而在中国现代法律制度以及中国影视业中，这种道德感和惩罚性同样得到了体现。

《东京审判》（Tokyo Trial）是一部描写第二次世界大战后在日本进行的一场刑事审判的影片，这部影片反映出了公案剧带来的长久影响。虽然《东京审判》在许多方面与好莱坞庭审剧相似，但其仍然忠实于公案剧的模式。它充分体现出了中国本土公案传统的稳固性，并折射出隐藏于其后的中国司法制度的态度。

一、介绍

（外国）研究中国电影业中的庭审剧如同在好莱坞研究京剧。正如京剧诞生于 19 世纪北京特有的环境中那样，与此相类似，好莱坞庭审剧的原型则源于美国众所周知的法律至上的文化。雷纳德·斯特里克兰（Rennard Strickland）对此评论道："法律主导了美国人的生活和文化，这种主导的方式不仅开国元勋们在建国之初想象不到，即便是对那些与我们生活在同一星球上的大多数同类而言，同样显得难以理解。"① 因而不出所料的是，在过去一个世纪里，好莱坞是全世界法律题材大众媒体的重要出产地。②

那么，在一部中国影片中，法庭审判会以怎样的面貌出现呢？本文认为，中国影片中的庭审场面并没有借鉴好莱坞影片的传统方式，而是延续了中国情节剧的悠久传统，并且呈现出与美国庭审剧在许多方面的重大差异。换句话说，中国传统反映出一个高度惩罚性的司法系统，它不是通过无罪推定、正当程序的保障性规定、对抗式诉讼以及陪审团的裁决来寻求正义，而是通过主审法官迅速惩罚罪犯来实现正义。这一定位使得影片避开任何可能导致故事冲突的叙述，而着重以单一的视角叙述犯罪过程，以彰显明确的道德感。

在有关中国电影业的研究中，仅有很少的部分是关于法律题材的。③ 本文希冀能在填补这一空白上起到抛砖引玉的作用。文中描述了中国庭审剧的起源、特征以及其现代表现形式，最后通过对 2006 年影片《东京审判》的总结分析，阐明了中国庭审剧传统带来的长久影响，以及其中隐含的司法体系的态度。

---

① Rennard Strickland, "Bringing Bogie Out of the Courtroom Closet: Law and Lawyers in Film", in Rennard Strickland et al., eds., *Screening Justice—The Cinema of Law: Significant Films of Law, Order and Social Justice* xxi, xxiii, Buffalo, New York: William S, Hein & Company, 2005.

② See Kathy Laster et al., *The Drama of the Courtroom*, Leichhardt, Australia: Federation Press, 2000, pp. 2 - 3. （该文提及电影界存在的"美国在这一领域内的主导地位"以及"当下主导全球的美国式诉讼与裁决题材"。）

③ 虽然有关中国法律题材电影的研究越来越多，但康雅信（Alison W. Conner）关于中华人民共和国成立前中国电影的文章代表了研究道路上很大的进步。See Alison W. Conner, "Movie Justice: The Legal System in Pre - 1949 Chinese Cinema", *Asian - Pac. L. & Pol'Y J.*, 12 (2010): 1; see also Corey K. Creekmur & Mark Sidel, eds., *Cinema, Law, and the State in Asia*, New York: Palgrave Macmillan, 2007 （该文探讨东亚电影中的法律主题，包括中国电影）。

二、好莱坞的法律与电影

被学者称为"法律与电影运动"① 的发展仍处于初期阶段。关于法律电影的学术研究始于20世纪80年代末期,在当时的流行文化中出现了一系列有关法律题材的代表作。② 从20世纪90年代到21世纪初期,有关法律与电影的文献大量涌现,并且近几年有一批相关主题的著作相继出版。③ 早期研究凭借的是已发展完善的"法律与文学"领域④,而最近的研究则采取了更加电影学的方法。⑤

即便自美国电影业诞生之初起,法律就是其中的热门题材,然而在法律与电影的研究中仍然出现了"最近的创新"⑥,这或许令人惊讶。⑦ 美国的第一部庭审题材的电影《错误的指

---

① Norman Rosenberg, "Young Mr. Lincoln: The Lawyer as Super – Hero", *Legal Stud. F.*, 215, 15 (1991): 215.

② Stefan Machura & Peter Robson, "Law and Film: Introduction", in Stefan Machura & Peter Robson, eds., *Law and Film*, Hoboken, USA: Wiley, 2001, pp. 3 – 8.

③ See. e. g., Rennard Strickland et al., eds., *Screening Justice—The Cinema of Law: Significant Films of Law, Order and Social Justice*; Leslie J. Moran et al., eds., *Law's Moving Image*, London: Cavendish Publishing, 2004; Anthony Chase, *Movies on Trial: The Legal System on the Silver Screen*, New York: New Press, 2002.

④ See Norman Rosenberg, "Looking for Law in All the Old Traces: The Movies of Classical Hollywood, the Law, and the Case (s) of Film Noir", *UCLA L. Rev.*, 48 (2000 – 01): 1443 – 1444. (影片探讨了早期法律与电影题材的作品, "也许还包括一些小说"。)

⑤ See e. g., Orit Kamir, *Framed: Women in Law and Film xvii*, Durham, USA: Duke University Press, 2006; see generally, Chase, *Movies on Trial: The Legal System on the Silver Screen*.

⑥ Machura & Robson, "Law and Film: Introduction", p. 1.

⑦ David Ray Papke, "Law, Cinema, and Ideology: Hollywood Legal Films of the 1950s", *UCLA L. Rev.* 48 (2001): 1473. 法律题材影片出现后仅仅几十年就涌现了关于"法律与电影"的研究, 大概由于, 至少部分原因是因为, 实际上"法律与其他领域"跨学科研究的涌现本身就是一种现代新兴的现象。See also Marc-Galanter & Mark Alan Edwards, "The Path of the Law Ands", *WIS. L. Rev.*, (1997): 375 – 376 ("'法律与社会'、'法学与经济'的研究始于20世纪60年代, 后来又加入了批判法学研究、女权主义法学、法律与文学、批判种族学说以及其他思想流派, 试图通过社会科学或文献研究来理解法律")。

控!》（*Falsely Accused!*）于 1907 年上映。① 1931 年，美国米高梅电影制片公司发行了第一部有声影片《玛丽·杜根审判记》（*The Trial of Mary Dugan*），这部影片仍然是一部庭审剧。② 可能受到法律至上文化的影响，至今美国电影中以法律为题材的作品仍然比比皆是，这与雷纳德·斯特里克兰对美国社会的特征的描述所揭示的相类似。③ 但这一理论无法解释美国法律题材电影在国际上占主导地位这一现象。史蒂芬·马楚拉（Stefan Machura）与皮特·罗伯森（Peter Robson）主编的《法律与电影》（*Law and Film*）一书中收录了几位非美国学者撰写的文章，但是编者在书中写道："不可避免地，大部分文章关注的是……好莱坞主导的文化产物。"④ 美国法律电影的文化影响着实深远。例如，在欧洲大陆，有报告称人们对美国审判制度比对自己国家的更为了解。⑤ 史蒂芬·马楚拉和史蒂芬·乌尔布里奇（Stefan Ulbrich）指出虽然两国法律制度相差甚远，但是德国的法律题材作品经常模仿美国。⑥

---

① Jessica Silbey, "A History of Representations of Justice: Coincident Preoccupations of Law and Film", in Antoine Masson & Kevin O'Connor, eds., *Representations of Justice*, New York: P. I. E. – Peter Long, 2007, pp. 131 – 140.

② Carol J. Clover, "God Bless Juries!", in Nick Browne, ed., *Refiguring American Film Genres: Theory and History*, Berkeley, USA: University of California Press, 1998, pp. 255 – 259.

③ See Strickland, "Bringing Bogie Out of the Courtroom Closet: Law and Lawyers in Film".

④ Machura & Robson, "Law and Film: Introduction", p. 1.

⑤ See e. g., Carol J. Clover, "Law and the Order of Popular Culture", in Austin Sarat & Thomas R. Kearns, eds., *Law in the Domains of Culture*, Michigan, USA: University of Michigen Press, 1998, pp. 97 – 98. ["罗宾·拉考夫（Robin Lakoff）讲述了在她巴塞罗那大学教书的课上，学生能详细地讲出美国审判怎样运转，但很难表达出西班牙的审判如何进行。一家斯德哥尔摩报纸近期开展了一项针对一部新电视剧的调查，发现'整体上来说，瑞典看电视的人们更了解美国的司法制度，而不是瑞典的制度'。"]

⑥ See generally, Stefan Machura & Stefan Ulbrich, "Law in Film: Globalizing the Hollywood Courtroom Drama", in *Law and Film: Introduction*, p. 117.

这说明美国审判制度的某些特性适于通过电影形式加以表现，而学术界也已经注意到了这种"庭审与电影之间的天作之合"①。美国的庭审制度有其特殊之处：其对抗性会导致具有争议性的、剧烈的冲突，进而呈现出"神话"般的色彩。②律师变成了"专业的魔术师"③，他们策划利用审判规则来战胜对手。诺曼·罗森伯格（Norman Rosenburg）提醒我们"必须牢记我们所观看的是一部电影"④，而一部商业电影的基本目标是最大化地吸引观众，⑤ 以庭审为题材的影视剧有效地实现了这一目标。正如电影制作人约翰·沃特斯（John Waters）所观察到的那样，"审判是美国所有场面中最具有娱乐性的"⑥。媒体对轰动一时的名人审判的过度关注证实了沃特斯的观点，这其中包括 20 世纪 90 年代中期对辛普森（O. J. Simpson）谋杀案的审判，以及最近的康拉德·莫里（Conrad Murray）过失杀人案的审判等。

然而，根据杰茜卡·西布利（Jessica Sibley）的观点，法律与电影之间的"内在联系"不仅仅局限于舞台效果上。⑦ 电影与审判都采用某种叙事手法，并且二者具有明显相似的结构：

---

① Clover, "God Bless Juries!", p. 257.

② Nicole Rafter, "American Criminal Trial Films: An Overview of Their Development, 1930－2000", in *Law and Film*, p. 15.

③ Ibid.

④ 此番话出自罗森伯作为主审的 McCulloch v. Maryland 一案中，他恳请所有人注意"我们永远不能忘记我们正在解释适用的是宪法"。McCulloch v. Md. , 17 U. S. 316, 407（1819）.

⑤ Rosenberg, "Looking for Law in All the Old Traces: The Movies of Classical Hollywood, the Law, and the Case（s）of Film Noir", p. 1453, 1471.

⑥ John Waters, *Shock Value: A Tasteful Book about Bad Taste*, New York: Thunder's Mouth Press, 1981, p. 114, 转引自 Strickland, "Bringing Bogie Out of the Courtroom Closet: Law and Lawyers in Film", xxiii 卷。

⑦ Sibley, "A History of Representations of Justice: Coincident Preoccupations of Law and Film", pp. 131－132.（此处原作者注释有误，其指出参见第 326 页注解⑥，但该注释中并未提到 Sibley。——译者注）

在电影中，审判程序的推进是基于观察到的现象的可信度，观察的方式包括察言观色、听取证人证言以及审判。与电影中的故事相似，由于事实真相建立在观察到的事实和证人的可信度的基础之上，它使得庭审中的故事在通过证据加以证实的过程中不断强化。[1]

通过连续地呈现视觉影像或"可观察到的现象"，一部影片可以对事实进行编排。因为具有图像特质，这种编排后的效果被认为是具有相当说服力的。[2] 与之相似地，通过展示实物证据和传唤目击证人提出证词，参加审判的每一方都在讲述不同的故事。审判和电影中所蕴含的假设都是眼见为实。

不过，西布利还认为，电影与审判都是"在本质上自我反映和回归的"。[3] 正如电影并不是"揭示这个世界，而是构建世界"，对抗式审判同样明确地表明了存在"多个冲突故事的可能性"。[4] 一方力证己方的清白，而另一方则努力证明其有罪。虽然法律和电影都旨在叙述客观事实，在现实中，它们只能将或多或少带有说服性的各种各样的事实版本传递给各自的受众。最终，一部电影或一场庭审的观众必须根据对抗双方所呈现的内容作出自己的判断。

这种需要观众对是非曲直自己作出判断的暗示性的需求，揭示出了法律题材在好莱坞长盛不衰的最有力的原因：美国的陪审团制度。陪审团是最典型的法庭观众，他们必须在对立双

---

[1] Silbey, "A History of Representations of Justice: Coincident Preoccupations of Law and Film", p. 133.

[2] See Jennifer L. Mnookin & Nancy West, "Theatres of Proof: Visual Evidence and the Law in Call Northside 777", *Yale J. L. & Human.*, 13 (2001): 329. ("轻蔑的力量也许是……最有说服力的修辞方式"。)

[3] Ibid.

[4] Ibid., pp. 132 – 133.

方各执一词的情况下对案件作出判断。同样地，庭审电影的观赏者也并非是"被动的观众，而是……主动的、有工作要做的观察者"。① 观影者与剧情中的陪审团成员一样，随着屏幕上的审判进程的不断展开，他们权衡两方的证据，并评估证人的可信度。② 电影制作者宣传的结果通常是：庭审电影中的陪审团"古怪地隐形了"，"在剧情中专门为我们留出一处必要的空白区"。③ 卡罗尔·克洛弗（Carol Clover）注意到，在充满紧张剧情冲突的电影中，"观影者通常能够体会到对抗制诉讼中的典型经历，他们完全被剧情所引领，并在控辩双方的对抗过程中来回摇摆"。④

因此，法律题材在美国电影界的兴起并不是由于美国法律至上的文化，而是因为庭审与电影之间存在天然联系，这种联系能够通过他们的叙事手法得以体现。对抗式程序以及陪审团制度是美国庭审影片典型的特征——陪审团制度将观影者引入影片的情景中，对抗式程序则向其呈现冲突双方的叙述，并且需要观影者对之作出评判。

三、中国公案剧

（一）中国公案传统

虽然中国电影界的庭审题材作品不如美国那样普遍，但是这也是渊源颇久的一种戏剧叙事形式。早在元朝时期

---

① Clover, "God Bless Juries!", pp. 256 – 257.

② Ibid., pp. 257 – 259. （该文以早期电影为例说明存在以下情况：观众被明确要求将自己看作陪审团一员对审判进行判断，比如电影中的证人被要求直视观影者，仿佛在陪审团面前作证一般。）

③ Ibid., p. 265.

④ Clover, "Law and the Order of Popular Culture", p. 107；Machura & Stefan Ulbrich, "Law in Film: Globalizing the Hollywood Courtroom Drama", p. 123, pp. 126 – 127 （显然，该文作者将陪审团制度视为德国法律题材作品中运用美国法律程序的一个重要原因）。

（1271—1368），一种被称为公案的戏剧流派就已经诞生了。这一传统流派不断演变，但乔治·海登（George A. Hayden）认为公案剧有三个基本要素：犯罪行为，在庭审情景中断案并惩罚罪犯，以及一名法官（少数情况下由法庭书记员出面）负责断案并惩罚有罪的一方。①

公案剧中的核心人物一般依照历史人物包拯的形象，设定为一名"充满智慧的、正直的……断案奇才，使沉冤得以昭雪之人"，并由此塑造出一位赋予法律与正义人性的法官形象。② 在典型的公案剧中，观众从戏剧开始之初就明确知晓犯罪的真相与罪犯的身份。因此，海登称公案剧的"重点在于（伸张）正义，而不是（揭开）谜团"，③ 对于罪犯来说，重点则是"得到应有的惩罚"，还是逃脱法律的制裁。④

因而不可避免的是，以包拯为代表的一系列法官形象，通过在公堂上调查断案，对罪犯进行定罪并处以刑罚而实现正义。⑤ 最后的对簿公堂的场面是"所有公案剧目的共同特点"。⑥ 杰弗里·金介甫（Jeffrey C. Kinkley）认为包拯的"执法并不是为了取悦大众，而是起到可怕的正义之剑作用"。⑦ 判刑和惩罚是公案剧中的最重要的情节，这是因为其

---

① George A. Hayden, "The Courtroom Plays of the Yüan and Early Ming Periods", *Harv. J. Asiatic Stud.*, 34 (1974): 192 –200.

② Jeffrey C. Kinkley, *Chinese Justice, the Fiction: Law and Literature in Modern China*, Redwood City, USA: Stanford University Press, 2000, p. 29.

③ Hayden, "The Courtroom Plays of the Yüan and Early Ming Periods", p. 200.

④ Kinkley, *Chinese Justice, the Fiction: Law and Literature in Modern China*, pp. 56 –57.

⑤ Hayden, "The Courtroom Plays of the Yüan and Early Ming Periods", p. 209.

⑥ Ibid. ["与可选择的未决审判不同，（最后对质）的场景是全世界公案剧的特色"]。

⑦ Kinkley, *Chinese Justice, the Fiction: Law and Literature in Modern China*, p. 60.

表明了罪犯在案件侦破之后不会逃脱法律的制裁。这些情景能够满足观影者的心理，它们使得"当可怕的刑具被展列出来时，观者会感到阵阵寒意，但充满（使犯罪人得到应有惩罚的）快感"。①

（二）中国现代法律制度中的戏剧效果

戏剧视角中的法庭影像在中国现代刑事司法制度中可见一斑，而这其中最明显的要数公开审判这一现象。在中华人民共和国，政府运用公开审判来进行教育和宣传。② 余凯思（Klaus Mühlhahn）认为："当一场审判举办的如同在公共剧院上映一般，它就可以团结民众支持党的路线，并将矛头指向敌对势力。"③ 与公案剧一样，公开审判被精心编排，通过联合观众以声讨被告人。原最高人民法院副院长祝铭山曾写道，公开审判中的法庭应被用作"宣传的舞台"。④ 从案件本身情况到庭审场所的布置，一切都要被预先挑选以传达特定的信息。⑤ 因此，公开审判"并不是在平等主体间展开的一场司法竞技"，⑥ 与之相反，它是一场公开的演出，既教育了民众又能够满足其正义感。

如同公案剧中的法庭场景一样，公开审判并不只关乎审判本身，通过刑罚实现正义是不可或缺的。正如苏珊·卓沃斯基斯（Susan Trevaskes）所解释的那样，"两项司法活动，审和判，组成了完整的司法审判活动"。⑦ 与公开审判一样，宣判

---

① Kinkley, *Chinese Justice, the Fiction: Law and Literature in Modern China*, p. 58.

② Klaus Mühlhahn, *Criminal Justice in China: A History*, Cambridge: Harvard UniversityPress, 2009, p. 186.

③ Ibid., p. 199.

④ Susan Trevaskes, *Courts and Criminal Justice in Contemporary China*, Lanham: Lexington Books, 2007, p. 36.

⑤ Ibid., pp. 38 – 39.

⑥ Ibid., p. 42.

⑦ Trevaskes, *Courts and Criminal Justice in Contemporary China*, p. 59.

大会使民众确信破坏社会秩序的人终将受到应有的惩罚。① 在中国，由于会吸引数以千计的旁观者，宣判大会曾经在体育场或其他大型公共地点举行。② 随着"特意身着法袍的法官宣读出罪犯的命运"，人群爆发出掌声。③ 整个司法场面包括"审"和"判"两部分，而所有的行为都是为引发以下的反应而策划的：公众确信被告人有罪，要求惩罚罪犯，并且庆祝罪犯获得了惩罚。宣判大会结束之后，罪犯会被车队载出，其中有些可能先被当街游行示众，随后再被送往服刑地。④

虽然中国的法律文化与美国一直存在差异，庭审过程在中美社会中起到的叙事与戏剧功能是相通的。在中国传统中，庭审剧的重点问题不在于有罪与否，而在于被控有罪之人是否会受到惩罚。事实不是通过对抗式的程序显现出来，而是由一名正直的法官逐步调查出事实真相。尽管不存在陪审团，庭审中呈现出来的事实和证据不仅仍然要使旁观者信服被告人确实有罪，还要使旁观者希望甚至为法官作出的有罪判决和刑罚而庆祝。

四、一种流派，两项传统：中国和美国的庭审剧

中美两国的审判程序都从传统上起到叙事和娱乐大众的功能。然而，公案传统与美国传统在两方面有所不同：第一，总体上，中国审判过程呈现的正义都是惩罚性的；第二，该过程弱化了对抗性观点的存在。

（一）惩罚性正义

在公案传统中，正义取决于罪犯是否"得到应有的惩

---

① Trevaskes, *Courts and Criminal Justice in Contemporary China*, p. 61.
② Ibid., p. 67.（该文叙述了 2001 年发生在四川省的一次集体审判。）
③ Ibid., p. 63.
④ Ibid., pp. 64 – 65.

罚"。① 比如，公案剧的剧情通常在罪犯受到判刑和接受刑罚的时候达到高潮。尽管近几十年来中国的法制取得了相当大的进步，但其仍保留着高度惩罚性的特点，而在保护犯罪人方面仍然乏善可陈。② 在 20 世纪 90 年代中期，只有当法官确定被告人有罪之后，才会计划安排庭审的时间；在庭审过程中，被告人被称为"罪犯"。③ 在 1997 年到 2005 年期间，中国的定罪率超过了 99%。④ 与之相对应，"法制"（legal system）一词在当时被作为刑罚的委婉说法。⑤ 威廉·布莱克斯通爵士（William Blackstone）著名的"宁可放走十个有罪之人，也不让一个无辜的人获罪"⑥ 的观点，对中国的法律和戏剧传统而言几乎没有影响。

同样地，在描述较大惩罚性场景时，中国电影习惯将法庭庭审这一场景作为全剧不可或缺的重要部分。中国首部长篇故事片《阎瑞生》，讲述了一个叫阎瑞生的赌徒谋杀一名上海名妓的真实故事。⑦ 在被审判并被定罪量刑之后，阎瑞生在至少 5000 名民众面前被执行了死刑。阎瑞生的故事被迅速改编创

① Kinkley, *Chinese Justice, the Fiction: Law and Literature in Modern China*, p. 56.

② See "Congressional – Executive Commission on China", *Annual Report 2012*, 2012, pp. 69 – 77, http://www.gpo.gov/fdsys/pkg/CHRG – 112shrg76190/pdf/CHRG – , 112shrg76190. pdf. （该文探讨了中国刑事司法制度的缺陷。）

③ Kinkley, *Chinese Justice, the Fiction: Law and Literature in Modern China*, p. 94.

④ Donald C. Clarke, ed., "China's Low Acquittal Rate", Chinese L. Prof Blog (Nov. 23, 2006), http://lawprofessors.typepad.com/china_ law_ prof_ blog/2006/11/chinas_ low_ acqu. html.

⑤ Kinkley, *Chinese Justice, the Fiction: Law and Literature in Modern China*, p. 296.

⑥ William Blackstone, *Commentaries on the Laws of England*, vol. 4, in William Draper Lewis, ed., Philadelphia: Rees Welsh & Co., 1902, p. 1743.

⑦ Virgil Kit – yiu Ho, "Butchering Fish and Executing Criminals: Public Executions and the Meanings of Violence in Late Imperial and Modern China", in Göran Aujmer & Jon Abbink, eds., *Meanings of Violence: A Cross Cultural Perspective*, London: Bloomsbury Publishing, 2000, p. 141, pp. 153 – 154; see also "The First Docudrama: Yan Ruisheng (1921)", *Chinese Mirror* (May 2007), http://www.chinesemirror.com/index/2007/05/the_ first_ docud. html.

作成话剧和电影剧目，像其他公案剧一样，这部电影也详尽地描述了阎瑞安的犯罪过程、对其的审判、定罪以及处决。① 如同现实中对阎瑞生的处决一样，电影中的结局也"给中国观众带来了极大的满足感"。②

20 世纪 30 年代和 20 世纪 40 年代的"（左翼）进步电影或社会道德电影"以批判当时的法律和政治制度为主。③ 然而即便是这些电影，也将刑罚刻画成诉讼过程中的不可分割的组成部分。④ 康雅信（Alison W. Conner）以《神女》（*The Goddess*）为例，解释"中国电影制作者如何利用庭审场面来制造巨大的戏剧效果"。⑤ 与公案剧一样，这部电影也在庭审时达到高潮。电影的主角是一名正直的妓女，由中国著名女星阮玲玉扮演，这名妓女因为在肢体冲突过程中杀死了一名地痞无赖而受到审判。⑥ 康雅信写道："庭审场景的一切设置都在暗示她（神女）卑下的社会地位，以及难以避免的定罪，这与传统中国司法体系中的底层法院的情况无异。"⑦ 在剧中女主人公两侧有警察把守，她无助地抬头望向 3 名坐在审判台上高高在上的审判人员。⑧ 坐在中间的审判员宣告她有罪并判处 12 年有期徒刑，⑨ 最终影片在女主人公在黑暗的监狱中哭泣的场景中结束。

惩罚性概念下的正义在中国现代最著名剧目之一《白毛

---

① See "The First Docudrama: *Yan Ruisheng*（*1921*）".

② Ibid.

③ Conner, "Movie Justice: The Legal System in Pre‐1949 Chinese Cinema", p. 6.

④ Ibid., p. 17.（该文分析了被誉为"左派经典"影片《神女》中的法庭情景）。

⑤ Ibid.

⑥ Ibid.（"当神女打了那个赌棍以后，他摔倒在地板上，而她也好像站不稳了一样。下一幕中展现的就是她在法庭受审，明显还处于惊吓之中，对眼前的情景不知所措。"）

⑦ Ibid., p. 18.

⑧ Ibid., p. 17.

⑨ Ibid.

女》（*The White - Haired Girl*）的情节发展中也得到了体现。①
这一样板戏讲述了农民的女儿喜儿的故事，她的父亲为了偿还
巨额债务被迫将她卖给了地主黄世仁。② 黄世仁虐待、凌辱喜
儿，喜儿逃到山里，并在发现自己怀孕后躲进一个山洞避
难。③ 最终，喜儿以前的恋人——一名八路军战士救了她。④
根据一开始的剧本，"黄世仁并没有立即被处死，而是为了
'根据适当的法律程序进行公开审判'"⑤ 而被捕，戏剧以喜儿
出庭作证控告黄世仁的场景结束。⑥

　　当这出戏为了 1945 年在延安的演出而进行公开排练时，
包括毛泽东本人在内的许多观众都对结尾不满意，认为地主应
该被就地枪决。⑦ 编剧最终加了一场行刑的场景，⑧ 由此体现
出其认为一场缺少惩罚环节的审判不够完整的心态。1950 年，
王滨和水华在拍摄这部电影时也加入了对黄世仁行刑的内容。
在影片中，惩罚黄世仁成为整个"审判"过程中最出彩的部
分。⑨ 在电影中，一名激愤的群众迫使黄世仁跪在地上，喜儿
伸展双臂哭诉黄世仁对她实施的种种暴行。⑩ 影片剪接到一份
书面判决的特写上，这份判决书列举了黄世仁的罪行以及对其
处以死刑的判决。在一名地方官员签署这份文件之后，人群将
黄世仁拉至银幕外进行处决。

----

① J. Norman Wilkinson, "The 'White - Haired Girl': From 'Yangko' to Revo-
lutionary Modern Ballet", *Educ. Theatre J.*, 26 (1974): 164.

② Ibid., p. 169.

③ Ibid.

④ Ibid.

⑤ Ibid., p. 170.

⑥ Sheila Melvin & Jindong Ca, *Rhapsody in Red: How Western Classical Music
Became Chinese*, New York: Algora Publishing, 2004, p. 169.

⑦ Ibid.

⑧ Ibid.

⑨ 《白毛女》（*The White - Haired Girl*）（长春电影制片厂 1950 年出品）。

⑩ 同上。

（二）单一角度叙事

中国庭审剧的第二大特征源自惩罚性概念之下的正义观：观众不像陪审团那样决定被告是否有罪，观众们首先必须相信罪犯是有罪的，对罪犯进行惩罚是正义的体现。不同于美国庭审剧中通过对抗性诉讼使观众感受到"在控辩双方之间的左右摇摆"，[①] 中国庭审剧向观众展示的是单一角度的有罪叙述。以公案剧为代表的中国法律戏剧结构关注的不是被告是否实施了犯罪行为，而是他是否会受到制裁。[②] 由于从最开始就采取了有罪的推定，观众会预料到并且急切地盼望对罪犯进行惩罚。

与这一思路相类似，为了让公审起到宣传的作用，即表明是非或树立正确的道德观[③]，并保障接下来的量刑和惩罚能够获得公众的支持，对于在对抗过程中控辩双方对案件事实各执一词所导致的对案件真相的不确定感必须加以避免。

这种单一视角的叙事手法对事实起到了夸张的作用。本·辛格（Ben Singer）曾写道，传统的情节剧是以"一个十足的恶人迫害无辜的、纯粹的好人"为特点的。[④] 通过描绘道义上的不公正，尤其通过施加人身暴力体现出的不公正，情节剧"激发了，从道义上认可了一种原始的杀戮欲，在这种意义上，恶人实在卑鄙，令人憎恨至极，没有比消灭他更令人满足

---

① Clover, "Law and the Order of Popular Culture", p. 107.

② Kinkley, *Chinese Justice, the Fiction: Law and Literature in Modern China*, pp. 56 –57.

③ See Linda Williams, *Playing the Race Card: Melodramas of Black and White from Uncle Tom to O. J. Simpson*, Princeton, USA: Princeton University Press, 2002, p. 19. （"无论我们观察（美国的）浪漫主义小说……流行戏剧……默片，贯穿其中最常见的主题不再是缺乏现实主义或过于感性的，而是结合了现实主义、情感、景象的功能，起到影响道德观确立的作用。"）

④ Ben Singer, *Melodrama and Modernity: Early Sensational Cinema and Its Contexts*, New York: Columbia University Press, 2001, p. 39.

的事了"。① 描绘双方之间细微的差别只会削弱这种效果，因而在剧中被避免了。

《白毛女》的观影者能够体会到对黄世仁强烈的仇恨。在整部影片中观众都在目睹黄世仁虐待喜儿，因此他们要求通过复仇的方式来实现正义。实际上，在20世纪40年代后期，当《白毛女》以舞台剧形式进行表演时，时常有观众在观看过程中突然大哭起来要求"为喜儿报仇"，② 而许多战士则将这些话刻在步枪的枪托上。③ 由此可以预见到的是，影片中的黄世仁并没有机会在审判中为自己辩护；不论是电影本身，抑或电影中描绘的"法庭"，都否定了从被告人的角度讲述案件的可能性。因此，单就喜儿这一故事本身而言，就能让观影者以及剧情中的群众急切地要求对黄世仁进行惩处。审判黄世仁时激愤的群众充当了观影者的代表，由于对黄的罪行深信不疑，愤怒使群众聚在他的周围并推搡着他去行刑，此举也满足了观影者的心理需求。

虽然长久以来，法庭审判在中美两国都被用作戏剧的题材，但不同国家的文化和制度定位无疑也对法律剧的发展产生了重要影响。如同近代中国现实中的公审公判一样，中国法律剧反映出正义的惩罚性以及否认控辩双方对抗性叙事的心态。

五、《东京审判》：现代中国电影业中的公案剧

从2006年的影片《东京审判》中可以明显看出中国公案传统的稳固性。④ 这部影片由高群书导演执导，描述的是第二

① Ibid. , p. 40.

② Xiaomei Chen, *Acting the Right Part*: *Political Theatre and Popular Drama in Contemporary China*, Honolulu, USA: University of Hawaii Press, 2002, p. 80.

③ "'*The White - Haired Girl*' Restaged", *Peking Rev.*, Mar. 18, 1977: 31, http: //www. massline. org/PekingReview/PR1977/PR1977 - 12. pdf.

④ 《东京审判》（中国广播电视出版社2006年出品）。

次世界大战后在远东国际军事法庭审判日本战犯（官员及军事领导人）的情景。① 电影的主角是梅汝璈，一位令人尊敬的中国法官，同时也是参与此次审判的 11 名主审法官之一。② 影片虽然主要借鉴了美国庭审电影的叙事手法，尤其是《纽伦堡审判》（*Judgment at Nuremburg*）中讲述第二次世界大战后在德国审判战犯的情景时所使用的叙事方式，③ 但它仍然忠于公案剧的传统。《东京审判》于 2006 年发行，以纪念日本侵华 75 周年。④ 该影片在中国取得了巨大票房成功，上映一周即击败了美国电影《X 战警 3》（*X – Men III*）。⑤

《东京审判》与美国庭审电影存在一定相似之处。不同于传统的公案剧，其庭审过程贯穿了整部电影，剧情就是在法庭中展开的（而且并不是简简单单就达到高潮）。由于远东国际军事法庭采用英美程序法规范，因而《东京审判》表现出对抗式庭审的特点。高群书倾向于采用美国式的庭审形式，由此给观看者带来一系列律师和证人之间精彩的、充满悬念的辩论和冲突。影片同时格外用心地提醒人们注意美国的庭审规范和程序——影片中一位中国检察官提醒道"不要忘记你们身处法庭，在这里除了证据，其他都不重要"。⑥

尽管这部电影与美国庭审电影有一些相似之处，但是这些相同点都浮于表面。在仔细审视之后会发现，《东京审判》仍然十分明显地忠于公案剧模式。影片首先将梅法官塑造成一个类似于包拯那样的形象。当本次审判的主席、澳大利亚法官威

---

① "*Tokyo Trial* Recalls Post – War Justice", *China Daily*, Sept. 18, 2006, http: //www. chinadaily. com. cn/china/2006 – 09/18/content_ 691163. htm.

② Ibid.

③ 《纽伦堡审判》（联艺 1961 年出品）。

④ "*Tokyo Trial* Recalls Post – War Justice".

⑤ "*Tokyo Trial* Film Enjoys Big Success", *People's Daily*, Sept. 19, 2006, http: //english. people. com. cn/200609/19/eng20060919_ 304080. html.

⑥ "*Tokyo Trial* Recalls Post – War Justice".

廉姆·韦伯（William Webb）宣布英美两国的法官将坐在其旁边时，梅立即提出强烈抗议。他提醒韦伯，在日本的"侵略战争"中，中国"遭受的痛苦最大，时间最长，境况最难"，并强调中国不应屈从于西方国家。开始时梅法官的要求受到了阻力，但最终他取得了胜利，韦伯和其他法官作出了让步。①这一场景体现了在肩负为日本对中国所犯罪行复仇的使命时，梅法官所具有的刚正不阿的品质和炽热的爱国情怀。像包拯一样，梅法官也成为了中国意义上"正义"的化身。②

美国庭审电影依靠对抗过程来推进证明有罪与否的事实，《东京审判》则利用一个似乎全知的叙事者角色——梅法官来证明被告有罪。影片将梅法官的启示录与庭审的场景分开，当梅法官的旁白直接向观影者描述日本的罪行时，影片会间歇穿插记载真实战争场面的纪录片片段。这一系列场景旨在展示客观事实；纪录片片断的运用更进一步加强了这种客观事实的可信度，③加之梅法官对事实不容置疑的主张，这一系列手法带给观影者一种"获知"事实真相的感觉，而不仅仅是听说了其中的一个版本。

就其本身而言，《东京审判》中对于对抗式诉讼程序的运用与美国庭审电影大相径庭。整部影片如梅法官自己那样从一开始就认定被告有罪，它通过纪录片片段宣告了战犯们的罪行，因而随后的审判并不旨在为被告人提供辩护的机会，而仅仅是用来强化被告理应受到惩罚的信念。与公审公判一样，庭

---

① "Tokyo Trial Recalls Post – War Justice".

② Kinkley, *Chinese Justice, the Fiction: Law and Literature in Modern China*, p. 58.

③ Jeffrey Shandler, *While America Watches: Televising the Holocaust*, Oxford: Oxford University Press, 2000, p. 2. 与之相同, 劳伦斯·道格拉斯 (Lawrence Douglas) 认为纪录片片段旨在提供一个"更加完整的、透明的视角来看待'真相'", 而不是通过简单的言语复述就表达出来。See Lawrence Douglas, "Film as Witness: Screening 'Nazi Concentration Camps' Before the Nuremberg Tribunal", *Yale L. J.* 105 (1995): 449 – 452.

审场景被仔细地设计以达到"团结民众支持党的路线,将矛头指向敌对势力"① 的目的。影片本身,或者说影片中的庭审程序,并没有出现正式为被告人进行抗辩的场景。事实上,这部电影省略了被告人一方的情况。当控诉方作出慷慨激昂的总结陈词之后,影片明显缺少了辩护方对此作出的回应。这部影片自始至终都从一个方向引导着观众,而不是让其在控辩双方间徘徊不定。②

辩护团在法庭中的出现仅仅是为了达到一个目的:激起观影者的道德愤怒。首席辩护律师广濑一郎(Hirose Itiro)起到了快速激发愤怒的作用。不同于《纽伦堡审判》中令人尊敬的、讲究技巧的辩护律师汉斯·罗尔夫(Hans Rolfe)③,这部影片中广濑的出现几乎对当事人没有起到任何辩护作用,与之相反,他反复地激怒法官和控诉方,当然还有观影者。在开庭陈述中,广濑中伤法官们的资格,虚伪地对"法律尊严"的丧失表示痛心。当控方的一名日本证人在庭审初期证实了皇姑屯事件是"由日本预谋、煽动并实施的"之后,广濑的交叉询问只剩下一个尖锐的问题:"你还是日本人么?"当一个中国人作证日本士兵用枪强迫他强暴一名中国女人时,广濑暗示这名证人是自愿而为的。观影者的愤怒可以在证人身上得到映射,这名证人对此暗示的反应十分激烈,以至于他必须从肢体上被约束起来。

《东京审判》把被告刻画得毫不令人同情。他们人性的泯灭程度以及毫无悔过之心的态度在影片临近结尾时表现得尤为

---

① Mühlhahn, *Criminal Justice in China: A History*, p. 199.

② Clover, "Law and the Order of Popular Culture", p. 107.

③ See Julian Levinson, "The Maimed Body and the Tortured Soul: Holocaust Survivors in American Film", *Yale J. Criticism*, 17 (2004): 141 – 146. (该文探讨了"具有令人惊讶的同情心"的辩护律师,"在面临审判时成功将道德问题复杂化"。)

明显，彼时日本战时首相东条英机（Hideki Tojo）正在接受质证。在回应日本军队在 1937 年至 1941 年期间共杀害超过两百万中国人的证据时，东条英机断然表示这是"中国领导人的失误"。从始至终他都不承认其行为有错，还叫嚣着如果被判无罪他还会发动更多的战争。这一供述在法庭旁听席中引起轩然大波，在观影者中间亦是如此，而这更与《纽伦堡审判》中悔罪的被告恩斯特·简宁（Ernst Janning）形成鲜明的对比。东条英机被刻画成一个毫无悔改之心、毫无怜悯之心的刽子手，应当受到"最纯粹的……仇恨"。[1] 如同《白毛女》中被激怒的民众一样，观影者要求对东条英机立即处以极刑。

庭审过程中加入的纪录片片段也起到了戏剧性的作用。在谈及纽伦堡审判时，《东京审判》中的控诉方出示了秘密拍摄的关于南京大屠杀的纪录片片段。这段简短但形象的录像展现了大火肆虐、日本士兵横行街头、南京城尸横遍野的场景。然而，在这段影片播放之前，梅法官在叙述中已经将南京的这场事件定义为一场"大屠杀"，这一论述能够由一段日本士兵扫荡南京的真实片段予以证明。因此，在使观影者信服被告有罪或者大屠杀的真实性方面，（插入纪录片）这一自我参照式的手法[2]并无必要。这段影像片段的功能仅仅在于冲击人们的意识，激起人们的愤怒，并在观影后要求对施害方进行惩罚。

由于在《东京审判》中被告人有罪与否不是关键，因而影片"的重点在于伸张正义而不是揭示谜团"。[3] 在庭审的结

---

[1]　Singer, *Melodrama and Modernity*: *Early Sensational Cinema and Its Contexts*, p. 40.

[2]　在庭审电影中运用影响证据的做法要追溯到 1907 年电影《错误的指控!》。正如卡罗尔·克洛弗所述，《错误的指控!》"道出了审判与电影间存在天然的契合"，因为影片"将法庭搬进了银幕，让观影者充当陪审员的角色"。See Clover, "God Bless Juries!", p. 257.

[3]　Hayden, "The Courtroom Plays of the Yüan and Early Ming Periods", p. 200.

尾，电影省略了法官们对被告有罪与否的考量，因为有罪是一个已经预设的结论。与公案剧模式一致，电影的焦点在于东条英机是否应被处以绞刑。仅宣告其有罪还远远不够，因为如果没有确定的刑罚，观众的正义感将无法得到满足。最开始时，法官们在量刑上存在分歧，多数人反对死刑。然而，在法官投票之前，梅法官进行了一次慷慨激昂的演讲。

在这一幕中，影片最大程度地彰显了惩罚性概念之下的正义观。梅法官首先提出"只有这些罪犯受到死刑的惩罚"，那些在战争中逝去的人们"才能得以安息"。梅在向法官们进行演说的时候，镜头在他们就座的法官席上缓缓扫过，以表现每个人都听得很认真。影片中镜头会间歇地剪切到韦伯法官点头表示赞同梅的观点的特写上。梅法官会进行有指向性的发问："什么是法律？法律的功能是什么？"接着他回答自己的设问，称"法律清楚地规定了我们不应该做什么，抑或会受到何种惩罚"。换言之，法律的固有本质存在于其规定的惩罚之中。经过了一系列极其冗长的投票计票场面之后，[①] 韦伯法官宣布东条英机被判处绞刑。最终梅法官赢得了这场审判，而观众们在得知东条英机将受到严惩之后也松了一口气。

尽管《东京审判》在表象上与好莱坞庭审影片存在相似性，然而它仍然严格遵从了公案剧模式。影片的首要问题并不是被告人有罪与否，而是报复性司法的实施。尽管审判中存在双方对抗的形式，但是影片并不认可多方对抗性叙事的存在。更确切地说，由一名正直的法官将罪犯的罪行当作客观真相宣布出来，这样的庭审场景中似乎不存在其他结论的可能性。影

---

① 按照情节剧的传统，《东京审判》中细致地表现了计票的过程。情节剧要在"'太迟'与'恰好'之间拿捏分寸"。为了营造出预期结果不知是否能达成的紧张气氛，情节剧会特意延长具有悬念的场景。通常预期的"救援"会在灾难来袭的前一刻才出现——也就是"恰好"的分寸。Williams, *Playing the Race Card: Melodramas of Black and White from Uncle Tom to O. J. Simpson*, pp. 30–33.

片激发了观影者的道德愤怒，这种愤怒使其不仅接受甚至要求对被告进行惩罚，而不是要求观影者作为陪审员在对抗双方所称的"真相"中进行决断。公案剧影片的戏剧张力从罪犯可能会逃脱制裁中产生。

六、结论

中国的公案传统十分稳固。尽管美国庭审电影占据国际市场，中国也越来越受到西方媒体的影响，但惩罚性概念之下的正义观以及具有明确道德感的法庭程序仍在持续。《东京审判》的结局，确切地来说从公案剧传统来讲，都让人想起鲁迅著名讽刺小说《阿Q正传》中结尾的场景。[①] 在这一场景中，武装部队在夜深人静时逮捕了毫不知情的主人公阿Q，将他拖至"荒废的衙门"接受审判，控告其抢劫了一个声名显赫的地方家族———一项他并未犯下的罪行。[②] 地方官称其"已经获悉一切真相"，并命令阿Q坦白自己的罪行。[③] 两天之后，警卫给阿Q换上白衣服，在他的脖子上挂上告示牌，[④] 将其双手捆绑起来，把他装进一个敞篷的马车里在"众多围观人群"面前当街游行。[⑤] 警卫队长大声喊道："杀一儆百！"[⑥] 正当阿

---

① 鲁迅：《阿Q正传》（*The True Story of Ah Q*），载《鲁迅小说选》（*Selected Stories of Lu Hsun*），第65—106页（Yang Hsien-yi & Gladys Yang trans., New York：W. W. Norton & Co., 2003）。

② 同上，第106—107页。影片背景设置于清朝末期，"县官办公的地方或称衙门，代表了处理国家民众与政府法律直接对抗的最低行政级别机构"。See Alan W. Lepp, Note, "The Death Penalty in Late Imperial, Modern, and Post-Tiananmen China", *Mich. J. Int'l L.* 11 (1989-1990): 987-993.

③ 参见鲁迅：《阿Q正传》，第108页。

④ 在清朝末期的集体宣判和当众行刑中，罪犯身上通常会被贴上告示，用以表明其实施的犯罪的性质。See Mühlhah, *Criminal Justice in China: A History*, p. 34.

⑤ 参见鲁迅：《阿Q正传》，第110页。

⑥ 同上，第109页。

Q 意识到自己的命运时，就在欢呼的人群前被枪决了。[①] 大家一致认为阿 Q 是有罪的，这是一个已经预设的结论；[②] 但是围观的人群还觉得不满足，因为"枪毙并无杀头这般的好看"。[③]

① 参见鲁迅：《阿 Q 正传》，第 112 页。
② 同上。
③ 同上。

译后记

从最开始选取收录入本分卷的文章以及向原作者申请授权，到译稿完成之后的校对、整合工作，三位译者全部参与其中。对我们来说，这一时期并不仅仅是一段回忆，更是一段重新定位自己、发现自己、扩展自己的经历。通过这一次的"译事"，我们自认就西方学者对中国刑事司法体系的看法和态度有了更深一层的了解，更对一些之前不甚了解的研究方法和研究领域——如实证方法和道德恐慌对刑罚的影响产生了浓厚兴趣。

本书共收录文章六篇，涉及刑事诉讼宏观理念、研究方法革新等方面，文章原作者亦多为刑事诉讼法与刑事司法研究领域的国际领军人物，其论文见解深刻，富有针对性。除文章涉及内容的广泛性外，译者在选取收录的文章时亦着重考虑了原文章出版社及原作者求学、工作经历的广泛性，力求能够在有限的译文中体现更多来自不同地区、不同研究机构的专家学者对中国当前刑事司法体系的见解和看法。书中原有注释一律照译，以脚注形式出现。当译者认为文章叙述不够清楚需要补充材料或文章自身出现错讹时，译者以添加注释或补充原注的方式进行补充，并标明"译者注"字样。然而限于学识，译文中乖谬之处想必还会有，敬请谅解。

感谢本书收录文章的各位原作者对我们翻译工作的支持，

特别是在部分原出版单位索要版权费的情况下主动支付该费用的文章原作者。同时，感谢中国大百科全书出版社学术著作分社及郭银星社长对本书出版工作的大力支持与帮助。感谢主编陈夏红老师在翻译过程中耐心的沟通与对我们提出的问题的快速答复。

最后，译稿完成之后，三位译者互相进行校对，但仍然进度缓慢。之所以这样，大抵不想让原文字里行间体现出的睿智、犀利与严密的论证在我们的译文中"消失"。我们并不满足于"信"，当透过文字看到原作者坐于窗前执着思考的背影时，我们希望中文读者亦能够感受到原作者下笔时的情感与思绪。但译者亦清楚，想达到"信"已属不易，费尽心力也无法达到"达"的标准，更遑论"雅"。因此，我们唯有尽力减少错误和疏漏，希望将文章所表达的核心思想传达给诸位中文读者。当然，由于三位译者水平有限，译文中不足、不当甚至错讹之处在所难免，敬请读者批评指正，使我们今后有可能完善译文，并在今后的翻译中能够避免出现类似错误。

王倩云、孙杨、裴炜